Das Geographische Seminar

Begründet von   Prof. Dr. Edwin Fels
                          Prof. Dr. Ernst Weigt

Herausgegeben von
                Prof. Dr. Eckart Ehlers
                Prof. Dr. Hartmut Leser
                Prof. Dr. Herbert Wilhelmy

Industriegeographie

Prof. Dr. Wolfgang Brücher

westermann

CIP-Kurztitelaufnahme der Deutschen Bibliothek

Brücher, Wolfgang:
Industriegeographie / Wolfgang Brücher. – 1. Aufl. – Braunschweig: Westermann, 1982.
  (Das geographische Seminar)
  ISBN 3-14-160293-X

© Georg Westermann Verlag
Druckerei und Kartographische Anstalt GmbH & Co.
Braunschweig 1982
Satz: Zechnersche Buchdruckerei Speyer
Druck und Bindung: westermann druck, Braunschweig 1982
1. Auflage 1982
Verlagslektor: K. Höller
Lektoratsassistentin: G. Kühn
Typographie und Hersteller: E. Zische
Kartographie: Kartographische Anstalt Georg Westermann
Graphiken: Technisch-graphische Abteilung Georg Westermann

ISBN 3-14-**160293**-X

Inhalt

1	Einleitung	5
2	Der Begriff Industrie	7
3	Die Industrielle Revolution in Großbritannien	12
4	Meßkriterien zur Bewertung der Industrie im Raum	20
5	Das Problem des Standorts	35
5.1	Der Begriff des Standortfaktors	36
5.2	Die Entwicklung der Standorttheorien	36
5.2.1	Die Standorttheorie von A. WEBER als Ausgangsbasis	37
5.2.2	Die Standortorientierung	39
5.3	Die einzelnen Standortfaktoren	40
5.3.1	Die physischen Standortfaktoren	41
5.3.2	Die Materialorientierung	42
5.3.3	Die Energieorientierung	45
5.3.4	Die Transportorientierung	46
5.3.5	Die Arbeitskräfte als Standortfaktor	47
5.3.6	Die Standortvorteile der Ballungsräume	51
5.3.7	Kurz- und langfristige Kosten als Standortfaktoren	54
5.3.8	Der Absatz als Standortfaktor	55
5.3.9	„Footloose industry" und Verhalten	58
5.4	Die Standortlenkung durch den Staat	61
5.4.1	Standortlenkung in Staaten mit Marktwirtschaft	62
5.4.2	Standortleitprinzipien in sozialistischen Staaten	63
5.5	Empirische Untersuchungen über tatsächliche Standortentscheidungen	65
6	Organisationsformen in der Industrie	68
6.1	Die Zulieferbeziehungen	71
6.2	Mehrbetriebsunternehmen	74
6.3	Multinationale Konzerne	83

7	**Ausgewählte Beispiele von Industriezweigen**	87
7.1	Energieerzeugung und -veredelung	87
7.1.1	Die Mineralölwirtschaft	88
7.1.2	Die Elektrizitätswirtschaft	95
7.2	Die Aluminiumindustrie	105
7.3	Die Automobilindustrie	111
7.3.1	Die Automobilindustrie in den USA	115
7.3.2	Die Automobilindustrie in der Bundesrepublik Deutschland	119
7.4	Die Eisen- und Stahlindustrie	120
7.4.1	Die Prozesse der Eisen- und Stahlgewinnung	121
7.4.2	Die Standorte der Eisen- und Stahlgewinnung und ihre Wandlungen	125
7.4.3	Die Eisen- und Stahlindustrie in den Entwicklungsländern	131
7.4.4	Die Entwicklung binnenländischer Stahlreviere in Industrieländern	133
8	**Lage und Entwicklung der Industrie im Raum**	137
8.1	Die Industrie im monozentrischen Ballungsraum	138
8.2	Die mehrkernigen großen Bergbau- und Industriereviere	145
9	**Die Wechselwirkungen zwischen Industrie, Mensch und Raum**	156
9.1	Die Wechselwirkungen zwischen Industrie und Siedlungen	157
9.2	Die Wechselwirkungen zwischen Industrie und Landwirtschaft	163
9.3	Industrie und tertiärer Sektor	166
9.4	Wechselwirkungen zwischen Industrie und Sozialstruktur	167
9.5	Konflikte zwischen Industrie und Umwelt	171
9.6	Die gestörten Wechselwirkungen zwischen Industrie, Mensch und Raum in den Entwicklungsländern	175
10	**Industrie und Planung**	180
10.1	Flächenbedarf und Flächennutzungskonkurrenzen	181
10.2	Das Instrumentarium der Planung	183
10.3	Flächenhafte Förderung oder Wachstumspole?	186
10.3.1	Flächenhafte Förderung am Beispiel der industriellen Dezentralisierung in Frankreich	187
10.3.2	Industrialisierungspolitik in der Bundesrepublik Deutschland	190
10.4	Staatliche Industrieförderung in Marktwirtschaften – Versuch einer Bewertung	194
11	**Literatur**	196
12	**Register**	209

1 Einleitung

Auf dem Kieler Geographentag 1969[1] wurde deutlich gemacht, daß die Industriegeographie der mit Abstand am wenigsten untersuchte Bereich der Allgemeinen Kulturgeographie war. Dem entsprach auch ein Mangel an methodischen Arbeiten. Das bis heute einzige *Lehrbuch* in deutscher Sprache, die „*Allgemeine Agrar- und Industriegeographie*" von E. OTREMBA (1953, 2. Aufl. 1960) muß auf dieser damals schwachen Forschungsbasis als verdienstvolles Wagnis bezeichnet werden.

Nicht zuletzt wohl unter dem Eindruck dieser Lücke im Forschungsspektrum häuften sich industriegeographische Untersuchungen seitdem in auffälligem Maße. Einen bedeutenden Anstoß dazu gab der 1970/71 ins Leben gerufene *DFG-Schwerpunkt Industriegeographie*. In diese Richtung stießen auch die von HOTTES 1976 herausgegebene Sammlung wichtiger Aufsätze zur „*Industriegeographie*" sowie die praxisorientierte „*Industriegeographie als Einführung in die Arbeitswelt*" von GEIPEL (1969). Offensichtlich war eine Schwelle zu überwinden gewesen: Allzu lange hatte die äußere Beobachtung unter den geographischen Forschungsmethoden dominiert. Zweifellos konnte man damit – relativ – mehr im Bereich der Agrar- oder der Stadtgeographie leisten. Dagegen blieb gerade die Industrie als räumlich sehr begrenzte Erscheinung mit extremer Raumwirksamkeit der reinen Beobachtung weitestgehend verschlossen. Auch war das Problem der Geheimhaltung durch die Unternehmen und Behörden sicherlich eine Barriere gewesen, die, wie sich in der Folge herausstellte, allerdings überschätzt worden war.

Seit den sechziger Jahren versucht nun die Industriegeographie, mit verschiedenen neuen Zielen und Methoden einen Einblick „hinter die Fabrikmauern" zu gewinnen – mit Erfolg, wie sich gezeigt hat: Befragungen von Unternehmern und von Arbeitskräften, intensive Werksbesichtigungen auf der Grundlage detaillierter Kenntnisse der Produktionsprozesse, Auswertung von Unternehmensunterlagen und aller zugänglichen Statisti-

---

[1] Schlußansprache des Vorsitzenden des Zentralverbandes der deutschen Geographen, W. MECKELEIN; in: Verh. DG Kiel 1969, S. 28.

ken, Einsatz quantitativer Methoden, Untersuchung der Umweltprobleme, Einbeziehung der Unternehmensorganisation neben die bisher einseitig betrachtete Produktion usw. In diesem Zusammenhang wurden auch zunehmend die eigentlichen *Wechsel*wirkungen zwischen industriellen Prozessen und Organisationsformen, dem Menschen und dem Raum betrachtet, die zwar immer als integraler Bestandteil jeder geographischen Forschung gefordert, tatsächlich aber nur selten untersucht worden waren. Eine umfassende, detaillierte Zusammenschau gerade der neueren Forschungsrichtungen gibt die *„Industriegeographie"* von MIKUS (1978).

Die hier vorgelegte Einführung behandelt sowohl die traditionellen Forschungsobjekte der Industriegeographie – u. a. die Standortproblematik, die historische Entfaltung der Industrie oder die Besonderheiten ausgewählter Branchen – als auch die Wandlungen der Industrie und die daran orientierten Untersuchungsansätze. Dabei ist jedoch eine Aufspaltung in traditionell-statische und modern-dynamische Forschungsbereiche unzulässig. *Vielmehr zieht die Betonung der industriellen Dynamik und ihrer Wechselwirkungen mit Mensch und Raum als Leitmotiv durch das Buch:* Sie äußert sich in der Standortproblematik, innerhalb der einzelnen Branchen, in den Organisationsformen der Industrie, in der Planung oder im Kontrast zu der Industrialisierung in der Dritten Welt. Am deutlichsten wohl zeigt sich die Dynamik im Kontaktbereich der Industrie mit der Entwicklung des tertiären Sektors, im Umbruchprozeß zur sog. „postindustriellen Ära". Zumindest im Ansatz wird hier versucht, Anzeichen dieser noch schwer greifbaren Übergangsphase zu erfassen.

Ziel dieses Buches ist es, eine *verständliche Einführung* in den Bereich der Industriegeographie und ihrer aktuellen Forschungsziele zu geben. So wurde die Schilderung verschiedener, instruktiver, ausführlicher Beispiele der sachlich vollständigen Abdeckung dieses Teilbereichs der Kulturgeographie vorgezogen. Eine fundamentale Methodik der Industriegeographie fehlt bisher noch. Eine solche liegt auch nicht im Vorhaben dieser Arbeit – sie will ganz einfach ein *Lehrbuch* sein.

2 Der Begriff Industrie

Wie so oft bei ständig und in allen Bildungsniveaus benutzten Wörtern sucht man für den Begriff „Industrie" vergeblich nach einer einheitlichen Definition. Sie bereitet in der Tat Schwierigkeiten, weil eine Abgrenzung gegen andere Wirtschaftsbereiche – wie Bauwesen, Handwerk, Heimarbeit, Landwirtschaft, Bergbau usw. – unscharf bleibt. So spricht man heute gängig von der „Industrialisierung der Landwirtschaft" oder von „Agroindustrie", d. h. hochmechanisierten und modern geführten landwirtschaftlichen Großbetrieben. Industrielle Produktion wird dabei jedoch mit Mechanisierung und Rationalisierung verwechselt. Sicherlich spielt auch der Einfluß der in den Nachbarsprachen zwar gleichklingenden, aber inhaltlich nicht identischen Vokabeln mit: frz. *„industrie"* und span. *„industria"* schließen das produzierende Handwerk ein, engl. *„industry"* umfaßt so ziemlich alles im Bereich von „Fleiß", „Betriebsamkeit", „Gewerbe" bis zur landwirtschaftlichen Produktion („pig industry"); unserem Begriff Industrie entspricht hier jedoch *„manufacturing"*.

Als Grundlage für eine exakte Definition muß zunächst eine Abgrenzung gegen die anderen Wirtschaftszweige festgelegt werden. Seit CLARK (1951) trennt man die Gesamtwirtschaft in Sektoren:

1. den *primären Sektor* bzw. die Urproduktion von Rohstoffen, dazu zählen Landwirtschaft, Waldwirtschaft, Meereswirtschaft und reiner Bergbau, sofern keinerlei Aufbereitung durchgeführt wird;
2. den *sekundären Sektor,* in dessen Bereichen die Rohstoffe be- und verarbeitet werden, hierunter fallen Industrie (einschließlich Energiegewinnung und Aufbereitung von Bergbauprodukten), Bauwesen, Handwerk und Heimarbeit;
3. den *tertiären Sektor,* der die gesamte nicht materiell produktive Wirtschaft bzw., anders gesehen, sämtliche Dienstleistungen umfaßt.

Den wichtigsten Teilbereich im sekundären Sektor bildet die Industrie. Mit der offiziellen Definition der UN (ISIC), wonach *Industrie* die *„mechanische oder chemische Umwandlung organischer Materie in neue Produkte"* vollzieht (UN 1968, S. 28), wird sie jedoch weder voll erfaßt – so fehlt die nicht auszuklammernde Energiegewinnung bzw. -transformation – noch gegen Baugewerbe, Handwerk und Heimarbeit abgegrenzt. Gerade innerhalb einer Raumwissenschaft zeigen sich hier ausgeprägte Unterschiede. So hat das *Baugewerbe* – nicht zu verwechseln mit der Baustoffindustrie – keinen fixen Standort: Einem momentanen Boom, z. B. während eines Talsperrenbaus, folgt das Ende der Aktivität, die Baustelle wird aufgelöst bzw. verlagert. Im *Handwerk* werden in der Regel von wenigen Personen – zuweilen nur einer einzigen – geringe Mengen für eine lokale Abnehmerschaft produziert. Die Betriebe sind entsprechend klein, kapitalschwach und beanspruchen die Gebäude selten allein. Zudem sind die Grenzen zu Reparaturbetrieben und damit zum Dienstleistungssektor fließend. Abgesehen von ihrem quantitativen Bedeutungsverlust fällt die *Heimarbeit* weder wirtschaftlich noch räumlich ins Gewicht. Meist handelt es sich um eine Auslagerung industrieller Teilproduktion in die Wohnungen; von „Betrieben" kann hier nicht gesprochen werden.

Aufbauend auf Begriffsbestimmungen von KOLB (1951), OTREMBA (1953), GERLING (1964), CHARDONNET (1965), THÜRAUF (1975), QUASTEN (1979) u. a. soll Industrie hier folgendermaßen definiert werden, vor allem im Unterschied zum produzierenden Handwerk:

In der Industrie wird arbeitsteilig und regelmäßig eine Umwandlung von Materie oder Energie in neue Produkte bzw. neue Energieformen vollzogen. Dies geschieht, sofern keine Einzelfertigung erforderlich ist, in Serien- oder Massenherstellung unter Einsatz von technischen Produktionseinrichtungen und Fremdenergie. Diese Definition ist normalerweise zu ergänzen: *Die Industrie benutzt vom Wohnort getrennte Betriebsanlagen, ist nicht unbedingt an einen Standort gebunden, produziert auf Vorrat sowie für einen anonymen, spezifischen überregionalen Absatzmarkt und benötigt ein gewisses Kapital.*

Ziel dieser Wirtschaftsweise ist also die Bedarfsdeckung des Menschen durch die Veränderung von Materie zu neuen Endprodukten, sei es ausgehend von reinen Naturrohstoffen oder von Halb- bzw. Zwischenfabrikaten, sei es von Materie in Energie, sei es von einer Form der Energie in eine neue. Bei einem solchen Umwandlungsprozeß wird die Nutzbarkeit des Rohstoffs oder des Halbfabrikats erst ermöglicht – aus einem Baumstamm entsteht ein Stuhl, aus einem Rohstahl-Ingot ein Autoblech. Sie wird nur verbessert, wenn man z. B. aus Kaffeebohnen Pulverkaffee oder aus fließendem Wasser Elektrizität erzeugt. Nach dem Arbeitsprozeß unterscheidet sich das Endprodukt vom Ausgangsstoff durch Form und/oder physische Natur und/oder chemische Zusammensetzung. Verpacken und Tiefkühlen dagegen sind keine industriellen Prozesse. Zusätzlich differenziert man nach dem Grad, in dem die Materie beansprucht bzw. umgewandelt wird, in *stoffgewinnende, be-arbeitende* und *verarbeitende Indu-*

strie: In einem Hüttenwerk werden als neue Stoffe Eisen und Stahl gewonnen, in einem Sägewerk Holz bearbeitet, in einer Zellulosefabrik Holz verarbeitet. Diese auch teilweise in der Statistik anzutreffende Trennung erscheint nicht ohne Problematik, wird doch z. B. in der Textilindustrie Baumwolle zu Stoff verarbeitet, der in der Bekleidungsindustrie tatsächlich nur bearbeitet wird; beide zählen jedoch zur „Verarbeitenden Industrie". Überhaupt umfaßt dieser Begriff – wahrscheinlich unter dem Einfluß von „manufacturing industry" – inzwischen die gesamte Industrie (Hauptabteilung 3 der ISIC, vgl. Kap. 4). Bei einer gezielten Unterscheidung in Bearbeitung und Verarbeitung ist deshalb Skepsis angebracht.

Wie FOURASTIÉ betont hat, wurde der wirtschaftliche Fortschritt erst durch die *Arbeitsteilung* ermöglicht. Sie und die sich daraus ergebenden Konsequenzen sind das prinzipiell Neue im Vergleich zu der früher ausschließlich handwerklichen Produktion, bei der ein Objekt vom Rohstoff bis zum Enderzeugnis meist von einer Person gefertigt wurde. Demgegenüber erlaubte die Aufspaltung des Herstellungsprozesses in mehrere Phasen Beschleunigung, Rationalisierung, Perfektion, übersichtlichere Organisation und bessere Kontrolle. So zeigt sich in den Manufakturen des 17. und 18. Jh. der charakteristische Übergangsprozeß zur Industrie: Hier wurde die traditionell zersplitterte Handwerkstätigkeit in einem Großbetrieb unter einheitlicher Leitung zusammengefaßt und mit der Zerlegung der Arbeit in Einzeloperationen begonnen. Der wachsende Bedarf einer schnell verstädternden Gesellschaft führte zu einer Zunahme der Arbeitskräfte und, parallel, zur Vervollkommnung der Arbeitsteilung – am Ende dieser Entwicklung stehen Fließband und Automation. Industriebetriebe werden so auch durch eine größere Zahl von Beschäftigten gekennzeichnet, während der Handwerker nach wie vor allein produzieren kann. Inzwischen werden fast in allen Ländern zehn Beschäftigte als das Minimum für einen Industriebetrieb angesehen, worauf sich auch die entsprechenden Statistiken stützen. Die empirisch ermittelte Zahl zehn verliert allerdings mit zunehmender Verlagerung der Arbeitsteilung in die Automation – und folglich mit steigender Produktivität bzw. absolut sinkender Zahl der Arbeitskräfte – an Relevanz.

Allein schon wegen des Bedarfs und aus organisatorischen Gründen erfordert diese Entwicklung eine *regelmäßige* Produktion. Außerdem ergab sich aus der Fabrikarbeit eine ganztägige und eine ganzjährige Beschäftigung, die weder vom schwankenden Arbeitskräfteangebot noch vom Zyklus der Landwirtschaft beeinflußt wird. Mit der Nutzung der Kohle als Energiequelle entfällt auch die Abhängigkeit von der Wasserführung der Bäche und Flüsse sowie von der Außentemperatur.

Die regelmäßige Arbeit steht in logischem Zusammenhang mit einer Massen- oder Serienproduktion von gleichförmigen Erzeugnissen, einmal, um schneller dem Bedarf nachzukommen, zum anderen, um billiger anbieten und damit den Konsum steigern zu können. Wenn auch große Einzelobjekte wie Schiffe oder ganze Fabrikanlagen nicht in dieses Schema passen, so ist ihre Herstellung wegen ihrer Ausmaße und weil sie Endprodukte einer Unzahl industriell in Zulieferbetrieben erzeugter Teile sind, voll zur Industrie zu rechnen.

Arbeitsteilige Massen- bzw. Serienherstellung durch technische Produktionsmittel hat eine Reihe weitreichender Konsequenzen: Sie rentiert sich nur für einen *Absatzmarkt* entsprechender Kapazität, also für einen in der Regel überregionalen oder sogar internationalen Markt. Damit bekommt der Industriebetrieb eine andere Dimension als sie ein lokale Abnehmer versorgender Handwerksbetrieb hat. Eine Ausnahme bilden lediglich sog. Nahbedarfsindustrien wie Molkereien oder Druckereien. Die überregionale Belieferung muß gesichert sein; für plötzlich ansteigende Nachfragen wird deshalb in der Regel *auf Vorrat produziert,* weniger auf Bestellung. Garantiert sein sollte also eine *Kontinuität*, nicht nur im Hinblick auf die Kunden, sondern auch auf die Arbeitnehmerschaft, deren Zahl nicht jeder Auftragsschwankung angepaßt werden kann und darf. So setzen diese Struktur, die regelmäßig zu erneuernden Produktionsmittel und mögliche Betriebsexpansionen ein beträchtliches *Kapital* bindend voraus.

Die extrem zunehmende Massen- und Serienproduktion in Arbeitsteilung ist nur durch den kombinierten Einsatz gesteigerter *Fremdenergie und technischer Produktionsanlagen* möglich. Nur so konnte in der Industriellen Revolution im 18. und 19. Jh. die nun von der menschlichen Energie unabhängige Produktion ständig erhöht werden. Bei den auf Handarbeit oder (unregelmäßig geliefertem) Wasserantrieb basierenden Manufakturen war dies nicht möglich gewesen. Die mit Steinkohle erzeugte Dampfkraft lieferte ein Vielfaches an Energie und konnte gleichzeitig für den Antrieb von Maschinen und anderen Produktionsmitteln in bis dahin unvorstellbaren Größenordnungen verwendet werden. Mit dem Einsatz von Elektro- und Verbrennungsmotoren sowie schließlich der Atomkraft konnte diese Entwicklung bis heute gesteigert werden, wiederum in Verbindung mit der anhaltenden Perfektionierung der technischen Produktionsmittel. Industrie impliziert folglich eine zunehmende Entlastung der menschlichen Arbeitskraft im Produktionsprozeß – vielleicht der wichtigste Aspekt überhaupt.

Wenn hier von „technischen Produktionsmitteln" gesprochen wird, dann bewußt, um einseitige Begriffe wie „Maschinen" oder „mechanische Verfahren" usw. zu vermeiden, denn diese fehlen z. B. bei Verhüttungsprozessen, in Raffinerien oder in der chemischen Industrie. Daher sollte man

theoretische Ubiquität der Industrie

ebensowenig von „Fabriken", vielmehr neutral von „Fertigungsstätten" oder „Produktionsanlagen" sprechen.

Eine Konsequenz der Verwendung der neuen Energieträger ist die Lösung der gewerblichen Produktion von der standortgebundenen Energieversorgung, d.h. von fließendem Wasser und Holzkohle aus den umliegenden Wäldern. Fossile Brennstoffe und Elektrizität lassen sich praktisch an jeden beliebigen Punkt transportieren: Im Unterschied zu den Manufakturen oder zum Bergbau *kann Industrie theoretisch überall angesiedelt werden;* ihre prinzipielle Beweglichkeit zählt deshalb zu den entscheidenden Charakteristika. *Der Gegensatz zwischen theoretisch überall möglicher Industrialisierung und der äußerst ungleichen Verteilung der Industrie auf der Erde, aber auch innerhalb kleinster Räume ist gerade der Kern industriegeographischer Fragestellungen.*

3 Die Industrielle Revolution in Großbritannien

Neben der neolithischen Seßhaftwerdung des Menschen und der Domestikation von Pflanzen und Tieren gehört das Aufkommen der Industrie in der Weltgeschichte zu den entscheidendsten Neuerungen, da sie in der Wirtschaft, im menschlichen Leben und im Raum zu totalen Veränderungen geführt hat. Das Verständnis der heutigen Bedeutung der Industrie und ihrer historischen wie aktuellen Rolle in der Gestaltung der Kulturlandschaft kann nur über die Kenntnis ihrer Entstehungsphase und Frühzeit gewonnen werden (vgl. RÜBBERDT 1972). Wichtig sind diese Kenntnisse nicht zuletzt im Hinblick auf den derzeitigen Industrialisierungsprozeß in den Entwicklungsländern, der allzuoft in unzulässiger Weise mit der Industriellen Revolution in Europa parallelisiert wird. Bei allen offensichtlichen Ähnlichkeiten bestehen hier nämlich grundlegende Unterschiede (vgl. Kap. 9.5; vgl. WAGNER 1981, Kap. 5 und 6). Werden diese nicht gesehen oder bewußt ignoriert, so hat das in Politik und Entwicklungsplanung fatale Folgen.

Die Totalität der Veränderung kann nur vor dem Hintergrund der vorindustriellen Verhältnisse begriffen werden: Die Bevölkerung, zu rund 90% in der Agrarproduktion tätig, lebte bis zum Beginn des 19. Jh. von einer Kombination bäuerlich-handwerklicher *Selbstversorgung* innerhalb kleiner, begrenzter Gebiete mit minimalem Kontakt zur Außenwelt. Ein großräumiges Kommunikationsnetz existierte nicht, der Handel und dementsprechend die Städte waren sehr schwach entwickelt: Es gab nur wenige Mittelstädte, kaum Großstädte (Paris, London). Weiterhin, wie im Mittelalter, lebten die Städte vorwiegend von ihrer Markt- und Gerichtsfunktion. In ihnen kam es auch zu einer gewissen Konzentration des Handwerks. Dieses bildete – neben einer unbedeutenden Zahl von Manufakturen – die einzige Form des produzierenden Gewerbes. Außer der menschlichen und tierischen Kraft bezog man Energie aus Holz, Holzkohle, Wind und fließendem Wasser, war also voll an das unvorhersehbare Naturgeschehen gebunden. Bergbau betrieb man im Primitivstadium in Gräben oder Kurzstollen, erst vereinzelt in Schächten. Es gab also weder die technischen Einrichtungen noch die erforderlichen Mengen an agrarischen oder mineralischen Rohstoffen für eine Produktionssteigerung, ebenso fehlte es an den notwendigen Handelsorganisationen und Transportmöglichkeiten. Nennenswerte großräumige Märkte konnten sich wegen der geringen Dichte der Bevölkerung und deren mangelnder Kaufkraft ohnehin nicht formieren.

In diese stagnierende Wirtschaftsstruktur brach in Großbritannien, dem Mutterland der modernen Industrie, ab Mitte des 18. Jh. ein einschneidender Wandel ein: die *„Industrielle Revolution"* – nach DEANE (1977) ein Komplex wirtschaftlicher Veränderungen, mit denen sich eine vorindustrielle traditionelle Gesellschaft in eine sich entwickelnde Industriegesellschaft verwandelt, mit hoher Produktion je Einwohner, hohem Lebensstandard und anhaltendem wirtschaftlichem Wachstum. Was geschah damals in Großbritannien? Die vorher nur sehr langsam angewachsene Bevölkerung verdreifachte sich von 1740 bis 1840, und es verdreifachte sich auch die allgemeine Wirtschaftsleistung. Mit diesem Bevölkerungswachstum konnte die bis dahin stagnierende landwirtschaftliche Produktion Schritt halten und so die Existenzbasis der neuen Entwicklung garantieren. Heimarbeit und Handwerk schrumpften zugunsten einer stetigen Zunahme der Arbeit in dem Novum „Fabrik": Diese war meist größer als ihre Vorläuferin, die alte Manufaktur; sie produzierte in stärker ausgeprägter und zunehmend verfeinerter Arbeitsteilung, löste die Wasserkraft allmählich durch die Dampfkraft ab und erreichte vor allem beachtliche Produktionssteigerungen. Neue Rohstoffe und Energieträger kamen hinzu oder ersetzten die alten: die Baumwolle den Flachs, die Steinkohle die Holzkohle. Waren vorher fast ausschließlich *Konsum*güter hergestellt worden, so erzeugte die Industrie nun auch zunehmend *Investitions*güter, also ihre eigenen Produktionsmittel (Maschinen usw.) und wurde in einem Selbstverstärkungsprozeß zu dem, was die Franzosen „industrie industrialisante" nennen.

Parallel dazu baute sie neue Verkehrsträger – Eisenbahn, eisernes Dampfschiff – und erschloß sich damit nicht nur ein neues Produktionsfeld, sondern auch bis dahin undenkbare Möglichkeiten der Rohstoffversorgung und der Vermarktung ihrer Güter. Gleichzeitig lösten diese modernen und schnellen Transportsysteme die Industrieproduktion weitgehend aus ihrer bis dahin zwingenden Bindung an Rohstoffe und Energieträger. Sie konnte nun in die Städte, also in die Märkte ziehen und an handwerkliche Vorläufer anknüpfen oder gar auf Rohstofflagern oder Energiequellen neue Städte oder stadtähnliche Industriesiedlungen entstehen lassen. Außerdem ermöglichte diese Modernisierung des Verkehrs in der Bevölkerung eine bis dahin ebenfalls unbekannte Mobilität: Der zunächst aus dem explosiven natürlichen Wachstum sich ergebende Bevölkerungsüberschuß, später die dank gesteigerter agrarischer Produktivi-

Kausalitätsverflechtungen der Industriellen Revolution

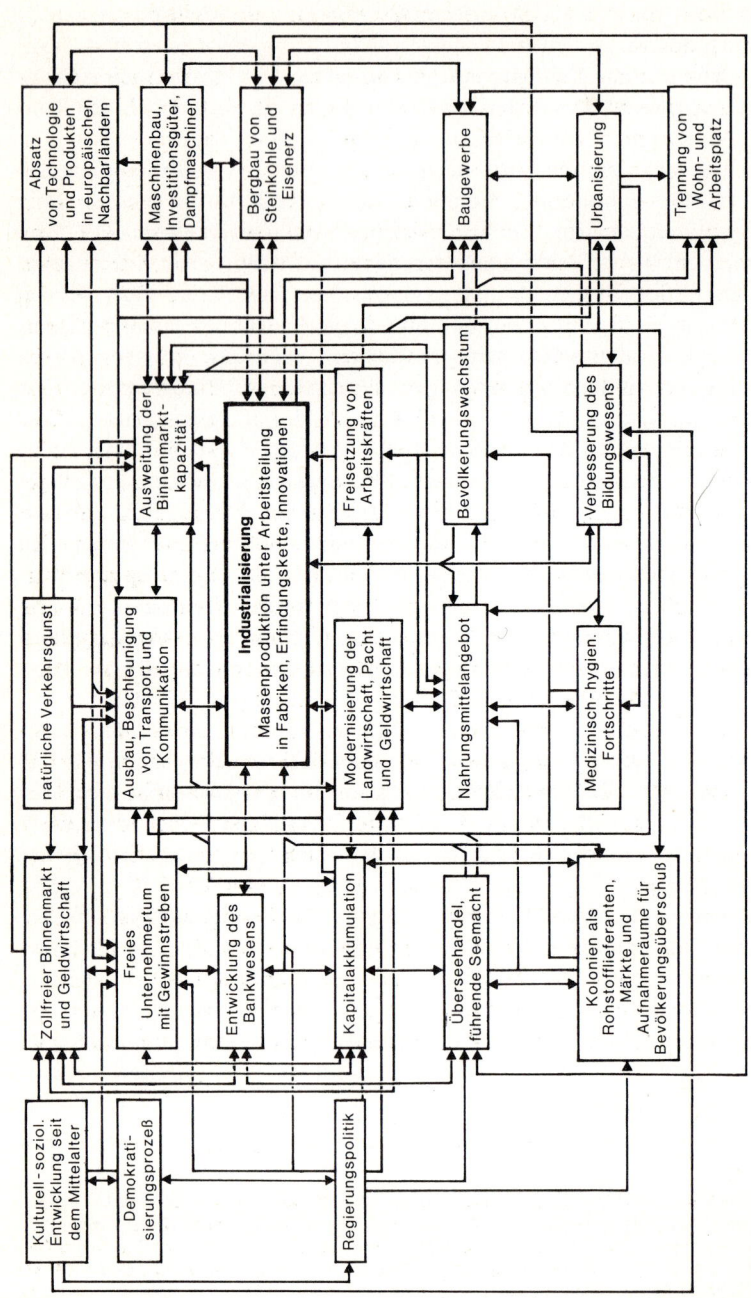

tät frei werdenden Arbeitskräfte wanderten nun vom Land in die expandierenden Städte.

Es erhebt sich die Frage, wieso der Durchbruch der Industriellen Revolution ausgerechnet in Großbritannien erfolgte (vgl. Abb. 1). Hierzu wurden die unterschiedlichsten, meist einseitigen bis monokausalen Theorien formuliert, die hier nur auszugsweise angedeutet werden können. So besteht die Ansicht, Naturwissenschaft und Technik hätten sich vor dem Hintergrund der frühen Demokratisierung besonders entfalten und dann in einem Selbstbeschleunigungsprozeß den anderen europäischen Ländern davoneilen können. Hier liegen auch die Wurzeln zur Theorie von KARL MARX, daß nach dem Verschwinden der Leibeigenschaft in Großbritannien bereits im 14. Jh. der Weg frei war zur Polarisierung der Gesellschaft in Bourgeoisie (Kapitalisten) und Arbeiter (Proletarier), eine Grundvoraussetzung für den industriellen Produktionsprozeß. MAX WEBER wiederum betont den religiös begründeten aktivistischen Wirtschaftsgeist der Protestanten. HOBSBAWM (1976) dagegen sieht vorwiegend die materialistisch-wirtschaftliche Entwicklung infolge Kapitalakkumulation aus Landwirtschaft, Seemacht und überseeischen Märkten – in der Tat hatte Großbritannien in der entscheidenden Epoche hier eine Spitzenposition. Schließlich wurden die – objektiv nicht zu übersehenden – Vorteile der physischen Ausstattung des Landes von vielen als ausschlaggebend angesehen: Hafen- und Verkehrsgunst, mildes und feuchtes Klima, Wasserreichtum, leicht zugängliche Kohlen- und Eisenerzlagerstätten.

Eine monokausale Erklärung des „Durchbruchs" der Industriellen Revolution in Großbritannien gegen Ende des 18. Jh. scheint jedoch unrealistisch. Vielmehr hatte die spezifische historisch-politisch-kulturelle Entwicklung der Insel, in Verbindung mit ihrer physischen Ausstattung, zu einer äußerst komplexen, für diesen „Durchbruch" jedoch „reifen" Situation geführt (vgl. Abb. 1). Fortschritte in Hygiene und Medizin hatten im 18. Jh. eine sinkende Sterblichkeit und ein beschleunigtes Bevölkerungswachstum hervorgerufen. Gleichzeitig gelang in der Landwirtschaft durch Ausweitung der Nutzfläche, betriebs- und besitzstrukturelle Verbesserung sowie Modernisierungen im Anbau (Fruchtwechsel usw.) eine ständige Produktionssteigerung, die das Bevölkerungswachstum tragen konnte.

◀ *Abb. 1: Die Faktoren der Industriellen Revolution in Großbritannien und ihre Verflechtungen*

Das Fließschema soll – gerade mittels seiner komplizierten Verflechtungen – zeigen, daß die Industrielle Revolution in Großbritannien nicht monokausal erklärt werden kann. Sie ist vielmehr das Resultat historischer, politischer, sozialer und wirtschaftlicher Kräfte, auf die sie wiederum zurückwirkt. Unter Industrieller Revolution versteht man eben diese Wechselwirkungen und ihre Effekte und nicht allein den reinen Industrialisierungsprozeß.

Der Großgrundbesitz dehnte sich durch die Einhegung von Allmendeflächen (enclosure-movement) auf Kosten der Bauern aus und machte einen großen Teil von ihnen zu Pächtern oder Tagelöhnern – im Zusammenhang mit der Bevölkerungszunahme bedeutete dies zunächst eine Verdichtung und Verelendung der Landbevölkerung. Daraus entstand eine Massenlandflucht (plus Einwanderung aus Irland) in die folglich wachsenden Städte, wo die gleichzeitig aufkeimende Industrie dringend Arbeitskräfte benötigte. Allerdings zwang ein erheblicher Überschuß an Arbeitskräften auch zur Auswanderung in die Neue Welt.

Die steigende Produktivität der Landwirtschaft und die Einkünfte der Großgrundbesitzer aus der Verpachtung führten im 18. Jh. zu einer beträchtlichen Kapitalakkumulation. Noch bedeutsamer war diese jedoch in dem seit dem 17. Jh. expandierenden Binnen- und Außenhandel: Großbritannien hatte das größte Kolonialimperium aufgebaut und sich gleichzeitig zur ersten Schiffahrtsnation der Welt entwickelt, verfügte also über den bedeutendsten Markt und die mächtigste Handelsorganisation. Für die Industrie konnten somit Rohstoffversorgung und Absatzmärkte direkt kontrolliert und gesteuert werden, umgekehrt ließ sich aus diesen Wirtschaftszweigen das für die industriellen Investionen notwendige Kapital erwirtschaften.

Diese Kapitalakkumulation konnte jedoch nur aufgrund der geschilderten wirtschaftlichen Entwicklung der verschiedenen Bereiche zustande kommen. Die Industrielle Revolution muß aus dem Zusammenspiel aller genannten Faktoren und der technisch-technologischen Entwicklung erklärt werden, die sich vor allem in den berühmten Serien von Erfindungen äußerte: Koksofen, Spinnmaschine, Dampfmaschine, mechanischer Webstuhl, Baumwollentkernungsmaschine, Dampfschiff, Lokomotive usw. (vgl. Zeittafel bei RÜBBERDT 1972). Vielfach wird die Industrielle Revolution simplifiziert als Häufung dieser bahnbrechenden, aber zufälligen Erfindungen gesehen. Die neuen Maschinen und Produktionsverfahren sind jedoch integraler Bestandteil des gesamten Industrialisierungsprozesses, sie stehen zueinander und mit der gesamtwirtschaftlichen Entwicklung in logischem Zusammenhang: So kamen die Erfindungen unter dem Druck neuer Bedürfnisse zustande, um dann selbst wieder neue Bedürfnisse zu wecken, die andere Erfindungen notwendig machten, also eine Art Kettenreaktion (Abb. 1).

Illustriert sei dies an dem „klassischen" Beispiel der *Baumwollindustrie,* mit der die Industrielle Revolution begann: Anfang des 18. Jh. sahen sich die britischen Unternehmer gezwungen, neue Maschinen bzw. Geräte zu konstruieren, um die qualitativ bessere indische Konkurrenz zu übertreffen. So nahm man 1733 Verbesserungen am Webstuhl („Schnellschütz") vor. Bald darauf konnten die neuen Kapazitäten nicht mehr ausreichend mit Garnen versorgt werden, was zur Erfindung der ersten brauchbaren Spinnmaschine mit Wasserantrieb (1769) führte. Wenig später gab es nun einen Überschuß an Garn – 1784 entstand der mechanische Webstuhl. Der Wasserantrieb wurde dann durch die 1765 erfundene Dampfmaschine ersetzt. Von nun an hielt die Baumwollproduktion nicht mehr mit, bis die Entkernungsmaschine konstruiert wurde (1793). So hat die Kette von Erfindungen schließlich zu echter Massenproduktion geführt: In den südlichen USA stieg die Baumwollerzeugung von 0,2 Mill. auf 41 Mill. Ballen (1803), Mitte des 19. Jh. verarbeitete Großbritannien die Hälfte der Weltbaumwollernte (RÜBBERDT 1972).

Die Baumwollfabrikation benötigte Bleicherei und Färberei, zog also chemische Industrie nach sich. Aus der Reparatur, dann der Eigenkonstruktion von Textilmaschinen (Spinnmaschinen und Webstühle) entwickelte sich schnell eine Maschinenbauindustrie, die auch andere aufkommende Branchen belieferte. Entscheidend wurde die gegenseitige Abhängigkeit von Industrie und Energie. Da die Wasserkraft für den gesteigerten Bedarf nicht mehr ausreiche und außerdem von Witterungsschwankungen abhing, fand nach Erfindung der Dampfmaschine eine zunehmende Verwendung von Steinkohle statt. Deren Massenförderung im Tiefbau wurde jedoch erst unter Einsatz eben der mit Kohle betriebenen Dampfmaschine möglich. Zum klassischen Beispiel Lancashire vgl. Abb. 2.

Angesichts der beeindruckenden Serie von Erfindungen und technologischen Innovationen wird der Faktor Distanz innerhalb der Industriellen Revolution meist nicht genügend beachtet. Daß diese Entwicklungen sich nämlich in einer Epoche vollzogen, in der es noch keine schnellen und kapazitätsstarken Transportmittel gab, hat nicht allein zu der bekannten Bindung an Rohstofflager und Energiequellen geführt. Vielmehr sind Nachfolgeindustrien im weitesten Sinne und industriell-bergbauliche Verflechtungen, die die industrielle Entwicklung und Struktur im Grunde bis heute geprägt haben, nur im Zusammenhang mit der *räumlich isolierten Entfaltung der frühen Industrien* erklärbar. Denn mangels geeigneter und billiger Transportmöglichkeiten war man gezwungen, die für den Produktionsprozeß notwendigen Hilfsmittel (z.B. Farben, Bleichstoffe, Gerbstoffe usw.) ebenso wie die Maschinen und Produktionsanlagen im selben Standraum herzustellen. Es entstanden so auf engem Raum Verflechtungen voneinander abhängiger Betriebe, die durch ihre Struktur und durch ihre kumulierte Kapazität weitere oder neue Betriebe bzw. Versorgungseinrichtungen, ja neue Industriebranchen hervorbrachten. Dies führte zur Entwicklung einer Kette von Nachfolgeindustrien und zur Bildung von Ballungsräumen – auf die ihrerseits wieder neue Konsum- und arbeitskraftorientierte Industrien folgten (Nahrungsmittel, Bekleidung, Drucke-

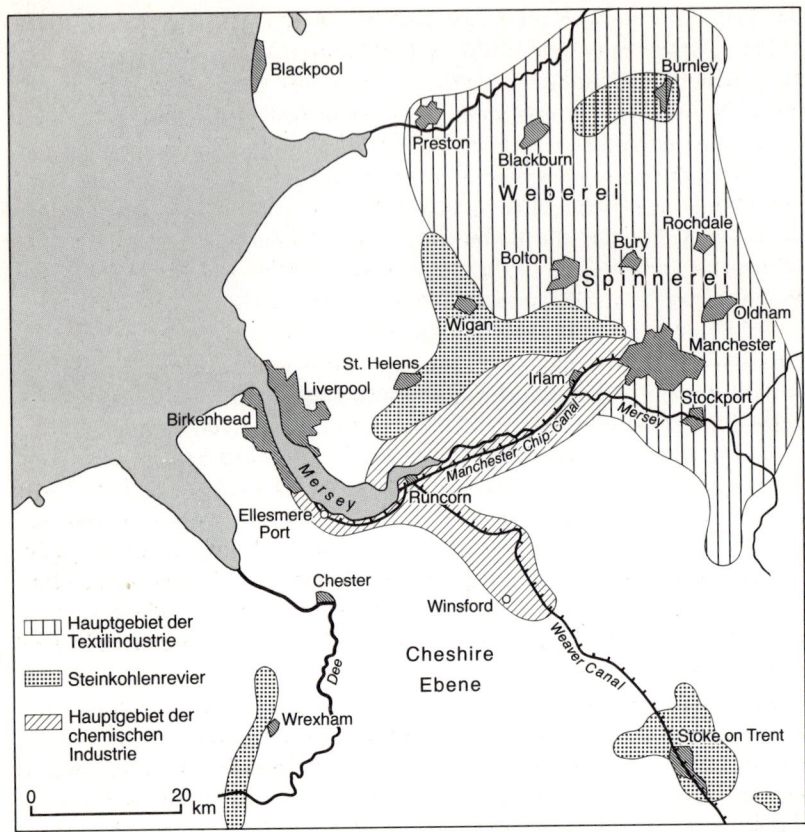

Abb. 2: Die traditionellen Industriegebiete in Nordwest-England (nach FERRIDAY *1961)*

Vom Beginn der Industriellen Revolution an bildeten sich, trotz der Durchmischung, getrennte spezialisierte Industriegebiete (Spinnerei, Weberei, Chemie, Steinkohlenbergbau), die sich bis in die Zeit der heutigen Umstrukturierung weitgehend erhalten haben. Man beachte die räumlich günstige Kombination von Kohlelagerstätten, verarbeitender Industrie und Anbindung an die nahen Häfen.

rei, Gebrauchsgüter usw.) –, wie es in einem Raum mit modernem Transportsystem kaum hätte verlaufen können (vgl. Kap. 6.1).

Der eigentliche Beginn der Industriellen Revolution beruhte also auf Baumwollindustrie und Steinkohlenbergbau. Die Eisen- und Stahlgewinnung, als dritter Hauptpfeiler, kam erst später hinzu. Der steigende Bedarf an Holzkohle hatte im 18. Jh. zu einer fortschreitenden Vernichtung der Waldbestände geführt. Die Suche nach einem Ersatzenergieträger brachte die Erfindung des Verkokungsprozesses durch DARBY (1735). Vielfach blieben die alten Schwerindustriegebiete kurioserweise dort erhalten, wo man einst die im Karbon (!) vorkommenden Eisenerze mit Holzkohle verhüttet hatte, nun aber Koks aus der anstehenden Steinkohle verwandte. Bekanntes Beispiel für diese Entwicklung ist der Raum Sheffield.

Diese „zweite Industrielle Revolution", nämlich in der Eisen- und Stahlindustrie, erfolgte erst im Anschluß an die der Textilindustrie und in indirekter Beziehung zu ihr: Der Bedarf an Steinkohle für die Baumwollfabrikation und andere Zweige, aber auch in wachsendem Maße für den Export, führte zu extremen Steigerungsraten in der Kohleförderung – 1840 lieferte Großbritannien zwei Drittel der Weltkohleförderung. Gerade der Handel mit diesem Massengut erzwang nun die Erfindung und den Ausbau moderner, schneller, kapazitätsstarker Transportmittel. Nicht zufällig wurde die erste Lokomotive (1804) in einem Bergwerk eingesetzt, fuhr der erste Zug der Welt 1825 von Darlington nach Stockton in einem Bergbaugebiet. Kohle beförderte nun auch das Dampfschiff (1807). Hatte es bis 1820 keinen nennenswerten Bedarf an Eisen gegeben, so war nun die Konstruktion von Massentransportmitteln gleichzeitig zu einem gigantischen Absatzmarkt für Eisen geworden. Allein bis 1850 sind in Großbritannien knapp 10 000 km Bahnstrecke verlegt worden, ohne die in Westeuropa und Nordamerika in britischer Lizenz bzw. mit britischem Material gebauten zu erwähnen.

Zu Anfang der Industriellen Revolution ging es um die Deckung eines primären Bedarfs des Menschen: von Stoffen für die Bekleidung. Die Expansion dieser Branche, ihre Nachfolgeindustrien und die Notwendigkeit moderner Transportmittel führten also zu einer Phase, in der sich die Industrie in der Form von Produktions- bzw. Investitionsgütern selbst zu reproduzieren begann, d.h. die Industrie wurde zum Markt für sich selbst und konnte sich nun sozusagen aus sich selbst heraus weiterentwickeln. Gleichzeitig vermochte sie sich in Kontakt zum Bahnnetz geradezu im gesamten Raum auszudehnen und Standorte einzunehmen, die vorher undenkbar waren (zur Entwicklung in Kontinentaleuropa vgl. TREUE 1962, RÜBBERDT 1972 und HENNING 1973).

4 Meßkriterien zur Bewertung der Industrie im Raum

Die geographisch relevante Tatsache, daß *Industrie in der Regel eine flächenhaft sehr begrenzte Erscheinung ist, aber umgekehrt eine extreme Raumausstrahlung hat*, erschwert Untersuchung und Darstellung industriegeographischer Sachverhalte. Um das Ausmaß und das qualitative Niveau der Industrie sowie die intensiven Wechselwirkungen zwischen ihr und dem Raum erfassen zu können, muß man deshalb vorwiegend auf Hilfsmittel, auf sog. *Indikatoren*, also indirekt aussagende Kennziffern zurückgreifen. Zu den gebräuchlichsten gehören:
Industriezweige, Zahl der Beschäftigten, Anteil der weiblichen Beschäftigten, Industriebesatz, industrielle Erwerbsstruktur, Pendler, Industriedichte, Zahl und Größe der Betriebe, Antriebskapazität oder Energieverbrauch, Bruttoproduktion, Umsatz, Wertschöpfung, Einkommen der Beschäftigten, Steueraufkommen.

Als zusätzliche Schwierigkeit ergibt sich, wie BOUSTEDT (1957, S. 388) betont, daß diese ohnehin nur indirekte Aussagen liefernden Kriterien aus der amtlichen Statistik stammen, die ihre Erhebungen nach ökonomischen Gesichtspunkten durchführt, weil auf die umgreifende Betrachtung der räumlichen Zusammenhänge überhaupt kein Wert gelegt werde. MANGAZOL (1974, S. 92) beklagt, daß die Information aus öffentlicher Quelle trotz quantitativer Zunahme unzureichend, unvollständig, verstümmelt, ungenau bleibe. Der Industriegeograph muß sich also ständig der Unzulänglichkeit solchen Datenmaterials bewußt sein. Es darf immer nur als Arbeitsgrundlage, als unvollkommenes Hilfsmittel gesehen werden.

Die genannten und ähnliche Datengruppen dienen zunächst einer reinen Bestandsaufnahme in einem gegebenen Raum. Dabei vermitteln einzelne rein quantitative Angaben (Zahl der Industriebeschäftigten usw.) nicht mehr als eine orientierende, isolierte Übersicht. Aussagekräftig werden die Daten erst, wenn sie zu anderen der genannten Indikatoren und/oder zu anderen räumlichen, demographischen, sozialen oder wirtschaftlichen Einheiten bzw. Phänomenen in Bezug gesetzt werden, z. B. die Industriedichte (Beschäftigte/km^2) oder der Industriebesatz (Beschäftigte/1000 Einw.). Erst in solchen Gegenüberstellungen kann die Industrie quantitativ und qualitativ voll erfaßt werden. Einzelne Branchen können untereinander verglichen werden wie auch die gesamte Industrie mit den restlichen Wirtschaftszweigen. So vermag man das Niveau der Industrie innerhalb eines Raumes oder gegenüber anderen Raumeinheiten zu bewerten und daran relativ zu messen, ob es sich um einen stark, mittel oder schwach industrialisierten Raum handelt. Dies erscheint notwendig angesichts der uneinheitlichen Verwendung und der schwierigen Definierbarkeit von Begriffen wie „Industrielandschaft", „Industrieregion", Industriebezirk", „Industrieballung", „industrielles Verbreitungsgebiet", „Industriegürtel", „Industriezone" usw., auf deren mangelnde Präzision QUASTEN (1979) mit Recht hinweist.

Mit der Gegenüberstellung kleinster administrativer Einheiten oder Angaben über präzise Standorte wird festgestellt, wie konzentriert die Industrie ist, ob sie branchenmäßig einseitig ausgerichtet („Monoindustrie") oder diversifiziert ist. Darauf aufbauend kann man zu einer Typisierung (Schuhindustrie im Pfälzer Wald) oder zu einer Abgrenzung („Ruhrgebiet") gelangen. Aus Vergleichen aktueller mit früheren Daten lassen sich räumliche Veränderungen (Standortverlagerungen, neue Industrien), aber auch qualitative Strukturveränderungen ablesen (Bergbaureviere z. B. werden zu Krisengebieten, tertiäre Oberzentren zu dynamischen Industrieagglomerationen). Wird dabei die derzeitige Wachstumsdynamik der einzelnen Branchen berücksichtigt, so kann man die Industrie eines Raumes auch dahingehend einschätzen, ob sie in naher Zukunft wachsen, stagnieren oder schrumpfen wird.

Eine sachlich und räumlich undifferenzierte Verwendung der genannten Meßkriterien führt leicht zu Fehlschlüssen oder wird dem aktuellen Aufgabenstand nicht mehr gerecht. Jedes einzelne Kriterium muß vielmehr speziell im Hinblick auf das Untersuchungsziel und mit genauer Berücksichtigung der lokalen oder regionalen sozioökonomischen Struktur angewandt werden: So sind Daten über Beschäftigtenzahlen der Industrie eines zurückgebliebenen ländlichen Gebiets oder eines Entwicklungslandes informativer als die eines Raffineriekomplexes. Hier sollen deshalb die Anwendungsmöglichkeiten der gebräuchlichsten Meßkriterien, aber auch ihre Grenzen erläutert werden. Wichtig erscheint dabei, prinzipiell zu zeigen, wie genau die Kriterien in jedem Einzelfall auf ihre Eignung geprüft werden müssen.

Werden Daten in Bezug zu einem Raum gesetzt, dann ist die zugrunde gelegte *Raumeinheit* von Bedeutung. In der Regel ist man auf die statistischen Angaben pro Verwaltungseinheit (Gemeinde, Kreis, Regierungsbezirk usw.) angewiesen. Kann man zwischen verschiedenen Größenordnungen wählen, so muß die Entscheidung der Zielsetzung entsprechen. In der Regel sind Verteilung und Gewichtung der Industrie im Raum am präzisesten auf der Basis der kleinsten Einheit darstellbar, der Gemeinde.

Weltindustrieproduktion

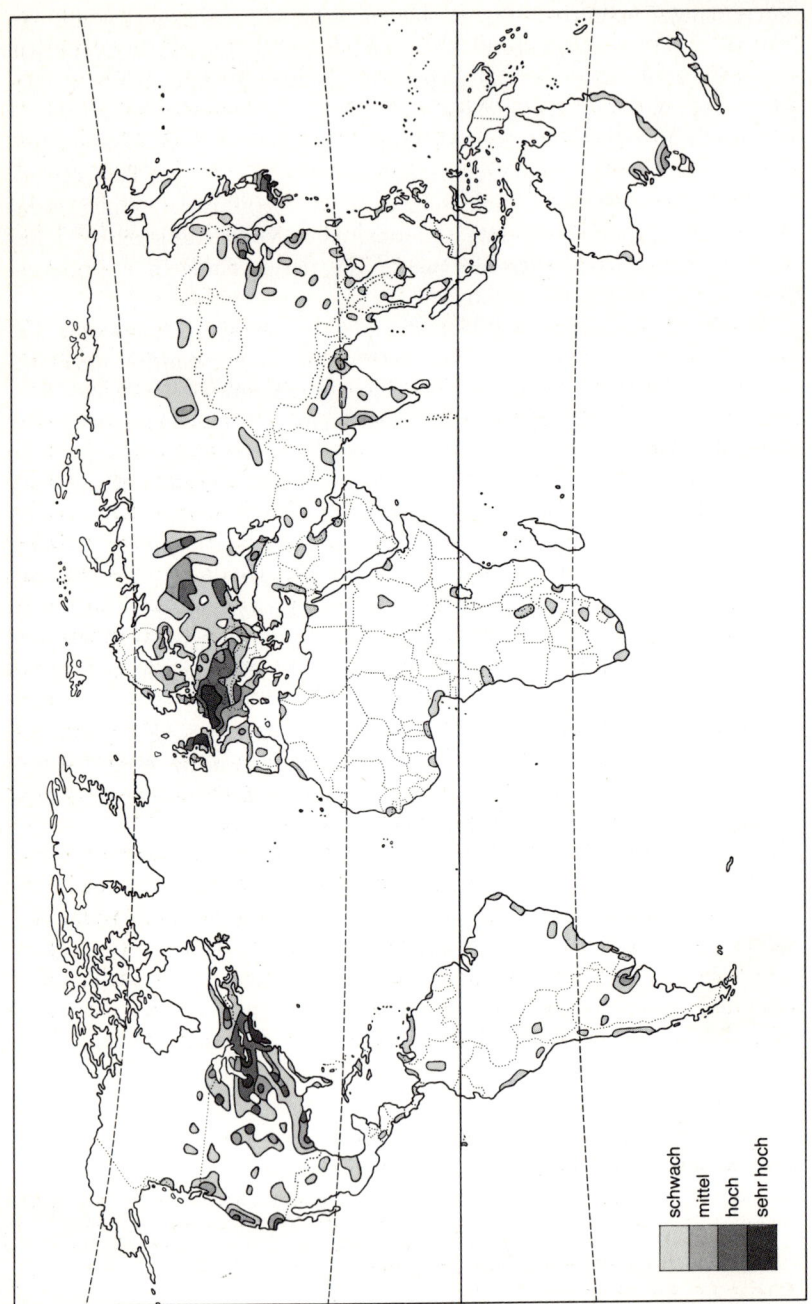

Die Zugrundelegung kleiner Einheiten kann aber auch problematisch werden, wenn dadurch Geheimhaltungsvorschriften wirksam werden. Schließlich darf eine Raumeinheit nicht isoliert betrachtet werden: So kann eine Gemeinde ohne Industriebetriebe über Pendlerbeziehungen zu einem nahen Ballungsraum durchaus unter starkem industriellen Einfluß stehen. Umgekehrt erhalten häufig Städte, die über ihre Verwaltungsgrenzen hinaus wachsen, gerade in ihren Randgebieten eine intensive Industrieansiedlung (Beispiel Hamburg), während im Zentrum die Produktionsstätten aufgegeben bzw. durch tertiäre Betriebe verdrängt werden (vgl. Kap. 8.1).

Industrie kann man nicht als homogenen Komplex betrachten, entscheidend ist vielmehr ihre *branchenmäßige Zusammensetzung*. In einem Untersuchungsraum muß diese unter zwingender Zuhilfenahme von Meßkriterien wie Beschäftigte, Betriebe oder Wertschöpfung ermittelt werden. Diese Branchen sind in den offiziellen Statistiken zu Gruppen zusammengefaßt (vgl. Tabelle). Die bundesdeutsche Klassifizierung (vgl. Statistisches Jahrbuch der Bundesrepublik Deutschland) unterscheidet dabei nach der Bestimmung des Produkts, nämlich ob es weiterverarbeitet (Grundstoff- und Produktionsgüter-I.), im Wirtschaftsprozeß wieder als Anlage(n) eingesetzt (Investitionsgüter-I.) oder unmittelbar konsumiert werden soll (Verbrauchsgüter-I.); unter letzteren bilden Nahrungs- und Genußmittelindustrien eine eigene Gruppe. Schwierigkeiten ergeben sich im Vergleich mit anderen nationalen Gliederungen, so auch mit der International Standard Industrial Classification (ISIC) (UN 1968). Diese ordnet in Verbrauchsgüter einschließlich Nahrungsmittel (non durable consumer goods), Gebrauchsgüter (durable consumer goods), Zwischengüter (intermediate goods) und Kapitalgüter (capital goods). Während in der bundesdeutschen Klassifizierung z. B. Medikamente als chemische Produkte zur Gruppe Grundstoffe und Produktionsgüter gerechnet und Armbanduhren seltsamerweise als Investitionsgüter angesehen werden, stuft die ISIC-Gruppierung sie logischer als Verbrauchs- bzw. Gebrauchsgüter ein. Allen Klassifizierungen gemeinsam ist ihre einseitige Orientierung an ökonomischen Richtlinien oder an Materialien, nicht aber an raumwissenschaftlichen Perspektiven. Wie das folgende Beispiel zeigt, können relativ

◄ *Abb. 3: Weltindustrieproduktion – Relative Dichtekarte 1964 (berechnet nach industriellem Bruttoinlandsprodukt) (nach* GÄCHTER *1969)*

Der Vorteil der Darstellung liegt darin, daß in der Karte versucht wird, die tatsächliche räumliche Verteilung der Industrie wiederzugeben und nicht, wie sonst üblich, nach Staaten. Zusätzlich werden die industrialisierten Gebiete in vier Intensitätsstufen wiedergegeben (Methode erläutert bei GÄCHTER *1969). Als Wertungskriterium ist das industriell erzeugte Bruttoinlandsprodukt nicht optimal, es gibt aber weltweit kein besseres.*

unbedeutende Veränderungen in der Produktion sich statistisch derart niederschlagen, daß man verleitet wird, daraus einen erheblichen Strukturwandel zu interpretieren: Die Umstellung eines Betriebes von Textil- auf Plastiktischdecken verschiebt dessen formale Zugehörigkeit von der Textil- zur chemischen Industrie, ja, von einer rückläufigen zu einer Wachstumsindustrie! Da man häufig nur Unterlagen über Hauptbranchengruppen erhält, wie chemische oder Metallindustrie, bleiben solche Aussagen vage oder bergen gar potentielle Fehlerquellen.

Den Industriegeographen interessiert, ob ein Raum eine eher *vertikale* oder *horizontale Branchenstruktur* hat, d. h. ob das Branchenspektrum hier besonders vielseitig ist oder ob eine Tendenz zur Einseitigkeit, wenn nicht gar zur Monoindustrie besteht (vgl. MIKUS 1978, S. 35f.). Danach läßt sich beurteilen – genaue Kenntnisse der jeweils aktuellen Industriekonjunktur vorausgesetzt – ob die Industrie eher wachstumsdynamisch, stagnierend, krisenanfällig oder rückläufig ist. Ähnlich sind das Branchenspektrum und seine anteilsmäßige Zusammensetzung in Entwicklungsländern ein wichtiges Indiz für das bisher erreichte Industrialisierungsniveau: niedrig, wenn nur Konsumgüter, relativ hoch, wenn auch Investitionsgüter hergestellt werden.

Nach wie vor ist die *Zahl der Beschäftigten* das gebräuchlichste Meßkriterium für die Industrie, nicht nur, weil es das präziseste und am leichtesten erhältliche ist. Vielmehr weist dies auf Bewertungsmaßstäbe vor- und frühindustrieller Verhältnisse hin, als der Einsatz von menschlicher Arbeitskraft ausschlaggebend war, der von Fremdenergie und Maschinen dagegen noch in den Anfängen steckte. So ist heute, nach Ansicht von MANGAZOL (1974, S. 85), *„die Beschäftigung ein paläotechnisches Kriterium par excellence und in dieser Beziehung für eine aktuelle Diagnose weitgehend ungeeignet".* Die Zahl der Beschäftigten verschleiere die Produktivität, also die Pro-Kopf-Produktion, und damit die effektiven regionalen Unterschiede. Dem ist insofern zuzustimmen, als das industrielle Beschäftigungsniveau häufig verabsolutiert wird. Man macht es dann zur Basis für eine Regionalpolitik der forcierten Schaffung von Arbeitsplätzen, die gerade in strukturschwachen Gebieten häufig fehlschlägt (vgl. Kap. 10). Wenn auch mit zunehmender Automation die Beschäftigten im Industrialisierungsprozeß an Bedeutung verlieren, so sind diese aus der industriegeographischen Betrachtungsweise doch nicht wegzudenken, denn sie bestimmen das räumliche Siedlungsbild, die Verteilung der Kaufkraft, das Verkehrsaufkommen, den infrastrukturellen Bedarf, die Sozialstruktur, das politische Leben einer Region usw. Die Beschäftigten sind Indizien für die vielschichtige Raumwirksamkeit, die von der Industrie ausgeht.

Die Zahl der Beschäftigten kann insgesamt unter verschiedenen Aspekten und für bestimmte Gruppen (Facharbeiter, weibliche Arbeitskräfte

Branchenklassifikation 25

Industriezweige und Industriegruppen

Klassifizierung in der Bundesrepublik Deutschland
(gekürzt auf wichtigste Branchen)

Grundstoff- und Produktionsgüterindustrien
Mineralölverarbeitung
Steine und Erden
Eisenschaffende Industrie
Eisen-, Stahl- und Tempergießerei
Nichteisen-Metallindustrie
Ziehereien, Kaltwalzwerke
Chemische Industrie
Kohlenwasserstoffindustrie
Sägewerke und Holzbearbeitung
Holzschliff, Zellstoff, Papier, Pappe
Gummi- und Asbestverarbeitung

Investitionsgüterindustrien
Stahlverformung
Stahlbau (einschl. Leichtmetallbau)
Maschinenbau
Fahrzeugbau
Schiffbau, Luftfahrzeugbau
Elektrotechnische Industrie
Feinmechanik, Optik, Uhren
Eisen-, Blech- und Metallwaren
(EBM)

Verbrauchsgüterindustrien
Musikinstrumente, Spielwaren usw.
Schmuckwaren und Edelsteine
Feinkeramische Industrie
Glasindustrie
Holzverarbeitende Industrie
Papier- und Pappeverarbeitung
Druckerei, Vervielfältigung
Kunststoffverarbeitende Industrie
Ledererzeugende Industrie
Lederverarbeitung, Schuhe
Textilindustrie
Bekleidungsindustrie

Nahrungs- und Genußmittelindustrien
Nahrungsmittel und Getränke
Tabakverarbeitung

UN-Klassifizierung (International Standard Industrial Classification, I.S.I.C.)

Verbrauchsgüter
(non-durable consumer goods)
Nahrungsmittel
Getränke
Tabak
Textilien
Bekleidung
Schuhe
Druck
Pharmazeut. Industrie

Gebrauchsgüter
(durable consumer goods)
Möbel
Gummiprodukte
Keramik
elektr. Apparate
PKWs
Feinmechanik, Optik

Zwischengüter
(intermediate goods)
Industrietextilien
Holz und Holzartikel
Papier
Leder
Chemie (außer Pharma)
Petrochemie
Steine, Erden, Baustoffe
Grundmetall
Metallartikel

Kapitalgüter
(capital goods)
Maschinenbau
Elektromaschinenbau
Fahrzeuge (ohne PKW)

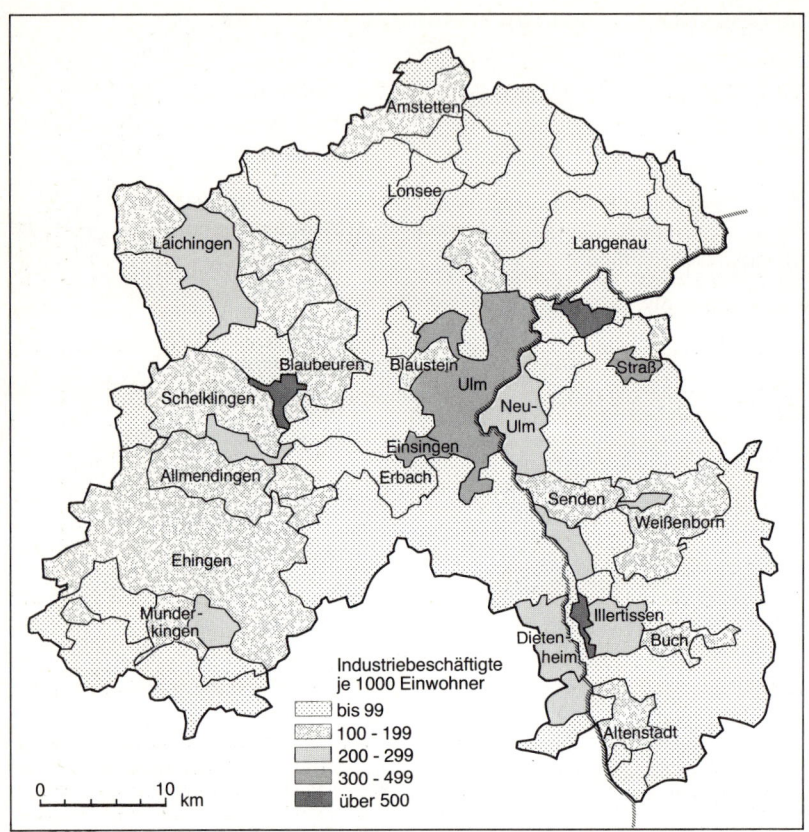

Abb. 4: Industriebesatz in den Gemeinden des Alb-Donau-Kreises und des Landkreises Neu-Ulm, ca. 1978 (nach GEBHARDT *1979)*

Das Beispiel zeigt die täuschenden Verzerrungen, die in dünnbesiedelten ländlichen Bereichen auftreten können, wo große isolierte Industriebetriebe extrem hohe Industriebesatzziffern hervorrufen. Umgekehrt tritt das eigentliche Industriezentrum der Region, Ulm (90000 E.), schwächer hervor.

usw.) verwendet werden (die Begriffe Beschäftigte und Erwerbstätige sind hier als identisch anzusehen). Will man die relative Bedeutung innerhalb der Gesamtwirtschaft herausstellen, so ermittelt man die *industrielle Erwerbsstruktur* (Abb. 5), d.h. den prozentualen Anteil der einzelnen Wirtschaftszweige – darunter der Industrie – nach Beschäftigten. Mit der *industriellen Erwerbsintensität* erfaßt man den Anteil der Industriebeschäftigten an allen Erwerbspersonen, d.h. an allen Personen, die im Bundesgebiet ansässig sind und eine unmittelbar oder mittelbar auf Erwerb gerichtete Tätigkeit auszuüben pflegen, Arbeitslose einbegriffen. Die *Industrie-*

Industriebesatz

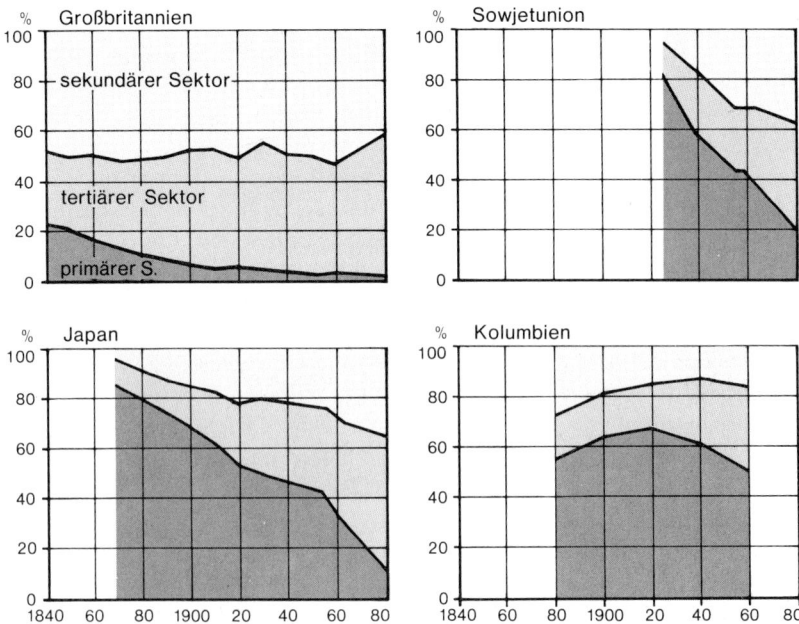

Abb. 5: Die Entwicklung der Erwerbsstruktur (primärer-sekundärer-tertiärer Sektor) in Großbritannien, Japan, der Sowjetunion und Kolumbien (nach verschiedenen Quellen)

Im ältesten Industrieland zeigt sich ab 1840, ca. 60 Jahre nach Beginn der Industriellen Revolution, bereits eine Stagnation des sekundären Sektors, dann ab ca. 1960 dessen Rückgang bei zunehmender Expansion des tertiären Sektors – eine typische Entwicklung hin zum „postindustriellen Zeitalter". In Japan und in der Sowjetunion nehmen beide Sektoren noch auf Kosten der Landwirtschaft zu. In der Sowjetunion ist der extreme Industrialisierungsprozeß der Stalin-Ära sichtbar. Umgekehrt verläuft die Entwicklung in einem typischen Entwicklungsland, Kolumbien: Durch Rückgang des Handwerks und bei gleichzeitiger schwacher Industrialisierung schrumpft der sekundäre Sektor zunächst, bis zum 2. Weltkrieg. Dagegen expandiert der tertiäre Sektor unverhältnismäßig stark, d. h. die Epoche der Industrialisierung, wie sie in den Industrieländern verlief, wurde hier sozusagen übersprungen.

dichte drückt die Zahl der Beschäftigten pro Quadratkilometer aus; ihre Verwendbarkeit erscheint jedoch problematisch und allenfalls als ergänzende Information geeignet.

Der *Industriebesatz* gibt die Zahl der Industriebeschäftigten pro 1 000 Einwohner an (Bundesrepublik Deutschland 1980: 124), bringt also das regionale Gewicht der Industrie zum Ausdruck. Die Kennziffer umfaßt sowohl ansässige als auch einpendelnde Arbeitskräfte, bezieht sich bei den Einwohnern aber nur auf die entsprechende Verwaltungseinheit. Je nach dem Verhältnis zu einem (nationalen) Mittelwert läßt sich daran ein über- oder unterdurchschnittlicher Industrialisierungsgrad ablesen. Bei isolierten Betrieben ergeben sich allerdings Verzerrungen (vgl. Abb. 4). Besonders ergiebig ist die kombinierte Betrachtung von Industriebesatz und Pendlerzahlen für Aufschlüsse über Verkehrsaufkommen, Ausstrahlung der Industrie und Verteilung der Kauf- und Steuerkraft. Letztere gilt bei dem in der Bundesrepublik Deutschland üblichen *Gewerbesteuerausgleich* zwischen dem Beschäftigungsort und der Wohngemeinde des Pendlers. Ein erhebungstechnisches Problem liegt darin, daß die Industriebeschäftigten monatlich über die Betriebszählungen erfaßt werden, nicht aber ihre Wohnorte – genaue Pendlerangaben sind dagegen nur höchstens alle zehn Jahre über die Volkszählung erhältlich. In der Zwischenzeit kann man diese allenfalls indirekt über den Gewerbesteuerausgleich erfahren, mit Ausnahme der Betriebe des Öffentlichen Dienstes.

Verfeinert und aussagekräftiger werden solche Daten – wenn möglich – durch eine Differenzierung nach Einkommen, Funktion, Ausbildung und Geschlecht der Beschäftigten. So gibt das durchschnittliche Pro-Kopf-Einkommen – vor allem bei Angabe der Staffelung – wichtige Hinweise auf Kauf- und Steuerkraft sowie auf davon abhängende Möglichkeiten infrastruktureller Verbesserungen. Dabei muß allerdings das Ausmaß der lokalen bzw. regionalen Steuerautonomie berücksichtigt werden, die in den Staaten erheblich variieren kann.

Relativ wenig berücksichtigt wird die Differenzierung der Beschäftigten in *Angestellte* und *Arbeiter*, unter letzteren wiederum in *Facharbeiter, Lehrlinge, Angelernte* und *Hilfsarbeiter*. Allerdings sind diese Daten häufig nicht erhältlich; auch sind die Qualifikationsgrade zwischen einzelnen Staaten kaum vergleichbar oder werden, wie in vielen Entwicklungsländern, überhaupt nicht beachtet. Wenn auch quantitativ kaum darstellbar, so weist ein hoher Anteil an Angestellten auf hohe Produktivität oder auch Automation hin. Extreme Konzentrationen kommen in Ballungskernen vor, besagen oft allerdings nichts anderes, als daß hier Hauptverwaltungen großer Unternehmen ansässig sind. Die räumlichen Wechselwirkungen entsprechen dann nicht denen einer eigentlichen „Industriestadt", sondern ähneln weitgehend denen eines tertiären Zentrums. Markantes Beispiel in Westeuropa ist Paris: Von den hier registrierten 1 100 Industrieunternehmen mit je über 200 Beschäftigten sind rund 80% von ihren Produktionsstätten getrennt; 45% aller Industriebeschäftigten sind „white-collar-workers" (vgl. Kap. 6.2).

Die qualitative Zusammensetzung der im Herstellungsprozeß Tätigen ist in verschiedener Hinsicht aufschlußreich, wenn auch bei der Interpretation Zurückhaltung zu empfehlen ist: Ein sehr hoher Anteil an *Hilfs-* und *angelernten Arbeitern* ist möglicherweise Indiz für relative Krisenan-

weibliche Arbeitnehmer 29

fälligkeit, kein gehobenes Arbeitsniveau, Fließbandproduktion, Lohnintensität und hohe Arbeitsplatzrotation. Umgekehrt deuten viele *Facharbeiter* – bei einer insgesamt kleinen Belegschaft – auf hohe Fertigungsanforderungen, Automation, individuelle Erzeugnisse usw. hin.

Allgemein starke Beachtung findet der Anteil der *weiblichen Arbeitnehmer* in der Industrie. Da dieser in den Ländern mit Marktwirtschaft erheblich unter 50% liegt (Bundesrepublik Deutschland 1978: 28%, dagegen DDR 1978: 44%) und Frauen im Mittel schlechter bezahlte Industriearbeitsplätze einnehmen – 1971 verdienten sie z. B. in der Bundesrepublik Deutschland nur 64% vom Lohn ihrer männlichen Kollegen (SOFI 1973) – wird den regionalen Abweichungen vom nationalen Mittelwert eine spezifische Aussagekraft zugemessen. Primär ist der Anteil der Frauen durch die Branche bedingt: Er schwankte 1964 in der Bundesrepublik Deutschland zwischen den Extremen 2,5% im Bergbau und 82,5% in der Bekleidungsindustrie. BOUSTEDT (1968, S. 329) errechnete vier auffällige Gruppierungen: In den Grundstoffindustrien waren weniger als 15% Frauen beschäftigt, in den meisten Investitionsgüterindustrien 15% bis unter 30%, überdurchschnittlich in speziell verarbeitenden Branchen 30% bis unter 45% und, besonders hervortretend, 45% und mehr vor allem in Konsumgüterzweigen. So bestimmt die räumliche Verteilung der Branchen auch weitestgehend die der Frauenarbeit: Eine sehr niedrige Quote, z. B. in Montanindustriegebieten, oder eine sehr hohe, z. B. in Textilregionen, sind klare Anzeichen für eine mangelhafte Branchendiversifizierung mit allen negativen Folgen. Hohe Quoten besagen in der Regel auch, daß die Durchschnitts- und Gesamteinkommen niedrig sind und die Frauen erheblich zur Existenzsicherung beitragen müssen. Sie sind flexibler und mobiler, haben meistens nur eine geringe Qualifikation, müssen deshalb niedrige Löhne akzeptieren und verhalten sich bei Arbeitskämpfen gemäßigter. Sie sind folglich beliebte Arbeitskräfte für wenig standortgebundene, lohnintensiv produzierende Betriebe, die sich gerade aus diesen Gründen häufig in strukturschwachen Gebieten ansiedeln (vgl. BRÜCHER 1974). Generell kann behauptet werden, daß ein hoher bis sehr hoher regionaler Anteil weiblicher Arbeitnehmer auf industrielle Strukturschwäche hinweist.

Ein weiteres bedeutendes Meßkriterium ist der *Industriebetrieb*. Im wirtschaftsstatistischen Sinn handelt es sich um eine *organisatorisch-technisch selbständige und örtlich abgegrenzte Wirtschaftseinheit* einschließlich der dazugehörigen und in der Nähe liegenden Einrichtungen für Verwaltung, Hilfsdienste u. a.: Er kann also eine oder mehrere Arbeitsstätten umfassen, d. h. örtliche Betriebseinheiten auf je einem Grundstück mit mindestens einem Erwerbstätigen. Ein Betrieb unterscheidet sich damit von einem *Unternehmen,* das die *kleinste gesondert bilanzierende, rechtlich selb-*

ständige und örtlich nicht gebundene Wirtschaftseinheit bildet (nach QUASTEN 1979). Der Betrieb also, nicht das Unternehmen, ist das räumlich sichtbar in Erscheinung tretende Phänomen. Das Unternehmen jedoch, bis in die jüngste Zeit (vgl. Kap. 6.2) industriegeographisch kaum beachtet, übt über die von ihm ausgehende Organisation der Produktion, die Gründung und Steuerung von Zweigbetrieben, den Standort seiner Hauptverwaltung usw. ebenfalls räumliche Wirkungen aus und bildet deshalb ebenfalls einen Faktor im Gefüge der Wechselwirkungen zwischen Industrie und Raum. Charakteristisch für die industrielle Struktur eines Raumes sind *Branchenzugehörigkeit, Zahl und Größe der Betriebe*. Die Zahl sagt nur im Zusammenhang mit der Verteilung der Größenklassen etwas aus; so hat ein großes Automobilwerk mit über 20 000 Arbeitnehmern eine völlig andere Raumwirkung als eine Ballung von Klein- und Mittelbetrieben mit derselben Beschäftigtenzahl. Die durchschnittliche Betriebsgröße in einem Raum hat nur schwache Aussagekraft. Im Vergleich zu größeren Raumeinheiten gibt jedoch der *Betriebsindex* Anhaltspunkte, hier am Beispiel von Bayern (1978):

$$BI = \frac{\dfrac{\text{Zahl der Betriebe in Bayern}}{\text{Zahl der Betriebe in D}}}{\dfrac{\text{Zahl der Beschäftigten in Bayern}}{\text{Zahl der Beschäftigten in D}}} = \frac{\dfrac{10\,181}{49\,649} = 0{,}205}{\dfrac{1\,353\,000}{7\,584\,000} = 0{,}178} = 1{,}15$$

Da der Betriebsindex (BI) größer ist als 1, liegt die mittlere Betriebsgröße in Bayern unter dem Bundesdurchschnitt.

Eine sinnvoll begründete Einstufung in Klein-, Mittel-, Großbetriebe usw. nach Beschäftigten ist nicht realisierbar, allein schon wegen der unterschiedlichen Raum- und Branchenzugehörigkeit: In der Dritten Welt sind die Betriebe in der Regel kleiner als in den Industrieländern, bestimmte Branchen bestehen vorwiegend aus Klein- und Mittelbetrieben, während umgekehrt z. B. voll integrierte Automobil- oder Hüttenwerke

Betriebsgrößen (Zahl der Beschäftigten)

Handwerksbetriebe (nicht zur Industrie)	unter 10
Kleinbetrieb	10–19
Kleiner Mittelbetrieb	20–49
Großer Mittelbetrieb	50–99
Großbetrieb unterer Stufe	100–199
Großbetrieb mittlerer Stufe	200–999
Großbetrieb höchster Stufe	1 000 und mehr

nicht „klein" sein können. Andererseits haben hochautomatisierte Betriebe nur wenige Beschäftigte. Die vorstehende Tabelle kann deshalb nur als Richtlinie dienen, um zumindest quantitative Vergleiche zu ermöglichen.

Ergänzende Angaben über die Art der *Produktionsintensität* sind äußerst aufschlußreich, nämlich ob die jeweiligen Kosten für die *Produktionsfaktoren Arbeit* oder *Betriebsmittel* oder *Werkstoffe* überwiegen; man spricht dann entsprechend von *lohnintensiver* bzw. *anlageintensiver* bzw. *materialintensiver* Produktion[1]. Geographisch ist diese Differenzierung wichtig, da aus den verschiedenen Arten der Produktionsintensität quantitativ wie qualitativ unterschiedliche Wechselwirkungen zwischen Raum und Industrie entstehen: Der lohnintensiv arbeitende Betrieb hat eine zahlreiche Belegschaft und beeinflußt über diese Verkehr, Dienstleistungsbetriebe, regionale Kaufkraft, Siedlungen usw.; der anlageintensive Betrieb fördert die Investitionsgüterindustrie und steigert den Energieverbrauch; der materialintensive Betrieb fördert Rohstoffgewinnung, Energieverbrauch und/oder Zulieferindustrien. Deshalb sollte der räumliche Wirkungsgrad ausgeprägt lohnintensiver Betriebe nicht einseitig überbewertet werden.

Wenn man materielle Mengenangaben der Produktion oder des Konsums als vergleichenden Bewertungsmaßstab verwendet, ist Vorsicht geboten. Beispielsweise zeigt die Gegenüberstellung von Rohstahl- oder Stromverbrauch pro Kopf in den Ländern (vgl. DIERCKE Weltatlas S. 182/II) die krassen Unterschiede im Industrialisierungsgrad zwischen Industrie- und Entwicklungsländern. Für Vergleiche zwischen einzelnen Industrieländern eignet sich diese Methode jedoch nicht. So hat z. B. die Schweiz mit ihrer hochentwickelten Industrie aufgrund ihrer Branchenschwerpunkte (Chemie, Feinmechanik, Nahrungsmittel usw.) einen niedrigen Stahlverbrauch, Norwegen wegen seiner bedeutenden Aluminiumproduktion, aber auch in den Haushalten aus klimatischen Gründen, einen exzessiven Konsum an elektrischer Energie.

Die Effizenz der Industrieproduktion wird durch die *Produktivität* ausgedrückt. Sie gibt nicht die Wirtschaftlichkeit bzw. Rentabilität an, sondern den auf eine Maßeinheit bezogenen Umfang der Produktion, z. B. den Produktionswert bezogen auf den Kapitaleinsatz oder die Zahl der Quadratmeter Textilstoff auf die Betriebsstunde eines Webstuhls. Sehr geläufig ist die *Arbeitsproduktivität*, d. h. der Herstellungsausstoß pro menschliche Arbeitsstunde bzw. pro Beschäftigten (Schichtleistung Stein-

---

[1] Auch lohnkostenintensiv bzw. arbeits(kosten)intensiv, anlagekapitalintensiv und materialkostenintensiv bzw. werkstoff(kosten)intensiv; der umgangssprachliche Begriff „Kapitalintensiv" sollte vermieden werden (nach QUASTEN 1979).

kohle in kg), weil dadurch indirekt der Rationalisierungs- und Automationsgrad, ja ganz allgemein das industrielle Niveau gezeigt wird. Eine hohe Produktivität spiegelt sich in hoher Wertschöpfung und, in der Regel, in gehobenem Lohnniveau wider.

Als weitere solide Indikatoren bieten sich reine Wertangaben an. Für den langjährigen Vergleich ist dazu die Berechnung konstanter Preise Voraussetzung. Relativ leicht erhältlich ist in der Regel der *Bruttoproduktionswert* eines Betriebes: Darunter versteht man das wertmäßige Produktionsergebnis in einem bestimmten Zeitraum, sofern die Erzeugnisse den Produktionsbereich verlassen oder in andere Bereiche verlagert werden; er ist also nicht identisch mit dem Umsatz. Da sich jedoch in der Bruttoproduktion sämtliche Kostenanteile verbergen, sagt sie relativ wenig aus, im Grunde nur bei Vergleichen innerhalb derselben Branchen- und Betriebsgrößenstruktur.

Weit aussagekräftiger ist dagegen die *Wertschöpfung,* d. h. der Wert, der dem zu Beginn eines bestimmten Zeitabschnitts vorhandenen Vermögen durch Dienstleistungen und Herstellung von Sachgütern hinzugefügt wird. Sie mißt sozusagen das Nettoergebnis der Produktionstätigkeit und ergibt sich rechnerisch durch Abzug der verbrauchten Waren, der verbrauchsbedingten Dienstleistungen und Abschreibungen, der indirekten Steuern und der Subventionen vom Bruttoproduktionswert. Unter der Voraussetzung, daß die Unternehmergewinne nicht an außerhalb gelegene Stammhäuser abfließen (z. B. aus Entwicklungsländern), ist die Wertschöpfung deshalb ein hervorragender Indikator für den wirtschaftlichen Beitrag der Industrie innerhalb einer Region. Allerdings sind die für den Fiskus verräterischen Daten verständlicherweise schwieriger erhältlich als beispielsweise die von Bruttoproduktion oder Umsatz.

Die Möglichkeiten, solche industriegeographisch relevanten Indikatoren zueinander in Beziehung zu setzen, sind im Grunde unbegrenzt. Hier sei auf einige gängige Methoden nur kurz hingewiesen, die an verschiedenen Stellen ausführlich und mit Beispielen erläutert werden (SCHÄTZL 1973; MIKUS 1978; QUASTEN 1979 u. a.). So mißt der *Lokationsquotient* (LQ, auch: Lokalisationsquotient) den Grad der räumlichen Konzentration einer industriellen Aktivität bzw. Erscheinung (Beschäftigte, Frauenarbeit, Wertschöpfung usw.) bezogen auf die räumliche Konzentration einer allgemeinen Bezugsgröße (Bevölkerung, Fläche, Erwerbspersonen usw.). Beispiel: der LQ der Industrie im Saarland verglichen mit der Bundesrepublik Deutschland, gemessen an Beschäftigten und Gesamtbevölkerung (1978):

Lokationsquotient

$$LQ = \frac{\frac{\text{Industriebeschäftigte Saarland}}{\text{Industriebeschäftigte in D}}}{\frac{\text{Bevölkerung im Saarland}}{\text{Bevölkerung in D}}} = \frac{\frac{149\,000 \times 100}{7\,584\,000} = 1{,}965}{\frac{1\,077\,000 \times 100}{61\,327\,000} = 1{,}756} = 1{,}119$$

Bei einem LQ über 1 ist die Konzentration der Industrie überdurchschnittlich hoch.

FLORENCE (1948, S. 77) berechnet einen *Koeffizienten der räumlichen Verflechtung*, der anzeigt, welche Industrien bevorzugt im räumlichen Verbund auftreten. Besonders geeignet für die quantitative Darstellung regionaler industrieller Wachstumsunterschiede und ihrer Ursachen ist die *Shiftanalyse*, die von SCHÄTZL (1973; S. 33 ff. und 161) ausführlich erläutert wird.

Alle Indikatoren, komplexe wie einfache, können nur bestimmte, begrenzte Aspekte der Industrie und ihrer räumlichen Auswirkungen wiedergeben. Ohne andere Faktoren zu berücksichtigen, führen eine einseitige Auswahl und darauf aufbauende globale Interpretationen in der Regel zu Fehlschlüssen. Dies sei beispielhaft an Bereichen der westlichen Vogesen erläutert: Industriebesatz und industrielle Erwerbsstruktur weisen den Raum als stark industrialisiert aus. Dies ist jedoch nur der Fall, weil die Landwirtschaft in dem überwiegend bewaldeten Buntsandsteingebiet zurücktritt und der tertiäre Sektor wegen der dünnen Besiedlung und fehlender bedeutender zentraler Orte schwach entwickelt ist. Beherrschend vertreten ist die marode Textilindustrie in teilweise extrem veralteten Betrieben, die Zahl ihrer Arbeitnehmer sinkt seit Jahren rapide. Ersatzindustrien drängen sich kaum in das infrastrukturell schlecht erschlossene Gebiet.

Das Beispiel zeigt, daß eine realistische Analyse nur unter Benutzung *aller* verfügbaren Daten möglich ist. Dabei soll kein simples, die Zusammenhänge zerreißendes Neben- oder Nacheinander der einzelnen Indikatoren praktiziert werden, sondern diese müssen in sinnvoller Kombination eingesetzt und verglichen werden. Es erscheint dagegen unzulässig, zueinander beziehungslose und qualitativ verschiedene Indikatoren beliebig in Korrelation zu setzen. Dazu ein Negativ-Beispiel: CHARDONNET (1965, II. S. 223 ff. und Fig. 2–4) ermittelt eine weltweite Abstufung des Industrialisierungsgrades in den einzelnen Ländern. Für die Berechnung eines Koeffizienten verwendet er die Indikatoren Energiekonsum in t SKE/Einw., Stahlverbrauch in t/Einw. und industrielle Erwerbsstruktur. Begründet werden Auswahl und Zusammenstellung der Kriterien damit, daß diese die einzigen weltweit greifbaren waren. Der Staat mit dem jeweils höchsten Wert auf der Erde wird als absolut angesehen und mit 100% gleichgesetzt: die USA im Energie-, Schweden im Stahlkonsum, die Schweiz in der industriellen Erwerbsstruktur. Für jedes Land wird dann berechnet, welchen Anteil in % es am Maximalwert erreicht: Dänemark z. B. 36% des Energiekonsums/Einw. der USA, 49% des Stahlverbrauchs/Einw. Schwedens und 52% der industriellen Erwerbsstruktur der Schweiz. Die drei prozentualen Werte werden nun addiert und gemittelt: $(36+49+52):3=45,7$ als Koeffizient für Dänemark. Hochindustrialisierte Länder haben demnach Koeffizienten zwischen 57 und 78, mittelmäßig industrialisierte 36–45, unterindustrialisierte 11–30, nicht- oder schwachindustrialisierte unter 9. Abgesehen von der nicht begründeten willkürlichen Gruppierung und von der wechselnden Signifikanz werden hier qualitativ unterschiedlichste Indikatoren zu gleichwertigen Kennziffern vereinheitlicht und verrechnet. Eine ähnliche unzulässige Addition unterschiedlicher Indikatoren nehmen LONSDALE und THOMPSON vor (1960, zit. bei MIKUS 1978, S. 34).

5 Das Problem des Standorts

Grundsätzlich kann keine wirtschaftliche Aktivität an jedem beliebigen Ort betrieben werden, entweder weil dies naturbedingt verhindert wird (Relief, Klima, Bodenbeschaffenheit, Mangel an Wasser, Bodenschätzen und Energieträgern usw.) oder weil die Aktivität absolut unrentabel bzw. sogar absurd wäre (fehlender Markt, mangelnde Eignung z. B. für Fremdenverkehr, keine Qualifikation der Arbeitskräfte usw.). Daß an einem bestimmten Standort überhaupt Güter oder Dienstleistungen produziert werden, hängt also von einer Reihe von Bedingungen ab.

Standortwahl und daran anschließende Standortentscheidung für einen Industriebetrieb richten sich zunächst nach den Prioritäten in der Zielsetzung des Unternehmens. Grundsätzlich lassen sich dabei drei Hauptprinzipien unterscheiden, die allerdings in der Regel nicht streng voneinander getrennt werden können:

1. das ökonomisch-rationelle Ziel der betriebswirtschaftlichen Gewinnmaximierung;

2. außerökonomische oder nur partiell ökonomische Ziele, die der Individualität und dem Verhalten des Unternehmers Spielraum lassen;

3. das Ziel, den Betrieb in den Rahmen einer die ganze Volkswirtschaft betreffende Wirtschaftsstrategie zu integrieren, wobei der volkswirtschaftliche Aspekt Priorität hat.

Die Punkte 2 und 3 werden in Kap. 5.3.9 und 5.4.2 behandelt. Den Ausgangspunkt der Überlegungen über die *Standortgesetzmäßigkeiten* soll zunächst – wie es auch in den klassischen Standorttheorien der Fall ist – der Unternehmer als „homo oeconomicus", als rational nach maximalem Gewinn strebender Mensch bilden. Dieser bemüht sich, entweder mit geringstmöglichen Kosten ein bestimmtes Produktionsvolumen („angemessener Gewinn") oder bei vorausgesetzten Festkosten einen maximalen Gewinn zu erreichen.

5.1 Der Begriff des Standortfaktors

Auf jeden Punkt der Erdoberfläche wirkt eine Vielzahl verschiedenster Einflußgrößen – physische, ökonomische, soziale, politische, kulturelle usw. –, die die Entwicklung des zu gründenden Betriebs entscheidend positiv oder negativ steuern. Solche Einflußgrößen nennt man *Standortfaktoren*. Zunächst bezeichnet der Begriff bei WEBER nur Vorteile eines Ortes, die diesen für eine industrielle Produktion attraktiv machen; heute spricht man jedoch allgemein sowohl von positiven als auch von negativen (restriktiven) Standortfaktoren. Physische Standortfaktoren sind z. B. Klima, Relief oder Bodenfestigkeit; ökonomisches Lohnniveau, Transportkosten, Rohstoffpreise oder Stromtarife; soziales Bildungsniveau, Angebot an weiblichen Arbeitskräften oder Erwerbsstruktur; politische staatliche Investitionsmaßnahmen oder parteimäßige Zusammensetzung des Gemeinderates; kulturelle wirtschaftliche Traditionen oder religiöse Einflüsse. Von vornherein muß dabei die Dauer der Wirksamkeit der Faktoren berücksichtigt werden: Die Anbindung an einen Kanal oder Klimagunst bedeuten dauerhafte oder zumindest langfristige Vorteile; kurzfristigen Schwankungen dagegen sind Rohstoff- und Energiekosten oder auch das Lohnniveau unterworfen. Einmalige Vorteile sind anfängliche staatliche Investitionszuschüsse oder Steuerbefreiungen.

Hat der Unternehmer sein Produktionsziel, die dafür notwendigen Operationen und technischen Bedingungen festgelegt und die Räume mit eindeutig restriktiven Standortfaktoren eliminiert, so entscheidet er sich schließlich für den Standort, an dem nach Abwägen aller negativen und positiven Einflußgrößen sich die günstigsten Produktionsvoraussetzungen anzubieten scheinen. Dabei muß man realistisch davon ausgehen, daß es den Idealstandort, wo sich natürliche und ökonomische Bedingungen optimal ergänzen, nicht gibt, weshalb OTREMBA (1953) den Kompromiß hervorhebt, den jede Standortentscheidung beinhaltet. In extremen Fällen läuft dies sogar auf „Zwangsstandorte" hinaus, wenn restriktive Faktoren wie fehlende Flächen, Bodenpreise, Wasserbedarf, Bebauung, Verkehrsadern und Umweltschutzgesetze überhaupt keine Alternative mehr aufkommen lassen – aktuelle Beispiele sind Kernkraftwerke oder Chemiekomplexe.

5.2 Die Entwicklung der Standorttheorien

Seit dem letzten Drittel des 19. Jh. bemüht sich die Wissenschaft, in der räumlichen Verteilung der Industrie von rational wirtschaftlichem Denken bestimmte Gesetzmäßigkeiten nachzuweisen. Es wurden Industriestandorttheorien entwickelt, gleichzeitig konzipiert als Erklärung und als Anleitung zu betriebswirtschaftlicher Planung. Aufbauend auf Vorgängern wie ROSCHER (1865) und LAUNHARDT (1882), nicht zu vergessen aber auch VON THÜNEN (1826 f.), entwarf WEBER (1909) die erste, klassisch gewordene Theorie der Industriestandorte *(„Über den Standort der Industrien")*. Die Kritiken und die konstruktive Weiterführung dieser Theorie, auch die Versuche ihrer Anwendung schlagen sich in einer nicht mehr übersehbaren Zahl von Publikationen nieder (vgl. MEYER-LINDEMANN 1951, BEHRENS 1971).

5.2.1 Die Standorttheorie von A. WEBER als Ausgangsbasis

Zum Verständnis der Grundideen von ALFRED WEBER muß man sich zunächst in die industrielle Situation seiner Zeit zwischen 1871 und dem I. Weltkrieg zurückversetzen. Unter den Branchen dominierte die Eisen- und Stahlgewinnung, die sich eindeutig an den Standortfaktoren Rohstoff- und Energieversorgung orientierte. Konkurrenzlose Verkehrsträger waren Wasserstraßen und Bahnlinien. Die Produktion mußte noch keine Gebiete mit freien Arbeitskräften aufsuchen, vielmehr zog sie diese an: Hunderttausende wanderten damals ins Ruhrgebiet. Absatzprobleme ergaben sich kaum, man hatte zwar schon Rezessionen erlebt, aber noch keine wie die Weltwirtschaftskrise von 1929. Da es noch keine „Konsumgesellschaft" gab, hatte der Absatz überhaupt ein geringeres Gewicht. In jener Zeit waren auch das Branchenspektrum und die gesamte Industriestruktur noch entschieden überschaubarer. Die Verdichtungsräume mit ihren spezifischen Problemen standen erst am Anfang ihrer Entwicklung. Und schließlich gab es zwar bereits erschreckende Umweltprobleme, die jedoch wegen der herrschenden Wachstumseuphorie nicht gesehen wurden.

Die hier vereinfacht dargestellte Situation scheint die Theorie von WEBER entscheidend beeinflußt zu haben. Diese orientiert sich vornehmlich an der Eisen- und Stahlindustrie, bei der er das Ziel der Kostenminimierung voraussetzte. Bei der Standortbestimmung der damals bereits beachtlichen Hüttenwerke (Krupp, Thyssen usw.) wurden zwangsläufig allein wirtschaftlich rationale Kalkulationen zugrunde gelegt, nämlich letztlich auf der Basis der Kosten für Erze, Kohle und den Transport dieser Massengüter.

Entscheidend sind dabei für WEBER Gewicht und Transportkosten, während die Preise der Materialien und Industrieprodukte als konstant vorausgesetzt werden. Er geht nun davon aus, daß die Gewinnung der Materialien und der Absatz der Industrieprodukte an verschiedenen Punkten im Raum erfolgt, die ein Dreieck oder ein Polygon bilden. Innerhalb dieser Figur soll der kostengünstigste, der *„optimale Industriestandort"* gefunden werden. Dieser wird von drei Hauptgrößen bestimmt: Transportkosten, Arbeitskosten und sog. „Agglomerativ- und Deglomerativfaktoren". Entscheidend sind die Transportkosten; sie liegen am niedrigsten im sog. „tonnenkilometrischen Minimalpunkt" (TMP). Bei dessen Bestimmung spielen Art und „Verhalten" des Materials eine ausschlaggebende Rolle. So braucht ein überall vorkommendes Material *(„Ubiquität")* nicht zum Konsumort transportiert zu werden, wird also dort verarbeitet (z. B. Wasser zu Getränken). Ein *„Reingewichtsmaterial",* das während der Verarbeitung nicht an Gewicht verliert, wird, wenn es von verschiedenen Punkten kommt, zum Konsumort transportiert und dort verarbeitet: So liegt die Textilindustrie, die aufbereitete Baumwolle verwertet, häufig in den großen Ballungsräumen. Gewinnt man ein Reingewichtsmaterial nur an einem Punkt, kann der Betrieb zwischen diesem und dem Konsumort liegen, da die Transportkosten immer gleich bleiben. Geht jedoch bei der Verarbeitung Gewicht teilweise oder ganz verloren *(„Gewichtsverlustmaterial"),* so sinken danach die Transportkosten für das Enderzeugnis. Das bedeutet, daß der Produktionsort in Richtung Materialvorkommen gezogen wird: Beim Beispiel Baumwolle finden Säuberung und Entkernung nach der Ernte in den Anbaugebieten statt. Wenn bei mehreren Ursprungsorten der Materialien eines ein höheres Gewicht hat als die Summe aus den anderen Gewichten und dem des Enderzeugnisses, so wird ersteres zum Standort der Produktion: Dies waren zur Zeit WEBERs die Steinkohlereviere, da die für eine Tonne Roheisen benötigte Kohle mehr wog als die erforderliche Menge hochwertigen Eisenerzes plus eine Tonne Roheisen. Wird ein solches Übergewicht nicht erreicht, tendiert der TMP auf eine verkehrsgünstige Lage zwischen Materialvorkommen und Konsumort. Als Beispiele können die Hüttenwerke an den Großen Seen zwischen den Erzen am Oberen See und der Steinkohle der Appalachen, letztlich aber auch die modernen Küstenstandorte genannt werden.

Nach WEBER richtet sich der Unternehmer primär nach diesem Kalkulationsprinzip, denn jede Betriebsansiedlung außerhalb des TMP würde die Kosten erhöhen. Die Ausgaben für Arbeitskräfte *(„Arbeitskosten")* können nur dann zu einer Betriebsverlagerung führen, wenn die Einsparungen an Löhnen am neuen Standort größer sind als die mit dem Verlassen des TMP verbundene Erhöhung der Transportkosten. Wirksam werden nur Lohndifferenzen, die durch unterschiedliche Qualifikation der Arbeitskräfte und/oder durch regionale Disparitäten bedingt sind, z. B. zwischen städtischem und ländlichem Bereich. Sekundäre Bedeutung haben auch die *„Agglomerativ- und Deglomerativfaktoren".* Unter ersteren versteht man kostensenkende Einflüsse, die sich aus einer räumlichen Konzentration der Produktion ergeben, z. B. einfache Kapazitäts- und

Produktionsausweitung, Zusammenarbeit mit Betrieben derselben Branche, Verbundwirtschaft (z. B. unmittelbare Folge in der Erzeugung von Eisen-Stahl-Walzprodukten-Fertigwaren), spezialisierte Arbeitskräfte usw. Jedoch können gerade zu stark verdichtete Industrieräume Produktionsnachteile bewirken, nämlich extreme Bodenpreise, fehlende Reserveflächen, hohe Löhne, Umweltbelastung, ungeeignete Verkehrsanschlüsse usw. Dies bedingt umgekehrt in schwach industrialisierten Gebieten Deglomerationsvorteile, die sich u. a. im Gegenteil der genannten Beispiele ausdrücken. Generell gehören hierzu die Gunstfaktoren bei der Industrialisierung ländlicher Räume: verfügbare, billige Arbeitskräfte, billige Grundstücke usw.

Die wichtigsten Kritiken an WEBERS Theorie (vgl. besonders MEYER-LINDEMANN 1951, S. 55-66) seien hier kurz zusammengefaßt: Obwohl die Betonung der Transportkosten allgemein als die Stärke der Theorie angesehen wird, beklagt man ihre einseitige Überbewertung. Demgegenüber seien die postulierte Konzentration des Absatzes auf einen einzigen Punkt und das Ignorieren der Nachfrageseite unrealistisch. Wirklichkeitsfremd sei auch, den Faktor Arbeitskräfte als sekundär anzusehen und die „Agglomerationsfaktoren" offensichtlich zu unterschätzen. Überhaupt bleiben soziale Verhältnisse und wirtschaftspolitische Faktoren ausgeklammert. Besonders gewichtig ist der Vorwurf, die Theorie sei statisch konzipiert, berücksichtige also keine Veränderungen der Standortfaktoren (z. B. Schwankungen von Löhnen, Tarifen, Preisen, Bedarf usw.), wo doch bereits mit der Gründung des betroffenen Betriebs selbst eine neue Konstellation der Standortfaktoren hervorgerufen werde.

5.2.2 Die Standortorientierung

Bei WEBER dominieren Transportkosten bzw. sekundär Arbeitskosten oder Agglomerationsvorteile. Bei den Transportkosten „orientieren" sich deshalb die Standorte am Rohstofflager, an der Energiequelle oder am Markt. Man spricht deshalb von „rohstofforientierten", „energieorientierten", „marktorientierten" usw. Standorten.

Bevor detailliert auf die einzelnen Typen der Standortorientierung eingegangen wird, muß hier stichwortartig auf die grundsätzlichen Wandlungen der Situation der Industrie seit WEBER verwiesen werden, ohne die die Veränderungen der Standortfaktoren und deren wachsende Dynamik kaum verständlich sind.

Das Verkehrswesen ist weltweit modernisiert worden und hat, verbunden mit Beschleunigung und Kostensenkung, zu einem geradezu explosiven Wachstum der Transportvolumina geführt. Damit verlor die Distanz als Einflußgröße erheblich an Gewicht. In den Industrieländern kam es zu einer extremen Zunahme der gewerblichen Produktion in Wechselwirkung mit steigendem Lebensstandard und Konsum. Parallel dazu stieg der Verbrauch von Rohstoffen und Energie, die in zunehmend differenzierter Form und fast flächendeckend angeboten wird (elektrisches Verbundnetz, Kohle- und Heizölbelieferung usw.). Diese Gesamtentwicklung führte zu einer immer bedrohlicheren Belastung der Lebens- und Wirtschaftsräume, was Rückwirkungen auf die Industrialisierung hat. Maßnahmen der Rationalisierung und Automatisierung spiegeln technischen Fortschritt und die Verknappung von Arbeitskräften, Rohstoffen und Energie wider.

Neben diesem allgemeinen Wachstums- und Modernierungsprozeß ist die *neue Rolle der Dritten Welt* zu beachten. Die einstigen, Rohstoffe liefernden Kolonien sind zu unabhängigen Staaten geworden, die nun eine eigene Industrialisierung anstreben. Dies hat zu einer gleichzeitigen Wirksamkeit völlig unterschiedlicher Standortvoraussetzungen in Entwicklungs- und Industrieländern geführt: Während in letzteren z. B. Arbeitskräfte und Baugrundstücke knapp sind, besteht in den Entwicklungsländern an beidem ein Überangebot. Dagegen wird der Produktionsprozeß dort durch fehlende technische Kenntnisse und mangelhafte Infrastruktur behindert bzw. verteuert. Niedrigen Rohstoff- und Energiekosten und billiger Arbeitskraft stehen erhebliche politisch bedingte Investitionsrisiken gegenüber. Die Standortbedingungen werden dadurch nur komplizierter und erschweren folglich für Unternehmer aus Industriestaaten die Standortwahl, machen aber auch für einheimische Unternehmer in Entwicklungsländern selbst die Wettbewerbsbedingungen unübersichtlich. Darauf ist letztlich manche dortige Fehlinvestition zurückzuführen. Die Parallelität von modernen Standortbedingungen in den Industriestaaten und noch großenteils traditionellen Strukturen in den Entwicklungsländern ergibt heute eine Gesamtsituation, die nicht mehr allein aus der Perspektive der Industriestaaten betrachtet werden kann. Im folgenden wird deshalb regelmäßig auf die weltweit veränderte Standortproblematik infolge der Industrialisierung der Dritten Welt hingewiesen.

5.3 Die einzelnen Standortfaktoren

Da bei der Behandlung der Standortfaktoren keine Vollständigkeit erreicht werden kann, muß generalisiert und gruppiert werden. Zur groben Untergliederung dient hier als Leitfaden zunächst die Einteilung von BEHRENS (1971, S. 91 ff.) in *„Gütereinsatzorientierung"* und *„Absatzorientierung",* die allerdings einiger Ergänzungen bedarf (z. B. individuelles Unternehmerverhalten).

5.3.1 Die physischen Standortbedingungen

Die physischen Standortbedingungen hatten in der vor- und frühindustriellen Zeit besonderes Gewicht. Hinzu kommt, daß in der Wissenschaft diese Faktoren lange Zeit aus einer deterministischen Haltung heraus überbetont worden sind. Mit der Modernisierung von Technik und Transport haben sie an Gewicht verloren. Trotzdem dürfen die physischen Standortbedingungen heute nicht gänzlich vernachlässigt werden, denn nach wie vor bleiben Relief, Klima, Wasserhaushalt, Bodengüte, Beschaffenheit des Baugeländes usw. wichtige Einflußgrößen, und nach wie vor suchen Industrien, die Gewichtsverlustmaterialien verarbeiten, nach Möglichkeit die Nähe der Rohstoffvorkommen.

Sicher wurde der Einfluß des feucht-maritimen Klimas auf die Entwicklung der Textilindustrie von Lancashire überschätzt. Später sah man in dem vorteilhaften gemäßigten Klima der Industriestaaten eine gewissermaßen selbstverständliche, nicht mehr standortrelevante Ubiquität. Außerdem sank der Einfluß des Klimas mit der Modernisierung der Produktionsprozesse, der Konservierungsmethoden und des Transports (vgl. GRUNDKE 1955). Klimate außerhalb der gemäßigten Breiten zeigen jedoch Auswirkungen auf die Industriestandorte. So waren Wolkenarmut, Relief und Windverhältnisse in den südlichen und westlichen USA mitentscheidend für die Ansiedlung von Luft- und Raumfahrtindustrien. Nach GARWOOD (1953) wurde ein Viertel von 116 untersuchten Betrieben in Colorado primär aus klimatischen Gründen dort angesiedelt, u. a. für die Herstellung von Aluminiumkolben, in denen sich bei trockener Luft störende Gaseinschlüsse reduzieren lassen. Umgekehrt können sich Hitze und Schwüle hemmend auf die Arbeitsproduktivität auswirken und auch die Herstellung bestimmter Produkte sinnlos werden lassen (z. B. von Schokolade). Insgesamt allerdings dürfen weder die positiven noch die negativen Auswirkungen des Klimas auf Standortentscheidungen überbewertet werden, zumal eine präzise Bewertung nur selten möglich ist (vgl. BRÜCHER 1975, S. 39).

Eindeutiger ist in diesem Zusammenhang die Rolle des Wassers. Nachdem man es als Energielieferanten durch die Kohle ersetzen und mittels chemischer Prozesse auch gewünschte Qualitäten erzielt werden konnten, betrachtete man Wasser in den gemäßigten Breiten ebenfalls als Ubiquität. Erst mit seinem stetig steigenden Verbrauch wurde daraus ein oftmals bestimmender Standortfaktor. Wasser wird industriell als Rohstoff verwendet für Nahrungsmittel, Getränke, Medikamente und andere chemische Produkte, Baustoffe usw., als Hilfsstoff zum Säubern, Spülen und Lösen in Zechen, Chemiewerken, Zellulosewerken, Gerbereien, Zuckerfabriken, Färbereien usw., zum Kühlen in Kraftwerken, Kokereien, Hütten-

und Walzwerken, Werften oder Maschinenfabriken und auch als Transportmittel in Rohrleitungen (Kohleschlamm usw.). Heute üben wirtschaftliche und umweltbedingte Zwänge, über geschlossene Kühlsysteme usw. Wasser zu sparen, zunehmenden Einfluß auf die allgemeine industrielle Standortstruktur aus.

Bei der Standortwahl muß also eine große Zahl physischer Faktoren berücksichtigt werden, von denen oft ein einziger die Betriebsansiedlung verhindern kann, z. B. wenn eine Papierfabrik das Trinkwasser eines Flusses verseuchen oder wenn das Kühlwasser aus einem Kraftwerk die Temperatur im Vorfluter zu stark ansteigen lassen würde. Mit zunehmender Raumverknappung und Verdichtung von Siedlungen und Industrie müssen zwangsläufig die natürlichen Standortbedingungen immer eingehender berücksichtigt werden. Sie können die Standortalternativen erheblich einschränken, ja sogar Betriebsgründungen innerhalb erwünschter Räume verhindern. Verallgemeinernd kann behauptet werden, daß bei den physischen Faktoren heute eher die *limitierende Funktion* in den Vordergrund tritt.

5.3.2 Die Materialorientierung

Vorausgeschickt sei, daß eine Trennung zwischen Material- und Energieorientierung nicht immer durchführbar ist: Kohle ist z. B. gleichzeitig Energielieferant, Rohstoff für chemische Produkte und Koks sowie Reduktionsmittel im Hochofenprozeß. Bei der Materialbeschaffung treffen die Berechnungen WEBERs noch für bestimmte Massengüter zu, z. B. für die Gründung von Hüttenwerken an Küsten, wo am günstigsten billige überseeische Erze und Kohle angeliefert werden können. Insgesamt ist die Bedeutung der Rohstoffständigkeit im Zuge der geschilderten Entwicklung gesunken, denn durch Rationalisierungsmethoden und erhöhten Nutzungsgrad ist der Kostenanteil der Rohstoffe an den jeweiligen Endprodukten durchweg geringer, die Transportmöglichkeiten und -kosten sind günstiger geworden. Infolgedessen hat die Versorgung aus mehreren Rohstoffquellen die klassische Bindung an einen Materialfundort abgelöst. Zugänglichkeit und langfristige Verfügbarkeit werden immer gewich-

Abb. 6: Zuckerfabrik Grays Inn Estate, Jamaica (Quelle: Tyndale-Biscoe, Kingston/ ▶ Jamaica; aus HAAS *1976)*

Das Werk liegt inmitten einer ausgedehnten Zuckerrohrplantage und ist über Wege und Gleise mit den Feldern verbunden. Von dort wird das Rohr unmittelbar nach der Ernte angeliefert und verarbeitet, weil jede Verzögerung ein Absinken des Zuckergehaltes bedeutet. Klassisches Beispiel für Rohstofforientierung.

Materialorientierung Zuckerproduktion

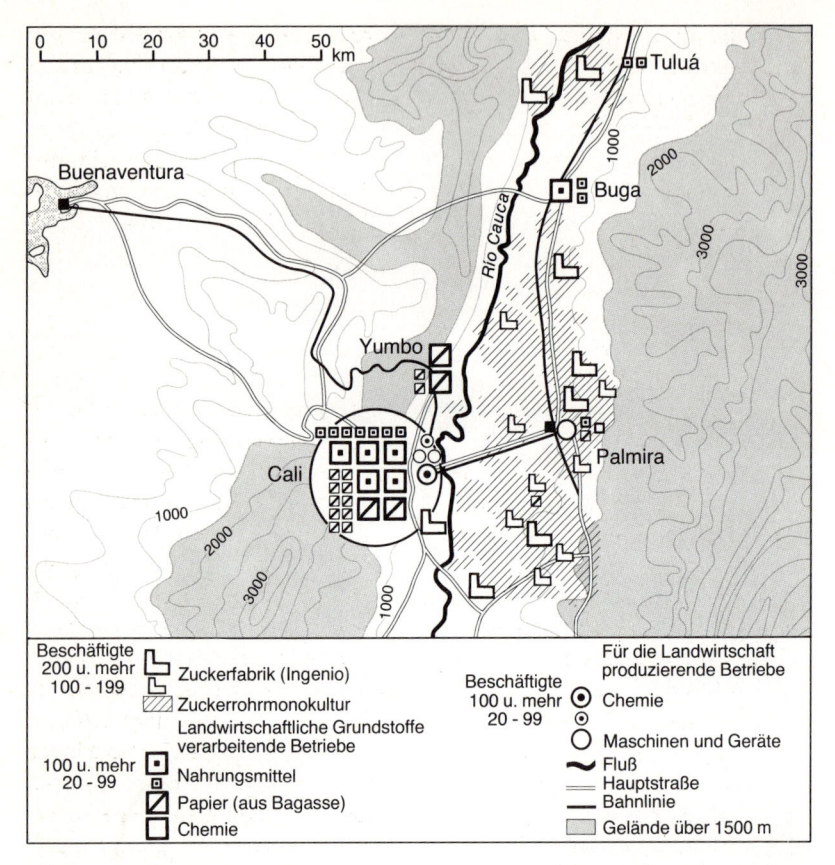

Abb. 7: Landwirtschaft und Nachfolgeindustrien im Valle del Cauca/Kolumbien, 1969 (nach BRÜCHER 1975 und FEDESARROLLO 1976)

Die Karte zeigt einen Teil des ca. 1 000 m hoch gelegenen Cauca-Tales mit ausgedehnter Zuckerrohrmonokultur. Diese wird hier auf z. T. mehrere tausend Hektar großen Plantagen betrieben, in deren Mitte die Zuckerfabrik liegt (vgl. Abb. 6). Die Produktion von Melasse und Zucker sowie der Anfall an Bagasse (Preßrückstände des Zuckerrohrs) haben eine Reihe von Nachfolgeindustrien entstehen lassen.

tiger als die Transportkosten. Bei den klassischen Standortberechnungen wurden Gewicht bzw. Anteil des Gewichtsverlustes zu einseitig betont. Denn immer müssen mehrere Eigenschaften des Materials berücksichtigt werden, die letztlich den Ausschlag für den Standort geben können: Zunächst der Preis des Materials, der in WEBERs Theorie als einheitlich vorausgesetzt wird, allerdings auf die Transportkosten umgerechnet werden kann. Letztere hängen auch von dem Aggregatzustand des Materials ab,

Energieorientierung 45

z. B. muß tiefgefrorenes Fleisch in entsprechenden Kühlbehältern versandt werden. Ist das Ausgangsmaterial verderblich, zieht die Produktion zum Materialort (Zuckerrohr, Abb. 6 und 7), dagegen an den Konsumort, wenn das Endprodukt verderblich (Mehl), zerbrechlich (Glas) oder sperrig (Möbel) ist. Aber selbst diese „Regeln" sind inzwischen durch die Modernisierung und Perfektionierung der Transportmethoden weitgehend durchbrochen, man denke nur an den weltweiten Möbelexport aus Skandinavien.

5.3.3 Die Energieorientierung

Insgesamt ist die dominante Energieorientierung noch stärker zurückgegangen als die Materialorientierung: Der Energieverbrauch pro Produktionseinheit konnte entscheidend gesenkt werden, z. B. von Koks pro Tonne Roheisen oder von KWh pro Tonne Aluminium. Außerdem machen die modernen Verteilungsmethoden Energie in großen Räumen fast flächendeckend verfügbar. Zunächst gilt dies für die Elektrizitätsversorgung aus Verbundnetzen (vgl. Kap. 7.1.2). Wenn in den USA wegen ihrer liberalistischen Wirtschaftspolitik, aber auch wegen der Größe des Raumes noch beachtliche regionale Tarifdifferenzen bestehen, die sich nach dem jeweiligen Angebot richten (Wasserkraft, Kohle usw.), so werden in westeuropäischen Staaten häufig einheitliche KWh-Preise (Frankreich) erhoben oder nur geringfügig abweichende (Deutschland). Relevante Unterschiede können zwischen einzelnen Staaten auftreten, wobei solche mit billiger Hydroelektrizität (Norwegen, Kamerun) für stark stromverbrauchende Industrien attraktiv werden, besonders für die Elektrometallurgie (Aluminium, vgl. Kap. 7.2).

Infolge der Transportmodernisierung gilt die ubiquitäre Verfügbarkeit inzwischen auch weitgehend für flüssige Brennstoffe, Gas und Kohle. In den Industrieländern werden sie in die Industriegebiete geleitet, ziehen die Produktionsstätten also nicht mehr auf ihre Vorkommen. Für welchen Energieträger sich die ansässigen Unternehmen entscheiden, ist eine Frage der Kosten, aber auch der Sauberkeit, der Bequemlichkeit und der Form der Belieferung. Zumindest bis zur Energiekrise von 1973 gab man aus diesen Gründen Erdöl, später auch Erdgas den Vorzug vor der Kohle. Damit darf jedoch auf keinen Fall die Standortorientierung von Kohlechemie und Petrochemie (Erdölchemie) verwechselt werden, für die die nahegelegenen Kokereien bzw. Raffinerien die Materiallieferanten sind.

In den Entwicklungsländern sind Material- und Energieorientierung noch entschieden ausgeprägter anzutreffen. Betriebs- und volkswirtschaftliche Motive lassen sich dabei nur schwer trennen. Das Transportwesen ist schwächer entwickelt, kostspieliger und unsicherer. Es fehlt noch an einer flächendeckenden, garantiert regelmäßigen Energieversorgung (Verbundnetz usw., vgl. Abb. 24). Dagegen ziehen besonders günstig gelegene ergiebige Energiequellen oder Rohstoffvorkommen sogar ausländische Investoren an.

5.3.4 Die Transportorientierung

Transportkosten und -modalitäten üben, wie an mehreren Beispielen erläutert, Einflüsse auf die Standortorientierungen aus, können aber auch solch ausschlaggebendes Gewicht annehmen, daß sie zu eigenständigen Standortfaktoren werden. In der Regel ist es nicht möglich, WEBERS „tonnenkilometrischen Minimalpunkt" zu berechnen, da der Faktor Transport zu vielschichtig ist. Neben dem einfachsten Tarif, der direkt von der Distanz abhängt, gibt es für große zusammenhängende Gebiete gleiche Zonen-Tarife oder, wie bei der Post, Einheitstarife für ein ganzes Land. In letzterem Fall haben die Transportkosten, ähnlich dem nationalen KWh-Einheitstarif, keinen steuernden Einfluß mehr auf Industrieansiedlungen. So drängen z. B. in Großbritannien, wo die Unternehmen generell ihre Produkte zu cif-Preisen[1] verkaufen, die Produktionsstätten möglichst dicht an den Markt, was London als größten Absatzraum zusätzlich fördert (KEEBLE 1976). Dagegen können bei fob-Preisen[1] andere Faktoren stärker zur Geltung kommen.

Für die Regierungen ergeben sich daraus umfangreiche Möglichkeiten, über eine Tarifpolitik die Industrieansiedlung zu beeinflussen, ebenso über die Besteuerung von Treibstoffen, Autobahngebühren oder die Subvention der Eisenbahn. Dabei können allerdings betriebs- und volkswirtschaftliche Ziele in Konflikt geraten, wie es das Beispiel der französischen Eisenbahngesellschaft SNCF zeigt: Dieses staatliche Unternehmen arbeitet nach marktwirtschaftlichen Prinzipien und erhebt folglich auf stark befahrenen Strecken niedrige Frachtsätze, hohe jedoch auf Nebenlinien in wirtschaftsschwachen Gebieten. Gleichzeitig soll gerade dort aber mit finanziellen Fördermaßnahmen von staatlicher Seite die Industrialisierung gefördert werden (vgl. Kap. 10).

Mit der extrem gestiegenen Kapazität der Transportmittel, der flächendeckenden Ausdehnung der Transportnetze, dem immer höheren Nutzungsgrad der Materialien sowie dem steigenden mittleren Wert der Produkte hat die relative Bedeutung der Transportkosten insgesamt stark

---

[1] cif = cost, insurance, freight, d. h. das Unternehmen hat in seinem Verkaufspreis Versicherungs- und Frachtkosten bereits eingeschlossen; bei fob (= free on board) -Preisen sind diese noch hinzuzurechnen.

nachgelassen. Vielmehr haben inzwischen die Faktoren Geschwindigkeit, Regelmäßigkeit, Zuverlässigkeit, Sicherheit und Qualität der Transportmittel sowie der Verpackung erheblich an Gewicht gewonnen. Daraus ergeben sich zahlreiche Anforderungen an die Struktur und die Ausstattung der Verkehrsträger: z. B. ein dichtes Netz von Schnellstraßen und Autobahnen, einwandfreier Straßenbelag, gute Anbindung an Bahnhöfe, Flugplätze, Häfen und Industrieanlagen; bei der Bahn schnelle Güterzugverbindungen, gutorganisierte Umschlagmöglichkeiten in den Bahnhöfen, vorzugsweise Containerstationen; bei der Schiffahrt große, schnelle Schiffe, modern eingerichtete Häfen mit hoher Kapazität usw. Der Transport soll so direkt wie möglich durchgeführt werden, also unter Umgehung bzw. Einschränkung des gebrochenen Verkehrs mit modernen Verlademethoden (Container, Roll-on-roll-off, Fließbänder, Huckepackschiffe, Pumpanlagen usw.). Für die Beförderung hochwertiger, leichter Konsumartikel wird auch der Flugtransport immer bedeutender, so für Pharmazeutika, optische Geräte, Maschinen usw. Das heißt, die Nähe eines Flughafens wird für viele Branchen zum unverzichtbaren Standortfaktor. Diese Bedürfnisse der heutigen Industrie haben schließlich auch völlig neue Transportmethoden hervorgerufen: Pipelines für Öl, Derivate, Gas oder Kohleschlamm, Fernfließbänder usw. (Entwicklungsländer vgl. Kap. 9.6).

5.3.5 Die Arbeitskräfte als Standortfaktor

Den negativen Produktionsbedingungen in den Entwicklungsländern steht dort das große Potential an Arbeitskräften als attraktiver Standortfaktor gegenüber. Europäische oder nordamerikanische Firmen investieren, weil die niedrigen Arbeitskosten andere Standortnachteile weitgehend kompensieren. Wenn auch das Gewicht dieses Faktors in Medien und öffentlicher Meinung sicherlich erheblich überschätzt wird, so kommt es hier zu einer „Deviation" im Sinne WEBERs, denn diese Situation spiegelt die steigende Bedeutung des Standortfaktors Arbeitskräfte in den Industrieländern wider: Weil diese dort zu knapp sind und nicht (mehr) in ausreichender Zahl in die Industriegebiete wandern, müssen sich die Produktionsstätten in ihrer Nähe ansiedeln – und sei es in Übersee. In der Tat wurde durch die extreme Expansion der industriellen Produktion sowie, parallel dazu, des tertiären Sektors, aber auch durch die Steigerung des Lebensstandards, Spezialisierung, Qualifizierung, Widerstände gegen körperliche Mühe, Arbeitszeitverkürzung und Einführung des Erholungsurlaubs aus der menschlichen Arbeitskraft schließlich eine Mangelware. Dieser Trend wird allerdings während Wirtschaftskrisen unterbrochen.

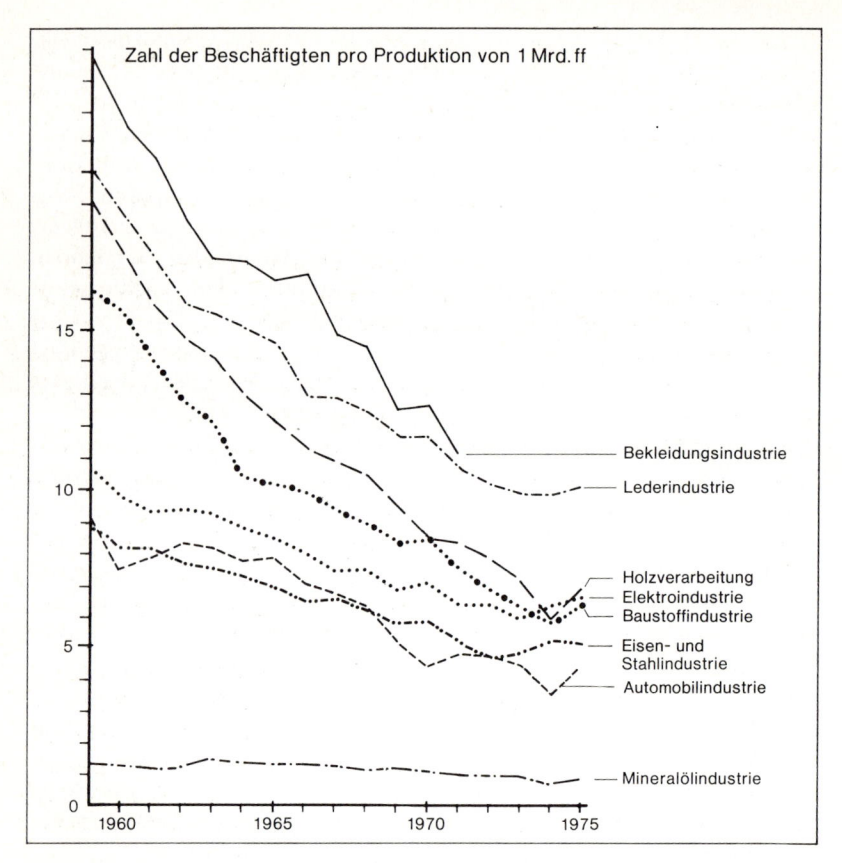

Abb. 8: Entwicklung der industriellen Produktivität in Frankreich 1959–1975 (nach DEZERT *und* VERLAQUE *1978)*
Die Kurven spiegeln den Rationalisierungsprozeß wider, der immer weniger menschliche Arbeitszeit pro geschaffene Werteinheit erfordert.

Hinzu kommt, daß infolge der Verknappung der Arbeitskräfte, ihrer Qualifikationssteigerung sowie ihres Machtzuwachses als soziale Gruppe die Arbeitskosten der Unternehmen ständig anstiegen, absolut wie relativ. Die Unternehmen reagierten darauf mit Rationalisierung und Kapitalintensivierung (Abb. 8).

Dieses zunehmende Gewicht der Arbeitskräfte muß auch im Zusammenhang mit ihrer räumlichen Verteilung und Mobilität gesehen werden. Als Regel kann gelten, daß bei Überangebot an Arbeitskräften diese von der Industrie angezogen werden – man denke an die Einwanderung ins Ruhrgebiet, an die Gastarbeiter aus Südeuropa – umgekehrt geht mit zunehmender Verknappung der Arbeitskräfte ihre Mobilität zurück. Erst damit werden diese zu einem eigentlichen Standortfaktor, da sich die Industrieansiedlung nun nach ihren Wohngebieten richten muß. In der Tat ist eine Massenlandflucht in die Ballungsräume, wie einst ins Ruhrgebiet, inzwischen Geschichte, auch die Land-Stadt-Wanderung der jüngeren Zeit ist stark zurückgegangen. Vielmehr werden die Arbeitskräfte seßhafter, erstaunlicherweise nicht nur bei Vollbeschäftigung, sondern selbst zu Krisenzeiten bzw. innerhalb strukturschwacher Räume. Die wachsende Seßhaftigkeit erklärt sich vor allem durch sozio-psychologische Bindungen, das Wohnungsproblem und die verbesserte infrastrukturelle Ausstattung der kleinen Städte und ländlichen Räume. Außerdem erlaubten Motorisierung und schnelle öffentliche Verkehrsmittel eine extreme Ausweitung der *Pendlereinzugsbereiche.* Nicht zu vergessen ist die Arbeitslosenunterstützung, die das Verbleiben in vielen Fällen überhaupt ermöglicht. Allerdings versucht auch die öffentliche Hand, die volkswirtschaftlich kostspielige *räumliche* Mobilität zu bremsen und durch eine *berufliche* Mobilität zu ersetzen. Sie fördert deshalb in Abwanderungsgebieten die Industrialisierung, sei es im ländlichen Raum oder auch in industriellen Krisengebieten: Die Gründung der Opelwerke in Bochum oder der Ford-Werke in Saarlouis sind sprechende Beispiele.

Natürlich hat dieser Faktor für die einzelnen Branchen ein sehr unterschiedliches Gewicht; es wird gemessen an der Zahl der eingesetzten Arbeitskräfte bzw. Arbeitsstunden je Produktionseinheit (= Arbeitsproduktivität) und/oder an dem Anteil von Löhnen und Gehältern an den gesamten Produktionskosten (vgl. Abb. 8). Ist die Arbeitsproduktivität niedrig, der Arbeitskostenanteil hoch, spricht man von *arbeitsintensiver Produktion*. Die zwei Kriterien müssen jedoch getrennt betrachtet werden, da die räumlichen Konsequenzen sehr unterschiedlich sein können. Z. B. sucht eine Bekleidungsfabrik möglichst viele, billige und schnell anzulernende Beschäftigte, eine Maschinenbaufabrik dagegen überwiegend hochbezahlte Fachkräfte. Bei geringer Arbeitsintensität – das Extrembeispiel ist die Petrochemie – spielt der Standortfaktor Arbeitskraft keine Rolle mehr, da über ein außergewöhnlich hohes Lohnniveau jederzeit der Bedarf an Beschäftigten aller Qualifikationsniveaus gedeckt werden kann.

Lohnniveau und -struktur einzelner Räume oder Länder als Standortfaktoren werden in ihrer Bedeutung meist überschätzt, auch, wie gesagt, in den Entwicklungsländern. Das traditionelle Lohngefälle zwischen Ballungsräumen und flachem Land wurde innerhalb der Industrieländer infolge landesweiter Tarifvereinbarungen stark nivelliert. Beispielsweise lag 1972 in Großbritannien das niedrigste regionale Lohnniveau (Wales) in acht Hauptbranchen nur um 12,8% unter dem nationalen Durchschnitt (KEEBLE 1976). Eher werden Unterschiede über die sozialen Leistungen der Firmen erreicht. Sehr häufig sind ausgesprochene Billiglohngebiete – in der Regel abgelegene dünnbesiedelte, strukturschwache Räume (Bayerischer Wald, Süditalien, Zentralmassiv usw.) – mit anderen Nachteilen derart belastet, daß diese durch das Lohnniveau kaum kompensiert werden können. Wenn überhaupt, werden sie nur für einseitig lohnintensive Branchen attraktiv.

Ein niedriges Lohnniveau ist in vielen Gebieten durch die gleichzeitige Vertretung lohnintensiver Branchen und einen hohen Anteil *weiblicher Arbeitskräfte* bedingt. Obwohl es nicht den Vorschriften entspricht, verdienen diese durchschnittlich weniger als Männer und sind vorwiegend in arbeitsintensiver Fertigung tätig. Besonders im 20. Jh. hat die Frauenarbeit rapide zugenommen und ist praktisch in alle Zweige eingedrungen, was wiederum u. a. ein Indiz für die Verknappung der Arbeitskräfte ist. Ihre Verteilung auf die reinen Produktionsprozesse ist jedoch sehr unterschiedlich; so liegt ihr Anteil an den Arbeitern in den Branchen Bekleidung, Textil, Schuhe über 80%, in der Chemie (worin die Pharmaindustrie mit einem Überhang weiblicher Arbeitskräfte einbegriffen ist) jedoch unter 50%. In Branchen wie Kohlebergbau, Eisen- und Stahl, Steine und Erde beschränken sie sich auf den Verwaltungsbereich. Folglich stand von Anfang an gerade in den alten Montanrevieren mit ihren von Männerberufen geprägten Branchen ein großes Potential an weiblichen Arbeitskräften zur Verfügung. Heute finden sich die „Reservoire" mit weiblichen Arbeitskräften in ländlichen, strukturschwachen Räumen und in von Krisen befallenen alten Revieren.

Neben der Lohnstruktur dürfen auch die Anwesenheit von Konkurrenzbetrieben, deren soziale Leistungen, Betriebsklima usw. nicht übersehen werden. Es gibt genaue Statistiken über die regionalen Unterschiede im Arbeitsausfall durch Absentismus, die z. B. 1971 in Großbritannien zwischen 20,4% in Wales und 14,4% in den East Midlands schwankten (KEEBLE 1976, S. 65). Stets widmet man auch der Zahl und Schärfe vergangener Arbeitskonflikte und dem dementsprechend guten oder schlechten „Ruf" eines Raumes oder einer Stadt Beachtung: So haben soziale Unruhen und Streiks zu Beginn des Jahrhunderts der mittelfranzösischen Stadt Limoges, die zudem noch die erste von Sozialisten regierte Großstadt des Landes war, den überspitzten, aber fatalen Beinamen der „ville rouge" eingetragen (BRÜCHER 1974, S. 9). Überhaupt spielt die gesamte Sozialstruktur eines Raumes eine bedeutende Rolle für das Funktionieren der anzusiedelnden Industrie. So haben Unternehmer und Regierungen immer wieder gezielte Sozialpolitik unter ihren Arbeitern getrieben, um sich eine treu ergebene, sozial friedliche Belegschaft zu erhalten (Krupp, Stumm usw., vgl. Kap. 9.1).

Standortvorteile in Ballungsräumen

Wenn niedrige Löhne ein gewichtiger – wenn auch zuweilen unseriöser – Standortfaktor für ländliche Räume und krisengeschüttelte Industriegebiete sind, so stellen umgekehrt die großen Verdichtungsräume in stärkerem Maße qualifizierte Arbeitskräfte. Hier liegen die entsprechenden Bildungseinrichtungen, Angebot und Auswahl von Arbeitsplätzen sind vielseitiger, die Aufstiegsmöglichkeiten eindeutig leichter. Solche Vorteile ziehen Personen mit Initiative und besserer Ausbildung, die in den strukturschwachen Gebieten keine Chancen sehen, in die Ballungsgebiete. In diesen konzentrieren sich auch Universitäten, Forschungslabors und entsprechend hochqualifizierte Wissenschaftler. Spezialisierte, auf moderne Qualitätsprodukte ausgerichtete Firmen finden folglich vorwiegend dort das benötigte Fachpersonal, nur dort können sie schließlich die angestrebte Produktivität realisieren.

KEEBLE (1976, S. 64) stellte in Großbritannien anhand mehrerer Kriterien fest, daß die Qualität der Arbeitskräfte, die differenzierte Spezialisierung, das Bildungsniveau, die allgemeine Arbeitsmentalität usw. von der Peripherie zur zentralen Region London–Midlands *zunehmen*. In den Entwicklungsländern mit ihrem steileren Gefälle zwischen Ballungsräumen und flachem Land gelten diese qualitativen Standortvorteile in noch ausgeprägterem Maße. Dadurch werden Struktur und Wachstum der „primate cities" zusätzlich einseitig begünstigt.

5.3.6 Die Standortvorteile der Ballungsräume

Daß die weitaus meisten Betriebe in Ballungsräumen angesiedelt wurden und werden, geht auf Standortvorteile zurück, die sich aus der dortigen Konzentration von Wirtschaft, Bevölkerung, Versorgungseinrichtungen usw. herleiten. Obwohl eine Trennung kaum möglich ist, lassen sie sich grob in zwei Bereiche untergliedern: das Vorhandensein einer hochentwickelten *Infrastruktur* und die Integration der Betriebe in vielschichtige industrielle Verflechtungen und Kontakte *(Fühlungsvorteile)*. Allerdings steht das Gewicht solcher Standortfaktoren nicht allein in bezug zur Größe des jeweiligen Ballungsraumes, sondern auch zu dessen *zentralörtlichem Niveau*. Das Zusammenspiel all dieser, im folgenden zu erläuternden Faktoren im Raum und vor dem Hintergrund einer mehr oder weniger ausgeprägten Industrietradition wird französisch – treffend, aber schwer übersetzbar – „milieu d'accueil" („Aufnahmemilieu") genannt (vgl. DEZERT und VERLAQUE 1978). Prinzipiell bestehen dabei sehr große unterschiedliche Standortbedingungen für reine Produktionsstätten und solche mit einer Hauptverwaltung am selben Ort.

Von der *infrastrukturellen Ausstattung* eines Ballungsraumes haben letztlich alle Bereich direkte oder indirekte Auswirkungen auf die Industrie. Die Verkehrsträger sollten optimal koordiniert sein und sowohl eine reibungslose, schnelle Beförderung innerhalb der Ballung als auch nach außen garantieren. Bei der Personenbeförderung ist auf eine gute Erreichbarkeit für die Ortsansässigen und für die einpendelnden Beschäftigten zu achten. Notwendig sind auch schnelle Verbindungen zu den jeweiligen Stadtzentren mit ihren lebenswichtigen Kontaktstellen. Parallel dazu sind funktionierende Fernmeldesysteme unabdingbar, von Telefon und Telex über die Rohrpost bis zu Terminalanschlüssen an Computer und Konferenzschaltungen. Auf die Bedeutung von Forschungsstätten und Bildungseinrichtungen wurde bereits hingewiesen. Bedeutung auf anderem Niveau haben Einrichtungen, die die Kontakte innerhalb der Industrie, mit den übrigen Wirtschaftsbereichen, der Politik usw. erleichtern: Hierzu gehören vor allem Hotels und Gaststätten, Kongreßgebäude oder Messegelände. Auch das Image einer Stadt mit möglichst weltstädtischem Flair darf hier nicht übersehen werden (vgl. u. a. RUHL 1971).

Auf der anderen Seite stehen alle jene Einrichtungen für die Bevölkerung, die deren Versorgung und Lebensbedingungen erleichtern: günstige Einkaufsmöglichkeiten, ein ausreichender Wohnungsmarkt, ein dichtes Netz von Schulen und Kindergärten, gute ärztliche Betreuung und Krankenhäuser, Sport- und Erholungsanlagen, kulturelles Angebot usw. – je attraktiver der Ballungsraum, desto besser wird das Angebot an Arbeitskräften. Nicht zuletzt gilt dies für leitende Angestellte mit entsprechenden familiären Rücksichtnahmen. Es ist deshalb nur konsequent, wenn die Kommunen, die Industriebetriebe anlocken bzw. eine Abwanderung vermeiden wollen, erhebliche Anstrengungen für die Verbesserung über Infrastruktur auf sich nehmen und damit auch gezielte Werbung treiben.

Die infrastrukturellen Einrichtungen bilden auch das tragende Netz für die *industriellen Verflechtungen*. Darunter versteht man zunächst allgemeine Zuliefer- und Abnahmebeziehungen (engl. „links") zwischen Betrieben. Diese Beziehungen können äußerst vielschichtig sein, wie hier anhand der Differenzierung von BALE (1976, S. 143) kurz aufgezeigt werden soll. „Process links" beziehen sich auf die Güterbewegungen zwischen Firmen, z. B. die Lieferung von Autoteilen an das Hauptwerk; bei „subcontract links" leitet ein Betrieb, der einen Auftrag nicht durchführen kann, diesen an einen anderen weiter; „service links" beruhen auf der Belieferung mit Maschinen und Ausrüstung, Unterhaltung, Reparatur usw.; „marketing links" sind Lieferbeziehungen zwischen Betrieben zwecks rationeller Verteilung und Vermarktung. Alle diese Beziehungen auf engem Raum können erhebliche Standortvorteile bedeuten.

Unter industrielle Verflechtungen fallen auch Kontakte im weitesten Sinne zwischen Industriebetrieben sowie zwischen diesen und Einrichtungen des tertiären Sektors (vgl. QUASTEN 1979). Solche nicht rein produktionsbezogenen Kontakte werden häufig auch *Fühlungsvorteile* genannt. Daß sie nicht zu den „klassischen" Standortfaktoren gehören und quantitativ nur schwer zu erfassen sind, darf nicht über ihr großes, sehr oft ausschlaggebendes Gewicht hinwegtäuschen. Ihretwillen werden gerade in den Ballungsgebieten von vielen Unternehmen erhebliche Produktionsbeeinträchtigungen und erhöhte Kosten in Kauf genommen. Es können nur einzelne Aspekte und Beispiele der Fühlungsvorteile geschildert werden. Am direktesten sichtbar werden sie bei kleinen Unternehmern oder gar bei einer Betriebsgründung in ihrem Heimatort, wo sie kredit- und versicherungswürdig sind, über optimale Informationsquellen verfügen, mit Rechts- und Steuerberatern bekannt sind, Absatzchancen am besten einschätzen können, andere kooperationsbereite Industrielle oder sogar Gewerkschaftsführer kontaktieren und, womöglich über Verein und Stammtisch, auch einen „guten Draht" zum Rathaus und zur Lokalzeitung haben. Sind diese Beziehungskonstellationen günstig, wird sehr häufig eine Standortwahl außerhalb nicht mehr in Erwägung gezogen – man vergesse nicht, daß Konzerne von Weltrang in den Heimatstädten ihrer Gründer entstanden sind und sich dort ohne herausragende Standortvorteile bis heute gehalten haben: Daimler und Bosch in Stuttgart, Peugeot in Montbéliard-Sochaux (bei Belfort), Michelin in Clermont-Ferrand.

Auch für große Unternehmen, ja Konzerne sind ähnliche Fühlungsvorteile, natürlich auf höchster Ebene, lebenswichtig: Kontakte zu entscheidungsbefugten Wirtschaftsbehörden, Botschaften, Messeleitungen, Datenbanken, Serviceinstituten für Informatik, Medien, Serviceagenturen, Organisatoren für Marketing und Arbeitsvermittlung, Wirtschaftsvereinigungen (Arbeitgeberverband, Industrie- und Handelskammern usw.). Große Bedeutung hat dabei der möglichst schnelle *Informationsfluß*. Auch hier spielen persönliche Kontakte innerhalb von Parteien, Clubs, Verbindungen oder Altschülervereinigungen (Public Schools in England, Grandes Ecoles in Frankreich) erheblich mit.

Der räumliche Aspekt der *Verfügbarkeit von Krediten,* also die Beziehungen zwischen den Standorten von Industrie und Banken, ist bisher, vor allem in der deutschsprachigen Literatur, weitgehend vernachlässigt worden. Dabei besteht bei den Kreditgebern eine ausgeprägte Tendenz, Darlehen vorzugsweise innerhalb ihres Einzugsbereiches zu verteilen, was für die Firmen zu einem begrenzten Beschaffungsradius führt und lokale Bankkontakte lebensnotwendig macht. Der Hauptgrund für die geringe Beachtung dieser Verflechtungen: Bankfilialen gebe es, so BEHRENS (1971, S. 62), in den hochentwickelten Ländern nahezu überall, und dem

„Beschaffungsgut Kredit" komme der „Charakter der Ubiquität recht nahe". In föderalistischen Systemen trifft dies zu, nicht aber in zentralistischen Staaten mit Marktwirtschaft, z. B. Frankreich: Bankschalter gibt es dort zwar überall, industrielle Großkredite jedoch sind nicht einmal in Lyon oder Marseille zu bekommen, sondern müssen in der Hauptstadt ausgehandelt werden. Gerade die extreme Attraktion der Banken im Pariser Raum auf die Industrie wie auch umgekehrt die negativen Auswirkungen des französischen Finanzzentralismus auf die Industrialisierung des Landes unterstreichen die hohe Bedeutung der finanziellen Kontakte.

Abschließend ist hier auf eine Konsequenz hinzuweisen, die die zunehmende Bedeutung der Fühlungsvorteile nach sich zog. Das Wachstum des tertiären Sektors und seine Konzentration in den Ballungsgebieten, speziell den Oberzentren, führte zu einer anhaltenden Attraktion auf Industriehauptverwaltungen, die möglichst dicht bei Beratern, Kreditgebern und Entscheidungsträgern ansässig sein wollen, nach Möglichkeit also in den Cities. Die rasche Modernisierung von Transport- und Kommunikationsmitteln hat gleichzeitig die Trennung der Verwaltungssitze von der Produktion erleichtert, die nun auch auf mehrere Betriebe am Rand der Agglomeration und in anderen Städten verteilt und von der Zentrale ferngesteuert werden kann. Die industrielle Überlastung der Ballungsräume fördert diese Entwicklung zusätzlich. Das heißt, daß die Fühlungsvorteile immer mehr zu Standortfaktoren des tertiären Bereichs der Industrie werden. Ausgeprägteste Ergebnisse dieser Entwicklung sind Metropolen wie Paris, wo ca. 45% der Industriebeschäftigten „white-collar-workers" sind.

5.3.7 Kurz- und langfristige Kosten als Standortfaktoren

Von den langfristigen standortabhängigen Kosten sind die anfänglichen *einmaligen* bzw. *zeitlich begrenzte Kosten* zu trennen. Hierunter fallen zunächst die gesamten *Investitionskosten* für Grundstücke, Gebäude, Maschinen und andere Produktionsmittel, von den Firmen selbst erstellte infrastrukturelle Einrichtungen sowie Beteiligung an den Kosten der öffentlichen Infrastruktur, Umweltschutzmaßnahmen usw. Der oft für die infrastrukturellen Kosten verwandte Begriff „social costs" ist ziemlich vage und sollte wegen uneinheitlicher Auffassungen in der wirtschaftswissenschaftlichen Literatur (vgl. BACK 1967), wenn überhaupt, mit Vorsicht verwendet werden.

Die Unterschiede der Investitionskosten sind zwischen den einzelnen Branchen beträchtlich. Um sie vergleichbar zu machen, berechnet man sie pro neuen Arbeitsplatz: Dieser kostete 1968 z. B. 73 400,— DM in der Ei-

Fördermaßnahmen 55

sen- und Stahlschaffenden Industrie, gemessen daran in den Branchen Bergbau 87%, Chemie 76%, Textilien 39%, Maschinenbau 28% und Elektroindustrie nur 24%. Je höher diese Kosten liegen, desto aufwendiger werden später eventuelle Betriebsverlagerungen und desto mehr neigen die Unternehmen zur Standortbeharrung. Die Immobilität der krisengeschüttelten Hüttenwerke in binnenländischen Revieren ist ein sprechendes Beispiel. Umgekehrt lassen sich Betriebe mit billig zu erstellenden Arbeitsplätzen leicht in Gebieten mit hohen Arbeitslosenziffern ansiedeln – um schon beim Auftreten der ersten Schwierigkeiten wieder verlagert zu werden. Das heißt, kurz gesagt, daß hohe und auch durch Bauten gebundene Anfangsinvestitionen für die langfristige Industrialisierung eines Gebietes eine höhere Gewähr bieten.

Gerade am Anfang und speziell für kleinere Unternehmen stellen die erforderlichen Investitionen eine hohe Hürde dar. Die lokalen oder regionalen Möglichkeiten, solche Kosten zu senken, haben deshalb besonderes Gewicht: billige Grundstücke, vorhandene Gebäude, z. B. aufgegebene Textilfabriken in Lancashire, oder, nach 1945, funktionslos gewordene Waffenarsenale (Trappenkamp), Marinewerften (Wilhelmshaven) oder Munitionsdepots (Traunreut) (vgl. BORCHERDT und RUPPERT 1955, WIEBE 1968), die schon erwähnte Zugänglichkeit von Kapital oder finanzielle Absicherung. Die öffentliche Hand greift deshalb bevorzugt zu Fördermethoden, wie sie in Kap. 10 beschrieben werden. Diese können durchaus erleichternde Starthilfen sein. Darüber hinaus geben jedoch die meisten Fördermaßnahmen keinen „Flankenschutz" mehr während der laufenden Produktion. So können die wahren, dauerhaft wirksamen Standortfaktoren anfangs durch die Wirkung kurzfristiger Fördermittel verdeckt werden, was viele Unternehmen bereits zu Standortfehlentscheidungen geführt hat. Dies ist letztlich die paradoxe Situation in den strukturschwachen Gebieten, auf die gerade die staatlichen Fördermaßnahmen konzentriert werden (Süditalien, Franz. Zentralmassiv, Zonenrandgebiet usw.).

5.3.8 Der Absatz als Standortfaktor

Eine vom Absatz beeinflußte Standortentscheidung richtet sich danach, 1. wie umfangreich die Produktion und 2. wie hoch der Verkaufspreis veranschlagt werden – wobei beide in Wechselbeziehung stehen können – 3. wo das Produkt verkauft werden soll und 4. welche künftigen Absatzchancen man sich ausrechnet. Es ist eine grundsätzlich unterschiedliche Ausgangslage, ob ein Unternehmen sich ein maximales Vermarktungsgebiet erobern, also expansiv agieren will, oder ob seine Produktionskapazität für die Bedarfsdeckung des gesamten möglichen Absatzgebietes nicht ausreicht. Im letzteren Fall wird innerhalb dieses Raumes die Zone oder der Ort mit dem größten „*Absatzpotential*" (BEHRENS 1971) gesucht, d. h. wo am meisten und zu den höchsten Preisen vermarktet werden kann. Bedeutsamer Faktor für das Absatzpotential ist der *Bedarf*. Er entsteht aus der Zahl der Bedarfsträger und deren Bedarfsintensität, die sich nach den unterschiedlichsten Kriterien richtet: Sozialschichten, Berufs- und Altersstruktur, spezifische Konsumgewohnheiten, Entwicklungsniveau, infrastrukturelle Ausstattung usw. So haben sogar Kaufhäuser derselben Kette in Städten verschiedener Sozialstruktur ein im Niveau unterschiedliches Warenangebot. Der latente Bedarf kann erst über die tatsächliche *Kaufkraft* wirksam werden, beide können jedoch nicht ohne weiteres parallelisiert werden: Bei steigender Kaufkraft steigt z. B. der Bedarf an Luxusgütern, der an Massengütern geht zurück; auf dem Nahrungsmittelmarkt treten Sättigungserscheinungen ein, die Konsumgewohnheiten verlagern sich. In diesem Zusammenhang wird auch das Ziel verständlich, in der Dritten Welt Kompensationsmärkte für Massenartikel aus den Industriestaaten zu schaffen.

Je ausgedehnter das Absatzgebiet, je gestreuter die Lage der Abnehmer (Weltmarkt), desto indifferenter wird der absatzbezogene Standort. Umgekehrt gibt es Zwänge, möglichst dicht beim Kunden ansässig zu sein, so für zerbrechliche oder sperrige Produkte, die letztlich höhere Transportkosten erfordern würden als die Ausgangsmaterialien. Ähnlich wirkt der Zeitfaktor bei schnell verderblichen Waren, kurzen Lieferzeiten oder unrentabler Lagerhaltung. Für ubiquitär benötigte Güter (Brot, Bier usw.) ist ein Ferntransport im Prinzip absurd. Aber auch diese einstigen Standortzwänge sind stark aufgelockert worden, wiederum infolge der Modernisierung des Transports und der Konservierungsmethoden. Auch die Information bzw. Reklame über die Massenmedien haben dazu beigetragen. Vor allem *Markenartikel* setzen sich landesweit durch. Die vor wenigen Jahrzehnten noch unvorstellbar großen Gütermengen, die heute für die „Konsumgesellschaft" erzeugt werden, haben eine drastische Senkung der Produktionskosten ermöglicht, was ihnen – bei ebenfalls gesunkenen Transportkosten – eine flächenhafte Abdeckung ausgedehnter Marktgebiete gestattete.

Konsequenterweise wird es immer problematischer, überhaupt noch von „*Nahbedarfsindustrien*" zu sprechen. Denn die von OTREMBA (1953, S. 254) erwähnten Ziegeleien, Brauereien, Betriebe für Haushaltsgeräte, Molkereien, Papierwarenfabriken usw. produzieren längst für regionale oder überregionale Märkte. Sofern eine Nahversorgung überhaupt noch notwendig ist, wird sie vom Handwerk übernommen, von dem einige Betriebe allein durch ihre größere Beschäftigtenzahl rein statistisch zur In-

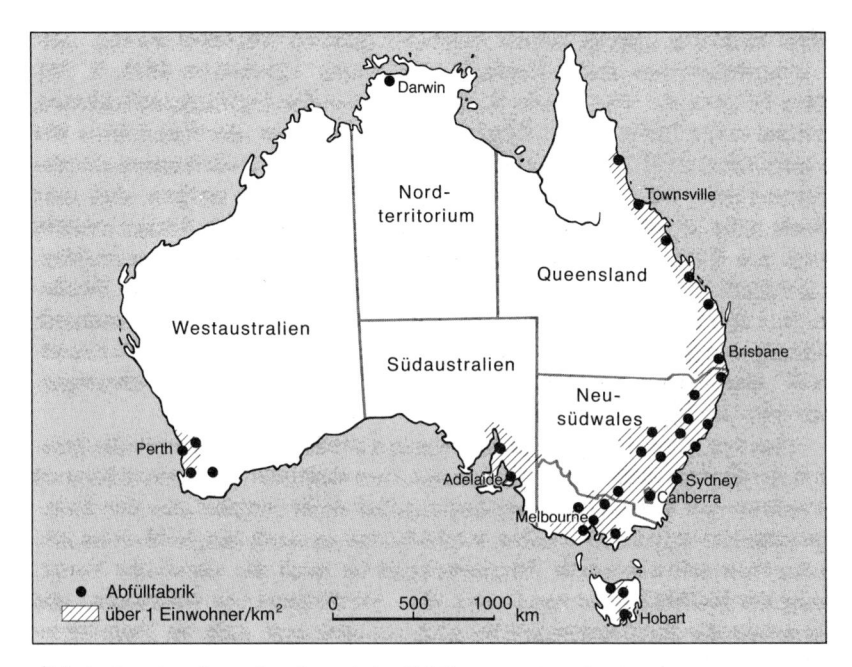

Abb. 9: Die Standorte der Coca-Cola-Abfüllung in Australien – Beispiel für Marktorientierung (nach HUETZ DE LEMPS *1970)*
Die Bindung der Abfüllfabriken an die relativ dicht besiedelten Räume spiegelt deutlich die Marktorientierung eines Produkts wider, das zum weitaus größten Teil aus der Ubiquität Wasser besteht.

dustrie zählen. Selbst Druckereien und Zeitungsdruckereien haben heute in der Regel eine regionale Kundschaft. OTREMBA betont denn auch später (1963, S. 42), daß sich die Nahversorgung zugunsten einer wachsenden Verbreitung von Markenartikeln verliere.

Dies soll nicht die Vorstellung erwecken, die Bindungen von Industrien an räumlich begrenzte Märkte seien im Verschwinden begriffen. So versorgen viele einst lokal ausgerichtete Nahbedarfsbranchen heute ein ausgedehntes Umland, z. B. die Nahrungsmittelindustrie. Allgemein sind Ballungsräume die attraktivsten Märkte: Die Distanzen sind kurz, die Marktforschung kann in unmittelbarer Nähe getrieben werden, Bestellung und Lieferung sind vereinfacht, ebenso die ständigen Kontakte mit den Kunden, Absatzvermittlung kann weitgehend übergangen werden, das Marktpotential ist groß, vielseitig und wachstumshöffig.

Die Anwesenheit von Konkurrenzunternehmen kann verschiedene, ja gegensätzliche Effekte haben. Einerseits gibt es eine ausgesprochene *Konkurrenzmeidung* aus Furcht vor einem bereits okkupierten Markt und Prestigevorsprung. Häufig kommt es jedoch, ganz im Gegenteil, zu sog. *„Absatzagglomeration durch Konkurrenzanziehung"* (BEHRENS 1971, S. 78). Hier können die Vorteile der Kooperation bei Beschaffungsmaßnahmen, Nutzung der Infrastruktur, Marketing, Reklame usw. die Hemmnisse der eigentlichen Marktkonkurrenz übersteigen. Diese Vorteile können mit der Vermehrung der Betriebe derselben Branche so weit steigen, daß eine Stadt oder eine Region sich schließlich ein spezifisches Image erwirbt (vgl. u. a. THÜRAUF 1975, S. 164) und ihr Name auf dem Etikett erstklassige Qualität garantieren soll: Klingen aus Solingen oder Sheffield, Modeartikel aus Paris oder Düsseldorf, Bier aus München oder Dortmund, Marzipan aus Lübeck usw. Es kommt zu einem sog. „Herkunfts-Goodwill", das die Absatzchancen ungemein steigert, vor allem für überregional oder weltweit orientierte Betriebe.

Eine besonders ausgeprägte Marktattraktivität üben wiederum die Staaten der Dritten Welt aus, und zwar aus zwei Gründen: Zum einen können Produkte mit hohem Transportkostenanteil nicht rentabel aus den Industrieländern importiert werden, weshalb man sie nach Möglichkeit im Absatzgebiet selbst herstellt. Musterbeispiel ist auch die räumliche Verteilung der Abfüllanlagen von Coca-Cola – am Beispiel von Australien – die geradezu die Bevölkerungsdichte widerspiegelt (vgl. Abb. 9). Zum anderen ist diese Marktnähe vieler europäischer oder nordamerikanischer Betriebe eine Reaktion auf die Wirtschaftspolitik des jeweiligen Entwicklungslandes: Unternehmen, die diesen Markt behalten oder erobern wollen, werden durch protektionistische Gesetze (überhöhte Schutzzölle, Einfuhrverbote) gezwungen, anstatt zu importieren innerhalb des Marktgebietes selbst zu produzieren (Importsubstitution). Bezeichnend ist hier die Entwicklung der pharmazeutischen Industrie in Kolumbien, wo seit dem Importverbot von 1957 die vorher nur importierenden weltbekannten Konzerne umgehend eigene Produktionsfilialen errichteten. Wie entscheidend diese Politik war, zeigt sich daran, daß eine massive Niederlassung ausländischer Betriebe erst nach der Verabschiedung solcher Gesetze begann. Gegenüber der häufig übertrieben dargestellten Arbeitskraftorientierung von Betriebsgründungen aus den Industriestaaten ist diese im Grunde *erzwungene Marktorientierung* bisher zu wenig bekannt geworden (vgl. BRÜCHER 1975).

5.3.9 *„Footloose Industry"* und Verhalten

Eine Reihe industrieller Branchen läßt sich nicht eindeutig solchen hier geschilderten konkreten Standortbindungen zuordnen. Es ist im Prinzip weitgehend gleichgültig, wo ihre Produktionsstätten liegen: Ihre Materialien sind entweder Ubiquitäten oder haben die verschiedensten, weit gestreuten Herkunftsorte. Transportkostenvorteile entstehen deshalb letztlich nirgends, ebensowenig für die Produkte, die auf dem gesamten nationalen oder internationalen Markt abgesetzt werden. Auch der Energiebezug rechtfertigt bei regional irrelevanten Preisunterschieden keine Standortbevorzugung. Schließlich werden auch keine speziell ausgebildeten Arbeitskräfte benötigt. Selbst Fühlungsvorteile können zur Nebensache werden, vor allem, wenn es sich um ferngesteuerte Filialbetriebe großer Unternehmen handelt. Man gibt solchen weitgehend standortneutralen Industrien gemeinhin das englische Attribut „footloose" (z. B. Schuhe, Elektroartikel). Es handelt sich dabei keineswegs um Ausnahmen. Vielmehr wird die Lösung von den traditionellen Standortbindungen im Zuge der geschilderten Modernisierung und Expansion der Industrie generell beschleunigt. Die klassischen, aber auch jüngere Standortfaktoren verlieren an Gewicht, werden unscharf. Ihr Gesamtgefüge wird immer unübersichtlicher, was entsprechende, der Standortentscheidung vorausgehende Berechnungen zunehmend erschwert, ja ad absurdum führen kann.

Mit dieser Entwicklung werden die Entscheidungen der Unternehmer in wachsendem Maße durch ihr *persönliches Verhalten*, durch ihre subjektive Wertung bestimmt. Bezeichnenderweise gewinnt diese Tatsache in der Standortforschung seit dem Ende der fünfziger Jahre stark an Interesse (vgl. THÜRAUF 1975, S. 20, mit ausführlichen Literaturangaben). Die Bedeutung des individuellen Verhaltens ist früher offensichtlich unterschätzt, der Mensch allgemein übersehen worden. Man war allzu lange vom ausschließlich rational denkenden und handelnden „homo oeconomicus" ausgegangen, der ausschließlich Gewinnmaximierung anstrebt und auch die dazu notwendigen Informationen und Mittel besitzt.

In der Regel verfügen Unternehmer jedoch nicht über die Gesamtheit der obligatorischen Vorkenntnisse, und die Zukunftsaspekte sind schon immer unsicher gewesen. Ein kapitalistisches Unternehmen muß Gewinn erzielen, um seine Existenz zu erhalten. Gewinnstreben steht letztlich auch hinter Aktionen, die seiner langfristigen Konsolidierung bzw. seinem Machtzuwachs dienen: stetige Expansion, Sicherung von Arbeitskräften durch Ausbildung und soziale Leistungen, der Aufbau quasi unangreifbarer multinationaler Konzerne, selbst der Einstieg in die Politik. Es können jedoch auch andere Motive hinzukommen, ja ausschlaggebend werden: Pioniergeist, der weniger materiellen Gewinn als Erfolgsbestätigung oder neue Wege sucht, Prestigedenken oder soziales Engagement. Solche Beweggründe beeinflussen zweifellos die Standortentscheidung (vgl. LOGAN 1966, S. 453).

Von dem optimalen Gewinn anstrebenden Unternehmer, dem *„optimiser"*, ist der *„satisficer"* zu unterscheiden (BALE 1976, S. 107 ff.), der ledig-

Verlust | Standraum mit Gewinn | Verlust

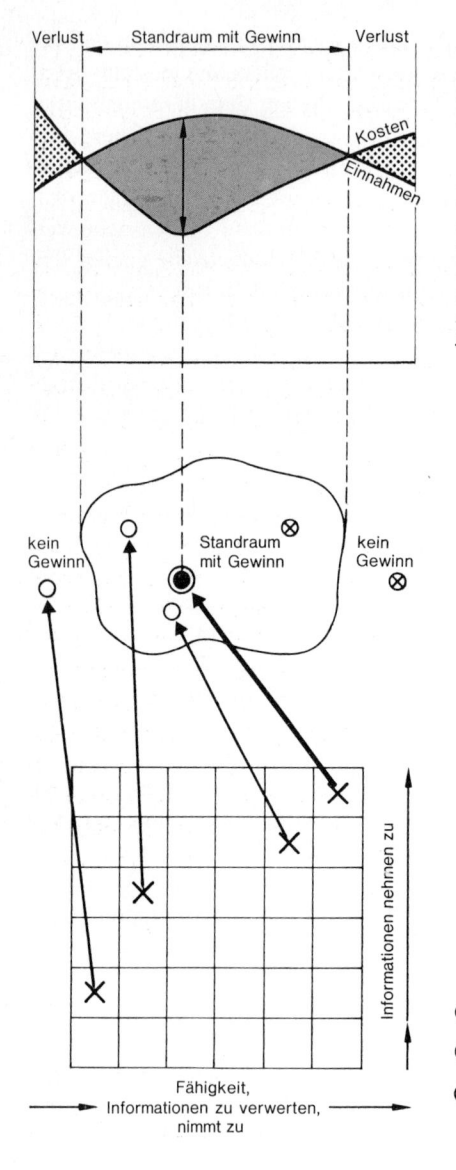

Kosten
Einnahmen

Abb. 10: Zusammenhänge zwischen Unternehmerverhalten und Standraum mit angemessenem Gewinn (ergänzt, kombiniert und verändert nach PRED 1967/69 und BALE 1976)

Das Schema zeigt, wie sich ein Unternehmer dem optimalen Standort annähern kann; er ist in der Regel kaum zu erreichen mangels vollständiger Information und vollkommener Fähigkeiten, diese auch für die Standortentscheidung optimal auszuwerten. Es ist davon auszugehen, daß der Unternehmer kein perfekter „homo oeconomicus" sein kann.

kein Gewinn | Standraum mit Gewinn | kein Gewinn

Informationen nehmen zu

Fähigkeit, Informationen zu verwerten, nimmt zu

○ eingenommener Standort
● optimaler Standort
⊗ eingenommener Standort aufgrund persönlicher Bevorzugung durch Unternehmer

lich eine zufriedenstellende Gewinnspanne erreichen will, nach Möglichkeit mit minimalem Einsatz. Dies erklärt sich gerade angesichts unüberschaubar gewordener Standortkonstellationen, die objektive Vorausberechnungen für den präzisen Standort nicht mehr zulassen. Sie werden durch subjektive Erwartungswerte ersetzt. So steckt der Unternehmer einen größeren *Standraum* ab, in dem er mit Gewinn produzieren kann, ohne darin aber den „optimalen Standort" ausfindig machen zu können. PRED (1967/69) hat eine „Verhaltensmatrix" entwickelt (Abb. 10), nach der ein Unternehmen mit zunehmenden Informationen und wachsender Befähigung, diese in Wert zu setzen, innerhalb des abgesteckten, Gewinn ermöglichenden Raumes seinen Betrieb dem optimalen Standort annähern kann.

Beeinflußt wird die Standortwahl eines Unternehmers meist auch von seinen *„mental maps"*, d. h. wie er sich Standraum und mögliche Standorte nach Lage, Umwelt, Beschaffenheit, Standortfaktoren usw. vorstellt (vgl. LOGAN 1966, S. 453). Dabei stammen solche Vorstellungen aus den verschiedensten Informationsquellen und entsprechen oft nicht der objektiven Realität. Beispielsweise kommt es so zu Überbewertungen von Städten wie München oder Düsseldorf und einem übertrieben negativen Ruf der Reviere an Saar und Ruhr. MONHEIM (1972) hat dies für die Standorte von Bürobetrieben deutlich nachgewiesen. Das Image einer Stadt oder einer Region ist zählebig (vgl. Limoges, Kap. 5.3.5) und kann entsprechend lange das Ausmaß der Industrieansiedlungen beeinflussen: Als Krisengebiete verschriene Räume werden gemieden aus Angst vor Mißerfolg, in Wachstumszonen strebt man in der Hoffnung, vom allgemeinen Wachstum angesteckt zu werden. Auch der bloße Nachahmungstrieb kommt hier zur Geltung (vgl. BALE 1976, S. 128; BRITTON 1974, S. 368). Es darf sogar nicht ausgeschlossen werden, daß der während der Industriellen Revolution infrastrukturell bedingte Zwang, im Verbund, also in einer Agglomeration zu produzieren (vgl. Kap. 3.1), im Verhalten der Unternehmer bis heute eine Bevorzugung von Standorten in Ballungsräumen bewirkt hat. GOLD (1980, S. 231) betont, daß die diesbezügliche Forschung noch in den Anfängen stecke.

5.4 Die Standortlenkung durch den Staat

Die erläuterten Standortorientierungen müssen also nicht ausschließlich auf das Ziel der reinen betriebswirtschaftlichen Gewinnmaximierung ausgerichtet sein. Dies zeigt sich ganz besonders bei den Eingriffen des Staates in den Industrialisierungsprozeß (vgl. Kap. 10).

Bei allen politischen und ideologischen Unterschieden zwischen den einzelnen Regierungssystemen fallen zunächst prinzipielle Parallelen in der wirtschaftspolitischen Zielsetzung kapitalistischer und sozialistischer Staaten auf. Allgemein wird die Industrie als Motor und Multiplikator in der wirtschaftlichen Entwicklung angesehen und deshalb unterstützt, auch wenn sie heute nicht mehr, wie einst, absolute Priorität vor dem Dienstleistungssektor erhält. Mit der Förderung und Standortlenkung der Industrie wollen die Staaten das Ungleichgewicht zwischen ihren erschlossenen und unerschlossenen, zwischen städtischen und ländlichen, zwischen expandierenden und strukturschwachen Räumen mildern oder zumindest eine Verschärfung der Disparitäten vermeiden. Steht in den Industrienationen der Gegensatz zwischen Krisen- und Wachstumszonen im Vordergrund, so geht es in den „jüngeren" Staaten um eine Industrialisierung von Grund auf und um ihre Ausweitung auf bisher reine Agrargebiete. Auch die Militärpolitik wirkt sich hier aus, z.B. vor dem II. Weltkrieg in der Verlagerung der sowjetischen Industrie nach Osten oder von Paris nach Süden.

5.4.1 Standortlenkung in Staaten mit Marktwirtschaft

In einem Staat mit vollkommen freiem Spiel marktwirtschaftlicher Kräfte würde eine Standortbeeinflussung durch die öffentliche Hand einen Widerspruch bedeuten. Konsequent kann nach wie vor die Regierung eines marktwirtschaftlichen Landes keine Industriestandorte bindend bestimmen; staatseigene Betriebe sind natürlich ausgenommen, sie spielen aber bewußt nur eine untergeordnete Rolle (USA, Bundesrepublik Deutschland) und werden in der Regel wie eigenständige Unternehmen geführt.

Steuern will der Staat die Industrialisierung aus wirtschaftlichen, raumordnerischen, sozialen und politischen Motiven: Einerseits sollen die Standortnachteile in den industriellen Krisengebieten gelindert, deren lähmende, kostspielige Überlastung entschärft werden; zum anderen würde die Vernachlässigung dünnbesiedelter, strukturschwacher Räume eine volkswirtschaftliche Verschwendung von Fläche, Arbeitskräften, installiertem Kapital und infrastrukturellen Einrichtungen bedeuten. Außerdem müssen auch solche Räume unter Kontrolle und in die Gesamtwirtschaft integriert bleiben. Nicht zu vergessen sind Arbeitslosigkeit und Abwanderung mit ihren sozialen Folgen. Politisch schließlich kann sich Erfolg oder Mißerfolg staatlicher Wirtschaftspolitik auf Wahlergebnisse oder den Zulauf zu regionalistisch-autonomistischen Bewegungen (Bretagne, Schottland usw.) auswirken.

Als Einflußmöglichkeiten bestehen die *staatlichen Anreize* für Industrieansiedlung in einer Marktwirtschaft zunächst in Finanzhilfen (Anleihen, Subventionen, Prämien, Steuererleichterungen), die regional abgestuft sein können, je nach Förderungsdringlichkeit. Hinzu kommt, allerdings mit sehr unterschiedlichen Prioritäten in den einzelnen Ländern, eine Verbesserung der Infrastruktur, was auf die Hebung sowohl der industriellen Produktion als auch der Lebensqualität abzielt. Der Staat will also auch die einzelnen Standortfaktoren direkt beeinflussen: Produktion und Bereitstellung von Rohstoffen bzw. Energieträgern sowie Energieversorgung (Kraftwerke, Verbundnetze), Vereinfachung und Förderung des Absatzes (Export) oder Ausbildung von Arbeitskräften – dies alles wird speziell in Entwicklungsländern praktiziert. In den Industriestaaten kann der Staat sich außerdem in das „Netz" der Fühlungsvorteile einschalten oder durch entsprechende Werbung das Unternehmerverhalten beeinflussen.

5.4.2 Standortleitprinzipien in sozialistischen Staaten

Im zentralwirtschaftlichen, sozialistischen System ist der Staat, als Eigentümer und alleiniger Verfügungsberechtigter, quasi identisch mit einem Unternehmer. Folglich kann er, theoretisch, den gesamten nationalen Wirtschaftsraum als „Riesenbetrieb" (BEHRENS 1971, S. 39) betrachten und dementsprechend räumlich ordnend gestalten. Daraus leiten sich generelle Prinzipien für die Standortpolitik ab, die sich zwangsläufig von denen der Regierungen in Marktwirtschaften unterscheiden. Während man dort einen weitgehenden Einklang zwischen Unternehmerzielen und staatlicher Innen- und Wirtschaftspolitik anstrebt, werden im sozialistischen Staat die Ziele von Wirtschaft und Politik identisch, und, der Ideologie gemäß, hat sich die Wirtschaft der Politik unterzuordnen. In einem solchen System treten konsequent die volkswirtschaftlichen Gesamtstrategien in den Vordergrund, eigentliche betriebswirtschaftliche Überlegungen haben sich ihnen unterzuordnen. Konkret heißt dies: Bei der Standortwahl für einen Betrieb geht es primär darum, *optimal zum Fortschritt der Gesamtwirtschaft beizutragen, nicht um den lokalen optimalen Gewinn.* Beispielsweise kann ein Betrieb in einem ländlichen Raum gegründet werden, um dort dringend benötigte Arbeitsplätze zu schaffen und Traktoren für die Landwirtschaft zu produzieren – auch wenn die Rentabilität von vornherein ausgeschlossen erscheint. Diese Gesamtkonzeption zielt auch – wiederum durch die marxistische Ideologie unterstützt – auf eine gleichgewichtige, ausgleichende Industrialisierung von ländlichen und städtischen Räumen ab. Immer wieder wird betont, die schädliche und kostspielige Konzentration auf die traditionellen Ballungsräume solle vermieden, entspannt werden, was zur Propagation einer *industriellen Dezentralisierung* führte. Gleichzeitig sollen aber die natürlichen Ressourcen des Landes, vor allem Bodenschätze und Energie, an Ort und Stelle, also unter Senkung der Transportkosten, optimal genutzt werden.

Die offiziellen Entwicklungspläne, die solche Standortverteilungen vorbestimmen und dann bindend machen, sind folglich Ausdruck volkswirtschaftlicher Nutzenschätzungen. Die Entwicklungspolitik in der VR China und in ihrem politischen Einflußbereich hat mit der gezielten Verflechtung der prioritären landwirtschaftlichen mit der industriellen Entwicklung einen besonderen Weg eingeschlagen. In der Sowjetunion und ihrem Einflußbereich kann die erläuterte Standortpolitik nicht nur vor dem theoretischen Hintergrund gesehen werden, denn sie wurde maßgeblich pragmatisch geprägt durch die politischen und räumlichen Verhältnisse in der Sowjetunion selbst. Dieser älteste und lange Zeit auch dominierende sozialistische Staat gab dann das maßgebende Modell für andere sozialistische Staaten in Osteuropa und Übersee. So wurde unmittelbar nach der Revolution 1917 die Dominanz der Politik über die Wirtschaft gleichgesetzt mit deren Steuerung allein durch die kommunistische Partei. Bezeichnend ist Lenins berühmter Satz „Kommunismus – das ist Sowjetmacht plus Elektrifizierung des ganzen Landes" (nach RÜBBERDT 1972, S. 237). „Des ganzen Landes" – hier liegt auch die praktische Begründung der Industrialisierung der Räume abseits der großen Agglomerationen, wo über die Verproletarisierung auch die Bauern sowie die Minoritäten für den Kommunismus gewonnen werden sollten. STALIN sah dann in einer in kürzester Zeit durchzupeitschenden Industrialisierung die einzige Garantie, das bis dahin unterentwickelte Land – noch Ende der zwanziger Jahre arbeiteten ca. 80% aller Beschäftigten in der Landwirtschaft – gegen die kapitalistischen Staaten zu behaupten. Dies wiederum erklärt den damals absoluten Vorrang der Grundstoffindustrien, die – in Treue zu WEBERs Theorie – auf den Rohstofflagern und Energiequellen errichtet wurden. So war es nur logisch, daß die Rüstungsindustrie besonders gefördert und im II. Weltkrieg als Schutzmaßnahme systematisch in die Grundstoffgebiete im Osten verlagert wurde.

Diese Politik wurde nach 1945 auf die Comecon-Staaten übertragen und hat sich dort auch teilweise auf die Standorte neuer Industrien niedergeschlagen. Innerhalb dieses Wirtschaftspaktes kam es dann zu einer internationalen Arbeitsteilung, die allerdings keinen ausschlaggebenden Einfluß auf die industrielle Standortstruktur der osteuropäischen Staaten ausgeübt hat (TISMER 1968).

Zusammengefaßt zielt die Standortpolitik der sozialistischen Staaten nach sowjetischem Vorbild – bei Priorität der Volkswirtschaft – auf eine relativ gleichmäßige Industrialisierung des Gesamtraumes ab, parallel dazu auf eine optimale Nutzung aller Grundstoffe und Energiequellen, und bezieht die als existenznotwendig angesehene Rüstungsindustrie in diese Überlegungen ein. Gerade in traditionellen Agrarländern, wie der UdSSR selbst oder Polen, hat diese Politik, abgesehen von ihren extremen

Industrialisierungserfolgen, zu völlig neuen Standortmustern geführt (z. B. die Errichtung der „Kombinate"). Andererseits ist das rasche Wachstum der Ballungsräume aus vorrevolutionärer Zeit nicht zu übersehen. So mußte, trotz Priorität der Volkswirtschaft, immer wieder auf die klassischen, rein betriebswirtschaftlichen Standortfaktoren Rücksicht genommen werden.

Abschließend ist hier noch die Behauptung zu diskutieren, im sozialistischen System seien die Standorte stabiler, also statischer und sicherer, weil sie von einer zentralen langfristigen Planung in einer Planwirtschaft getragen, deshalb nicht dem unsicheren freien Spiel der marktwirtschaftlichen Kräfte ausgesetzt würden. Obwohl dies relativ zutrifft, ist auch hier wieder eine *Dynamik in der Wertigkeit der Standortfaktoren* festzustellen. Denn durch eine Reihe von Faktoren wurde die Gesamttendenz verändert: Die absolute Zentralisierung mußte einer gewissen regionalen Planung Platz machen, die einst existenznotwendige Rüstungsindustrie behielt nach dem II. Weltkrieg nicht mehr ihre absolute Priorität und war auch nicht mehr an strategische Schutzlagen fern der Grenzen gebunden. Auch wurde das relative Übergewicht der Grundstoffindustrien zugunsten der Investitions- und heute auch der Konsumgüterindustrie etwas abgeschwächt, was z. B. eine Tendenz zu den Märkten begünstigt. Hinzu kommt auch eine zunehmende Aufgabe autarkistischen Denkens, verbunden mit einer Öffnung für den internationalen Handel.

5.5 Empirische Untersuchungen über tatsächliche Standortentscheidungen

Nach diesen grundsätzlichen, theoretischen Erläuterungen stellt sich die Frage: Aufgrund welcher realer Kriterien wurden und werden Betriebe tatsächlich angesiedelt? Dabei geht es nicht nur um das Verhältnis zwischen Theorie und Praxis, sondern auch um die Herausstellung der immer wieder betonten *Dynamik der Standortfaktoren,* um ihren ständigen Bedeutungswandel.

Im Grunde taucht die Frage nach den wirklich berücksichtigten Standortkriterien in fast allen industriegeographischen Untersuchungen auf. BREDE (1971) führte interessante Befragungen durch in über 900 Betrieben aller Branchen und Größenklassen, die 1955-64 in der Bundesrepublik Deutschland gegründet worden waren. Es wurde danach gefragt, welcher Standortfaktor von den Unternehmen als ausschlaggebend und welche zwei weiteren zu den wichtigsten gezählt wurden (vgl. Abb. 11). Das Ergebnis war eindeutig: An der Spitze lag die Orientierung an den vorhandenen Arbeitskräften. Mit „verfügbare Grundstücke" und „flächen-

tatsächliche Standortentscheidungen

Faktor	
Arbeitskräfte	
räumliche Ausdehnungsmöglichkeit	
Absatz	
Grundstücksangebot	
Fühlungsvorteile	
persönliche Präferenzen	
Steuervergünstigungen, öffentl. Hilfen usw.	
natürliche Bedingungen	
Übernahme eines Betriebes	
Transportkosten	
Energieangebot	
sonstige	

— ausschlaggebender Standortfaktor
— drei wichtigste Standortfaktoren

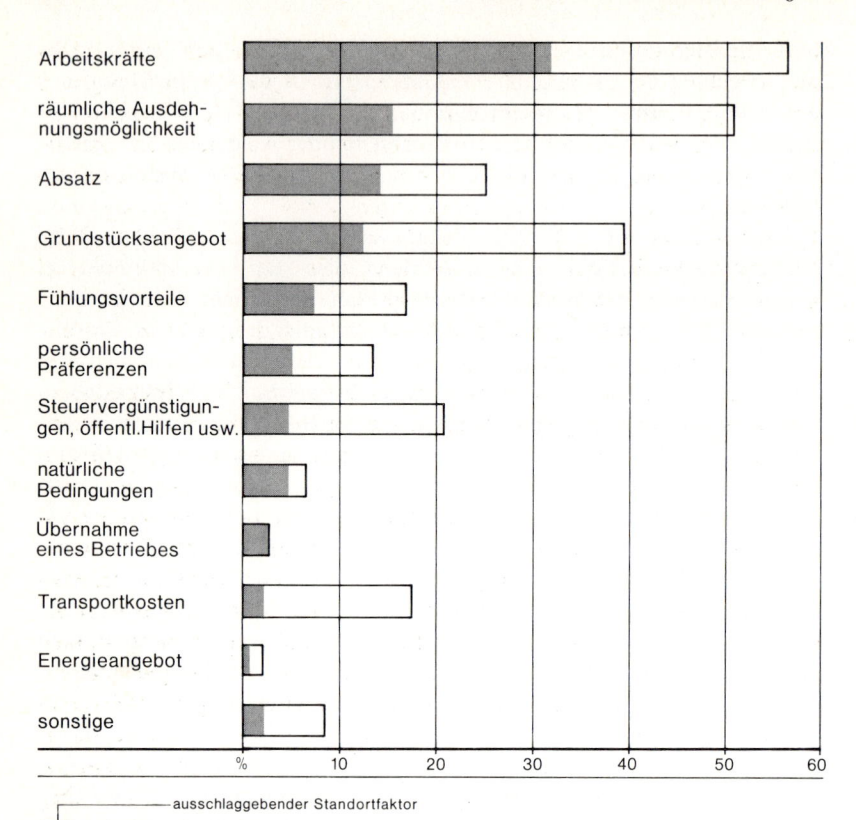

Abb. 11: Empirisch ermittelte Bestimmungsfaktoren der Standortwahl (912 Standortentscheidungen 1955-64) (nach BREDE *1971, Tab. 6)*

Die Ergebnisse sind symptomatisch für das Jahrzehnt 1955-1964, einen Zeitraum industrieller Hochkonjunktur: die damals sehr knappen Produktionsfaktoren Arbeitskraft und Grundstücke waren entsprechend die wichtigsten Standortfaktoren. Dies beweist die schwankende Wertigkeit der Standortfaktoren, also deren Dynamik.

hafte Ausdehnungsmöglichkeiten" erreichten alle drei zusammen fast 60% der Erstnennung, dominierten aber auch unter den beiden anderen Hauptfaktoren. Abgesehen vom Absatz, folgten sämtliche anderen Faktoren erst mit großem Abstand, wobei vor allem die geringe Erwähnung von Transportkosten und Energie auffällt – ganz im Gegensatz zur Weberschen Theorie!

HANSMEYER und FÜRST (1970) weisen zu Recht auf die prinzipiellen Probleme, Fehlerquellen und Unvergleichbarkeiten solcher Befragungen über Standortverhalten hin. BREDES Ergebnisse sind jedoch ein wichtiges und aufschlußreiches Beispiel. Es wurden nämlich Betriebsgründungen in einem abgegrenzten Zeitabschnitt und in einem bestimmten Raum untersucht. Sie fallen in eine Epoche wirtschaftlicher Hochkonjunktur, in der Arbeitskräfte und Fläche gerade wegen der anhaltenden Expansion immer knapper wurden. Folglich entsprangen dem Ziel, diese Engpässe zu überwinden, die ausschlaggebenden Standortfaktoren. Solche Engpässe sind jedoch konjunkturell gebunden und können anderen weichen: Bei zunehmender Arbeitslosigkeit verliert der Faktor Arbeitskraft an Gewicht, und seit 1973 besteht eine offensichtlich langfristig anhaltende Renaissance des Faktors Energie.

Infolge der Dynamik der Standortfaktoren hat die betriebswissenschaftliche Bestimmung eines Standorts dadurch nur noch momentanen und relativen Wert. THÜRAUF (1975, S. 180) spricht von einer „zunehmenden Kurzlebigkeit der Standortpräferenzen". Die Berechnung des „optimalen Standorts" ist, kraß ausgedrückt, eine Utopie, der man sich nur optimal anzunähern versucht. Von der klassischen Berechnung eines einzunehmenden Standorts nach augenblicklich relevanten Faktoren ist man aus den genannten Gründen längst abgekommen. Man will vielmehr die langfristige Entwicklung der Standortfaktoren und ihrer Konstellationen so realistisch wie möglich vorausschätzen. Ein aktuelles Beispiel sind die Spekulationen um die Energieversorgung. Natürlich bergen solche Prognosen einen erheblichen Unsicherheitsgrad. So erklärt das jeder Standortentscheidung anhaftende Risiko in erheblichem Maße die Anziehungskraft von Erfolg widerspiegelnden Wachstumsräumen und, umgekehrt, die abstoßende Wirkung alter Industrialreviere, die den Makel „Krisengebiet" tragen. Hier zeigt sich wieder das Gewicht des Unternehmerverhaltens.

6 Organisationsformen in der Industrie

Um seine Ziele zu erreichen, muß ein Industrieunternehmen Entscheidungen nicht nur für seinen Standort, sondern auch für spezifische Organisationsformen treffen, die ebenfalls raumrelevant sind. Dazu zählen besonders:
- das Einbetriebsunternehmen
- die Bindung an Zulieferbetriebe
- das Mehrbetriebsunternehmen (Mehrwerksunternehmen) mit Hauptwerk und Zweigbetrieben, gegebenenfalls mit einer isolierten Hauptverwaltung
- der Konzern bzw. der multinationale Konzern.

Solche Organisationsformen werden den Wirtschaftszielen bzw. der Strategie des jeweiligen Unternehmens optimal angepaßt, sie können aber auch durch die Standortgegebenheiten erzwungen werden. Umgekehrt sollen die gegebenen Standortfaktoren bzw. ihre Wandlungen durch angepaßte Organisationsformen modifiziert oder umgangen werden, z. B. Automation als Ersatz nicht vorhandener oder zu teurer Arbeitskräfte. So beeinflußt die Entwicklung der Organisationsformen die Standortfaktoren, indem sie über Beharrung, Stillegung, Umstrukturierung, Verlagerung, Produktionsübertragung an Zulieferer, Standortspaltung (Filialbildung) usw. entscheiden kann.

Obwohl die industriellen Organisationsformen eindeutig zu den Objekten industriegeographischer Forschung gehören, wurden sie bis in die jüngste Zeit weitgehend übersehen und vernachlässigt. Das Unternehmen galt als statisches, unsichtbares Organisationselement ohne räumliche Auswirkungen, und man ging zu sehr von zahlreichen kleinen und mittleren Firmen aus, die folglich allein keine ausschlaggebenden Einflüsse auf die Standortgegebenheiten ausüben können (HAMILTON 1978a, S. 2). Nach KRUMME (1969, S. 30) schien die Vernachlässigung des Unternehmens als eine Kombination finanzieller, technologischer und menschlicher Komponenten auf das Vorherrschen einer wirtschaftlichen Denkweise mit deterministischer Monokausalität zurückzugehen. Man hatte sich auch zu einseitig konzentriert auf die Betrachtung isoliert im Raum stehender *Einbetriebsunternehmen,* in denen die komplette Verarbeitung vom Rohstoff zum Endprodukt stattfindet. Diese als normal vorausgesetzte Identität von Unternehmen und Fertigungsstätte und die Überbewertung der Produktion ließen folglich kaum Interesse an einer möglichen raumrelevanten Rolle des Unternehmens aufkommen. Erst seit Anfang der sechziger Jahre wird die differenzierende Funktion der verschiedenen Organisationsformen der Industrie und ihrer Einflüsse auf die Standortdynamik in der Forschung zunehmend berücksichtigt. Nicht zuletzt geschah dies wohl unter dem Eindruck der zunehmenden Konzentration der Industrie bzw. einer regelrechten Gründungswelle von Mehrbetriebsunternehmen (vgl. Kap. 6.2).

Zwar bilden kleine und mittlere Firmen bzw. Betriebe immer noch die Überzahl, ihre Anteile an der Produktion, an den Beschäftigten usw. sowie ihre Gesamtbedeutung nehmen aber ständig ab. Einerseits sind sie den Großunternehmen gegenüber durch größere Marktflexibilität, schnellere technologische Anpassungsmöglichkeiten und weniger Bürokratie im Vorteil, auf der anderen Seite aber gegenüber deren Expansion auch mehrfach unterlegen: Ihnen fehlen die weitreichenden, schnell funktionierenden Informations- und Beziehungsnetze, sie überstehen Rezessionen nur schwer, sind kapitalschwach, können am Rationalisierungs- und Automationsprozeß nur begrenzt teilnehmen, unterliegen oft der Konkurrenz der Großen usw. Sehr häufig sind es noch traditionelle Einmann- oder Familienunternehmen auf angestammten Standorten, die entwicklungsbedingt in den alten inneren Industriegürteln der Ballungsräume liegen. Dort werden sie von der expandierenden City, durch steigende Bodenpreise oder durch Umweltauflagen verdrängt, ohne aber – aus Kapitalmangel oder auch bedingt durch das Unternehmerverhalten – eine Neuansiedlung an der Peripherie erfolgreich realisieren zu können. Die Existenz kleiner und mittlerer Unternehmen ist von vielen Seiten bedroht, und sehr viele überleben nur, indem sie sich dem gesamten Entwicklungstrend anschließen und sich als mehr oder weniger fest gebundene Zulieferer in den Produktionsprozeß der Großunternehmen integrieren.

Die eigentlichen Probleme und die raumrelevante Differenzierung der Organisation der Industrie betreffen dagegen fast ausschließlich die größeren Unternehmen bzw. die Konzerne, und zwar aus zwei Gründen:
- die Expansion der Unternehmen bzw. auch ihre kapitalmäßige und ihre funktionale (nicht jedoch ihre räumliche) *Konzentration;*
- die *Anpassung* an und die *Absicherung* gegen die *Dynamik der Standortfaktoren.*

Beide stehen häufig in Wechselbeziehungen zueinander und können kaum voneinander getrennt behandelt werden.

Die Konsequenzen der Expansion eines Unternehmens auf seine Organisation können zunächst vereinfacht veranschaulicht werden, indem man von einem traditionellen, geschlossenen Einbetriebsunternehmen ausgeht, wo der komplette Verarbeitungsprozeß vom Rohstoff zum Endprodukt abläuft. Solche Betriebe waren typisch für die Frühzeit der Industrialisierung, z. B. die kleinen Eisenhütten in den Mittelgebirgen, die vom Roheisen bis zu Nägeln, Draht, Werkzeugen usw. alles selbst herstellten. Es fehlte damals auch weitgehend an Betrieben, die Fertigteile für eine Endmontage hätten liefern können, und ebenso an einem dafür notwendigen, ausgebauten Transport- und Kommunikationsnetz. Aus ähnlichen Gründen – schwach entwickelte Zulieferindustrie, unzureichende Infrastruktur, mangelnde Kontakte usw. – finden sich auch heute noch solche „autarken" Betriebe in Entwicklungsländern. Sprechendes Beispiel ist eine Textilfabrik in Bogotá, die Rohbaumwolle bis zum bedruckten Stoff verarbeitet und sogar die Druckwalzen für die Muster im selben Werk anfertigt. Vor allem in der Anfangszeit zwingt die Isolation solche Unternehmen geradezu, für eine Absicherung des gesamten Produktionsprozesses bis zur Vermarktung Sorge zu tragen. Sie betreiben deshalb ihre Rohstoffversorgung selbst, produzieren alle Einzelteile und gelangen häufig, mit dem schrittweisen Umweg über den Bau von Ersatzteilen, sogar zur Konstruktion der benötigten Maschinen, z. B. Webstühle für Textilfabriken (vgl. BRÜCHER 1975, S. 89, 110). Mit der Zeit entwickeln sich daraus eigenständige *Nachfolgeindustrien*, ähnlich wie während der Industriellen Revolution.

Mit zunehmender Expansion solcher „autarker" Einbetriebsunternehmen beginnt die Diversifizierung der Organisation, da nun eine Vielzahl möglicher Entscheidungen zu weiteren Entwicklungsketten offensteht. Man vergesse nicht, daß viele der heutigen Weltkonzerne einst in den Schuppen, Handwerksstuben und Kleinstfabriken ihrer Gründer entstanden sind – Daimler, Bosch, Krupp, Ford, Opel und andere.

Das Wachstum eines jeden Betriebs führt zwangsläufig zu einer qualitativen und zu einer quantitativen Veränderung der herrschenden Standortfaktoren. Wenn einer oder mehrere unzureichend werden – Mangel an Ausbaufläche, Arbeitskräften, Rohstoffen usw. – die Entwicklung also bremsen oder gar blockieren, eröffnen sich mehrere Alternativen: Das Werk kann sich weitgehend auf Endfertigung konzentrieren und Teile bzw. Aggregate (z. B. Kugellager) von *Zulieferbetrieben* herstellen lassen. Das Unternehmen kann auch eine *Standortspaltung* vornehmen, also einen oder mehrere *Filialbetriebe* an anderen Standorten errichten; es wird damit zu einem sog. *Mehrwerksunternehmen*. Die Verbindungen mit Zulieferfirmen bzw. die Steuerung der Filialbetriebe von der Hauptverwaltung aus führen zu neuen räumlichen Verflechtungen, folglich auch zu neuen Standortüberlegungen für den Sitz der *Hauptverwaltung*. Einen weiteren Schritt im Wachstum eines Unternehmens mit entscheidenden räumlichen

Konsequenzen bedeutet schließlich, durch Integration anderer oder Gründung weiterer Unternehmen, die Bildung eines *Konzerns,* d. h. eines unter einheitlicher Leitung zusammengefaßten Verbunds rechtlich selbständiger Unternehmen, die verschiedenen Rechtsformen unterliegen können (AG, KG, GmbH usw.). Hauptbasis für die wirtschaftliche Einheit ist die kapitalmäßige Bindung durch Beteiligungen (vgl. GROCHLA 1969). In den letzten Jahrzehnten wurden industrielle Entwicklung und Strategie weltweit in zunehmendem Maße von den sog. *multinationalen Konzernen* („Multis") bestimmt.

Es darf hier nicht übergangen werden, daß auch die innerbetrieblichen Organisationsformen (produktivitätssteigernde Technologien, Automation, spezifische Fertigungssysteme usw.) durchaus raumrelevante Wechselwirkungen erzeugen; auf eine Behandlung muß hier jedoch verzichtet werden (vgl. MIKUS 1978, mit Literaturangaben).

6.1 Die Zulieferbeziehungen

Generell sind zwei „Richtungen" in den Zulieferbeziehungen zu unterscheiden, die entscheidende räumliche Auswirkungen haben: In einem Endmontagewerk für Autos oder Computer strömt eine große Zahl von Einzelteilen oder Aggregaten aus Zulieferbetrieben zusammen; vom Endmontagewerk aus gesehen handelt es sich um *rückwärtige Zulieferbeziehungen* (backward linkage, industries en amont), die sogar, bei den Aggregaten, über mehrere Stufen laufen können. Von einer Raffinerie dagegen gehen *vorwärts gerichtete Versorgungsbeziehungen* aus (forward linkage, industries en aval); denn hier wird ein einziger Rohstoff, Erdöl, in mehrere Produkte (Benzin, schweres Heizöl usw.) aufgespalten, die nicht nur als Treibstoffe dienen, sondern auch als Basisstoffe für zahlreiche Erzeugnisse der chemischen Industrie weiterverarbeitet werden. Es stehen sich hier also Sammler- und Verteilerfunktion gegenüber. In beiden Fällen handelt es sich um Zulieferbeziehungen – von der Schraubenfabrik zum Automontagewerk wie auch von der Raffinerie zum Kunststoffwerk.

Wenn in der industriegeographischen Literatur von Zulieferbeziehungen gesprochen wird, ist meistens jedoch die Rede von denen, die auf Betriebe mit *Sammlerfunktion* gerichtet sind, da sie die spektakuläre Masse bilden. Sie konzentrieren sich fast ausschließlich auf alle Branchen der Metallverarbeitung (Maschinen-, Fahrzeug-, Schiffsbau usw.) sowie auf Elektro- und Elektronikindustrie und nehmen innerhalb dieser Branchen bedeutenden Raum ein: Beispielsweise stammen wertmäßig 80% eines IBM-Computers, ca. 60% in der Automobilindustrie und 55% in der

Luftfahrtindustrie aus Zulieferbetrieben. In den sechziger Jahren zählten die NASA, General Motors, AEG und Siemens je ca. 30 000 unternehmensexterne Zulieferer, Krupp 23 000, Daimler 18 000 (BAKIS 1975; PETZOLD 1968). Bezeichnenderweise hatten 45% der Zulieferbetriebe von General Motors nur 5-7 Beschäftigte und 70% bis zu 100 Beschäftigte, die Zulieferfunktion ist also eine „Domäne" der kleinen und mittleren Betriebe. Natürlich sind auch große Unternehmen in die Beziehungen integriert, sie stellen aber in der Regel hochwertige, komplizierte Produkte her, etwa Kugellager, Zahnradsätze, Armaturen oder Motoren, sind also ihrerseits oft ebenso Abnehmer von Zulieferern.

Aus welchen Gründen nun lassen Unternehmen von Zulieferern produzieren? Sie können bereits die Erfahrungen und die Spezialisierung des kontraktierten Unternehmens voll in Anspruch nehmen und müssen nicht mehr auf diesem Fachgebiet aufholen. Außerdem werden Investitionen für eigene Anlagen gespart. Indem man mehrere Zulieferer parallel für dasselbe Produkt engagiert, sichert man sich gegen den möglichen Ausfall einzelner Werke, der die gesamte Endfertigung unterbrechen könnte; gleichzeitig lassen sich die Preise drücken, wenn man so die Zulieferer untereinander zu Konkurrenten macht. Sind am eigenen Standort die Arbeitskräfte Mangelware und teuer, kann man sie über einen entfernt ansässigen Zulieferbetrieb „ersetzen" bzw. lassen sich auf diese Weise auch Arbeitskämpfe und Sozialprobleme aus dem eigenen Unternehmen heraushalten. Nicht selten werden Zulieferer, vor allem kleinere Betriebe, vertraglich so fest an den Abnehmer gebunden, daß sie de facto dessen „verlängerte Werkbänke" werden.

Häufig wird die übergroße Abhängigkeit der Zulieferer von den mächtigen Abnehmern betont. Der Strategie der Abnehmer, mehrere Lieferanten je Produkt zu engagieren, entgegnen letztere mit dem Versuch, ihre Produktenpalette zu diversifizieren, für möglichst viele Abnehmer zu arbeiten – was außerdem rationeller ist – und sich durch eine gezielte Integration in deren Produktionsprozeß unverzichtbar zu machen. PETZOLD (1969, S. 46) betont denn auch die *gegenseitige Abhängigkeit* beider Interessengruppen. Schließlich sei nicht vergessen, daß solche Produktionssymbiosen auch eine Überlebensgarantie für die bedrohten Klein- und Mittelbetriebe sind.

Die traditionell räumlich enge Bindung der Zulieferbetriebe an einen Hauptabnehmer, z. B. an ein Automontagewerk, ist seit langem nicht mehr die Regel. Zwar streben manche Großunternehmen bei der Neugründung eines Zweigwerkes an, daß sich möglichst viele Zulieferer in unmittelbarer Nähe niederlassen und abhängige Bindungen mit diesem eingehen. Bekannte Beispiele sind die IBM-Werke bei Bordeaux und Montpellier, die von einem regelrechten Schwarm gleichzeitig entstandener Vertragsbetriebe umgeben sind. Außerdem finden sich noch weitgehend aus Standorttradition und regionaler Branchenstruktur erklärbare Konzentrationen, sozusagen Relikte, wie z. B. um das Daimler-Benz-Werk in Sindelfingen bei Stuttgart (Abb. 29); dieses selbst wurde aus Stuttgart ausgelagert, wo jedoch die Masse der lokalen Zulieferer verblieb (vgl. GROTZ 1971, Karte 5). Inzwischen jedoch ist neben diese enge lokale Bindung eine Verflechtung mit den übrigen Werken und einem über die ganze Bundesrepublik Deutschland verteilten Netz von Zulieferern getreten. Die mittleren Entfernungen zwischen den einzelnen Werken und den Lieferanten liegen zwischen 163 km (Kassel) und 295 km (Stuttgart) (vgl. GROTZ 1979, S. 230, 237). Im Kontrast zu dem gewachsenen Daimler-Standort Stuttgart hat das zum Ende der sechziger Jahre in Saarlouis gegründete Fordwerk (Abb. 28) im Saarland selbst nur eine verschwindend niedrige Zahl von Zulieferern (8) entstehen lassen; die weitaus meisten unternehmensexternen Lieferanten verteilen sich dagegen ebenfalls über die gesamte Bundesrepublik Deutschland.

In der Tat ist in einer Reihe jüngerer Untersuchungen festgestellt worde, daß *die Nähe zwischen Abnehmer und Zulieferer kaum noch eine Rolle spielt* (vgl. BRÖSSE 1971; GILMOUR 1974; BRITTON 1974). Ermöglicht wurde dies wiederum durch die Verbesserung, Beschleunigung und Verbilligung von Transport und Kommunikation. Es geht dem Abnehmer heute primär um die Qualität der Produkte (und damit um den Verzicht auf Kontrolle), die damit verbundenen Serviceleistungen, die Art der Belieferung, die absolute Termineinhaltung, Zuverlässigkeit usw. Zu einer Streuung der Zulieferbetriebe kommt es auch zwangsläufig, weil diese häufig für mehrere Abnehmer an unterschiedlichen Standorten fertigen. Außerdem wurde festgestellt, daß die lokale Zulieferer-Abnehmer-Bindung mit wachsender Größe des Abnehmerwerkes rapide nachläßt. Bei kleineren Firmen sind diese Verflechtungen intensiver, fallen dagegen gesamtwirtschaftlich weit weniger ins Gewicht. GILMOUR (1974, S. 361) folgert daraus sogar, daß unter allen agglomerativen Standortfaktoren der Anziehungseffekt der ansässigen Industrien auf die Ansiedlung anderer Industriebetriebe schwach sei.

Anders in den Entwicklungsländern. Hier findet sich noch eine ausgeprägte räumliche Bindung der Zulieferer an die Montagewerke. Dies ist eine Folge der späten Industrialisierungsansätze, aber auch der schwach entwickelten Infrastruktur und der deshalb geringen Kontaktmöglichkeiten zwischen den Städten. Vielfach sind die größeren Abnehmer gezwungen, sich die Zulieferer am Ort selbst aufzubauen, technologisch zu beraten und ständig zu kontrollieren. Die Entwicklung einer regionalen Zulieferindustrie, vorzugsweise aus dem bestehenden Handwerk, ist aber in vielen Staaten auch in die staatlichen Industrialisierungspläne integriert:

Beispielsweise wird die Ansiedlung ausländischer Automobilfirmen gefördert, die zunächst fast ausschließlich importierte Teile montieren, dann aber schrittweise von inländischen Zulieferern versorgt werden, um schließlich eine voll eigenständige Produktion zu erreichen (vgl. BRÜCHER 1975, Abb. 26).

6.2 Mehrbetriebsunternehmen

Die andere Alternative, eine Unternehmensexpansion zu ermöglichen, die nicht mehr in einem Einbetriebsunternehmen allein stattfinden kann, ist die Bildung eines Mehrbetriebsunternehmens. Diese erfolgt entweder durch sog. *Standortspaltung*, d.h. die Gründung von mindestens einem *Zweigwerk (Filiale)* zusätzlich zum Hauptwerk, oder durch *Fusion* mit anderen Unternehmen. Die einzelnen Betriebe sind rechtlich nicht selbständig und hängen voll von der zentralen Unternehmensleitung ab. Eine Untersuchung von 370 Unternehmen durch MIKUS u.a. (1979) in SW-Deutschland, der Schweiz und Oberitalien ergab ein Mittel von 3,87 Betrieben pro Unternehmen: Von den dazugehörigen Betrieben waren 11% verlagert, 29% in das Unternehmen durch Fusion eingegliedert und 37% neu angelegt worden (vgl. auch Abb. 14–17). Die Entwicklung von Mehrbetriebsunternehmen setzte in Deutschland um die Mitte des 19. Jh. ein und durchlief mehrere Hauptphasen. Eine rasche Zunahme erfolgte jedoch erst nach dem II. Weltkrieg mit einem bisherigen Höhepunkt 1950 bis 1960. In jenem Jahrzehnt allein entstand eine größere Zahl als insgesamt vor 1950 (MIKUS u.a. 1979, S. 44).

Die Fusion von Unternehmen ermöglicht bessere Positionen in Vermarktung, Beschaffung, Forschung usw., insgesamt also eine Rationalisierung. Für die einzelnen Werke führen sowohl Fusion als auch Standortspaltung zu einer unternehmensinternen Arbeitsteilung und Reorganisation der Produktion, die nun an mehreren Standorten stattfindet. Soll insgesamt eine höhere Effizienz in der Erzeugung, der Finanzierung und der Vermarktung erzielt werden, so will man gerade durch die Mehrzahl der Standorte neue (Standort-)Vorteile gewinnen. Beispielhaft für die variierenden Motive, die Produktion auf mehrere Standorte zu verteilen, seien hier die empirischen Ergebnisse aus MIKUS u.a. (1979, S. 64) genannt: Absatzvorteile (26,4%) durch eine Annäherung an die Märkte, vorhandene Arbeitskräfte (18,9%), Erweiterung und Sicherung der Rohstoffbasis (12,4%), geeignete Bauflächen gegenüber mangelnden Ausdehnungsmöglichkeiten am bisherigen Standort (10,5%), Diversifizierung der Produktion (6,5%). Hingewiesen sei hier auf Parallelen zu den zitierten, von

BREDE ermittelten allgemeinen Standortentscheidungen (vgl. Kap. 5.5). Mit der räumlichen Streuung zielt man auch auf eine Risikostreuung ab, die auf einer größeren Flexibilität gegenüber Markt-, Arbeitsmarkt- und Konjunkturschwankungen beruht. Auch aus diesen Gründen wächst der Anteil der Mehrbetriebsunternehmen an allen Industrieunternehmen anhaltend, also nicht allein wegen des allgemeinen Trends der Industrie zur ökonomischen Konzentration.

Die Verteilung der Produktion auf mehrere Werke kann verschiedene *Produktionsstrategien* verfolgen: eine *horizontale* Produktionssteigerung derselben Erzeugnisse, eine *vertikale*, d. h. eine gekoppelte Verteilung einzelner Schritte in Vor-, Zwischen- und Endfertigung, und eine *diagonale*, nicht zusammenhängende Diversifizierung der Produktenpalette. Dabei können natürlich Kombinationen auftreten. Diese Bezeichnungen verwendet man im selben Sinne für Unternehmen bzw. Konzerne, die einer solchen Strategie entsprechend strukturiert sind.

Eine horizontale Ausweitung der bisherigen Produktion erfolgt, wenn bei Expansionsmöglichkeit die Kapazitäten des Stammwerks nicht mehr ausreichen. Kann dieses aus Raummangel baulich nicht vergrößert werden, so liegt die Errichtung eines Zweigwerkes im selben Standraum nahe – klassische Beispiele sind Hüttenwerke oder Textilfabriken in alten Industrierevieren. Entferntere Standorte werden wegen der Nähe von Rohstoffvorkommen, Energiequellen oder neuer Märkte aufgesucht. Daß auch die Suche nach Arbeitskräften dazu führen kann, zeigt besonders eindrucksvoll die Entwicklung der Philips-Werke: Das ursprünglich auf Radios und Glühlampen beschränkte Herstellungsprogramm hatte sich auf eine große Palette von arbeitsintensiv gefertigten Produkten der Elektro- und Elektronikbranche ausgedehnt. Jedoch mußte das um 1960 fast 40 000 Beschäftigte zählende Stammwerk in Eindhoven Pendler bereits aus einem Einzugsradius bis zu 80 km anziehen, was sich über hohe Abwesenheitsraten und niedrige Produktivität negativ auswirkte. Eine weitere Steigerung der Beschäftigtenzahl war nur noch über die Bildung neuer Zweigwerke an insgesamt 40 niederländischen Standorten möglich. Dort wurden dann die Belegschaften bewußt klein gehalten, um eine neuerliche Ausdehnung der Pendlereinzugsbereiche zu vermeiden (nach GEORGE 1961).

Mit der Beschränkung auf ein Erzeugnis oder – häufiger – auf eine Branche, wie hier auf die Elektro- oder Elektronikindustrie, will das Unternehmen über Spezialisierung, Rationalisierung und Massenproduktion eine besonders hohe Konkurrenzfähigkeit und damit einen wachsenden Marktanteil erreichen. Einzelne Großkonzerne wie IBM oder das inzwischen aufgelöste französische Textilimperium Boussac zielten sogar auf Monopolstellungen auf dem nationalen oder internationalen Markt ab.

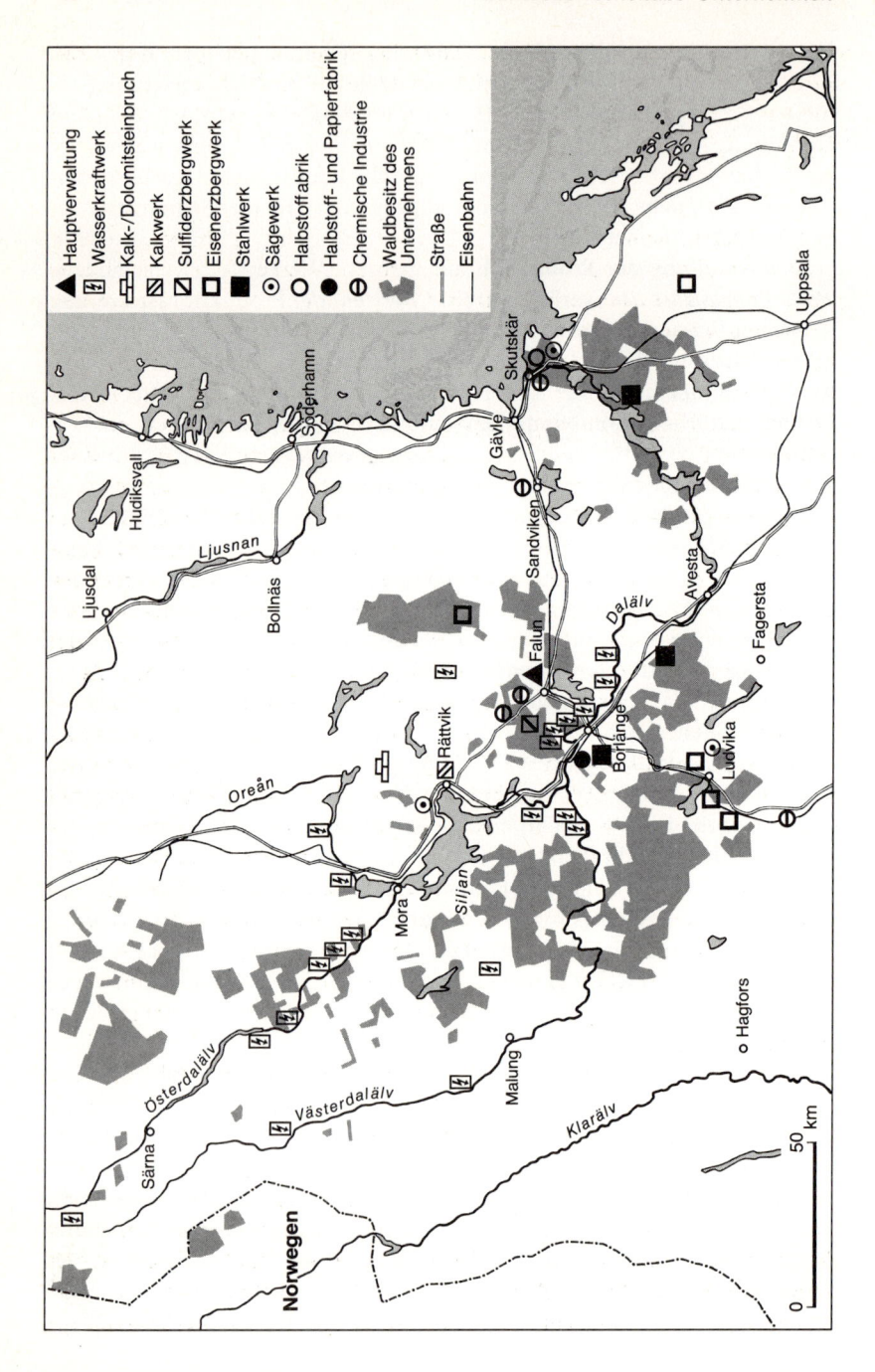

raumbeherrschendes Unternehmen

◄ *Abb. 12: Anlagen und Waldbesitz der Stora Kopparbergs Bergslags AB/Schweden (nach* SOYEZ *1981 und Stora Kopparberg Generalkarta 1:500000 1971)*
Beispiel eines in einem weitgehend geschlossenen Raum historisch gewachsenen Großunternehmens, das durch eine vertikale und auch leicht diagonale Struktur sowie durch seine Größe nahezu raumbeherrschend geworden ist.

Die Investitionen diagonaler Unernehmen in den verschiedensten gewinnversprechenden Aktivitäten an getrennten Standorten bezwecken eine optimale Absicherung durch Risikostreuung gegen Konjunkturschwankungen. Dabei werden die Standorte primär nach der speziellen Produktion der einzelnen Zweigwerke ausgewählt. Eine zusammenhängende Standortstrategie kann sich folglich nicht entwickeln.

Bei einer vertikalen Unternehmensstruktur richtet sich die Standortverteilung der Zweigwerke nach zwei Hauptrichtlinien: Jedes Werk sollte einen seiner Produktion entsprechend günstigen Standort einnehmen, z. B. ein Hüttenwerk in unmittelbarer Nähe eines Kohlebergwerkes oder an der Küste, dagegen die den Stahl weiterverarbeitende Maschinenfabrik in einem Ballungsraum mit Kontaktmöglichkeiten und einem ausreichenden Angebot an Facharbeitern. Gleichzeitig sollten die Werke aber auch so verteilt sein, daß sowohl zwischen ihnen und dem Hauptwerk bzw. der Hauptverwaltung als auch untereinander optimale Transport- und Kommunikationsbedingungen hergestellt werden können. Dies ist notwendig für die Organisation der gekoppelten Vor-, Zwischen- und Endproduktion. Typisch ist die *Verbundwirtschaft,* so in den integrierten Hüttenwerken, wo „in einer Hitze" Arbeitsschritte vom Roheisen bis zum Walzstahl aufeinander folgen (Kap. 7.4). Die vertikalen Konzerne erstreben mit der Beherrschung aller Produktionsstufen Risikostreuung, Absicherung der Investitionen, Umgehung fremder Zwischengewinne, Unabhängigkeit von Lieferbeziehungen oder gar von staatlichen Eingriffen, ja monopolartige Macht. Bekannte Beispiele sind Stahlfirmen wie Krupp, Thyssen oder de Wendel, die nordamerikanisch-kanadischen Aluminiumkonzerne oder das einstige, spektakulär zusammengebrochene Zündholzimperium des Schweden IVAR KREUGER.

Eine seltenere Sonderform von Unternehmen wird durch die Kombination von vertikalen und diagonalen Strukturen charakterisiert, durch die sie größere Räume wirtschaftlich praktisch total beherrschen. Beispiele sind Unternehmen wie Uddeholm und Stora Kopparberg (vgl. SOYEZ 1981; WINDHORST 1975), die bis in die jüngste Zeit größere, waldreiche Gebiete Mittelschwedens integral nutzten: Aus der seit dem Mittelalter gewachsenen Kombination Waldwirtschaft (Holzkohle) - Eisenerzbergbau - Eisen- und Stahlgewinnung - Wasserkraft entwickelten sich eine nachhaltige Forstwirtschaft, die heute vor allem für Sägewerke und eine bedeutende Zellulose- und Papierindustrie produziert, dazu ein moderner, inzwischen allerdings weitgehend aufgegebener Erzbergbau, Kalksteinbrüche, integrierte Hüttenwerke, Elektrizitätsgewinnung aus Wasserkraftwerken und chemische Industrie (Abb. 12). Im Unterschied zu den materiellen Verbindungen zu Zuliefererbetrieben sind die Verflechtungen in Mehrbetriebsunternehmen nur partiell an unternehmensinternen Güteraustausch gebunden. Zwangsläufig ist dieser in vertikalen Unternehmen strukturimmanent, während er in horizontalen oder diagonalen Unternehmen weitgehend fehlen oder sogar überflüssig sein kann. Insgesamt aber scheinen Lieferverflechtungen zu Fremdbetrieben stärker ausgeprägt zu sein als zu Zweigbetrieben: MIKUS u. a. (1979, S. 89) stellten nur bei etwa der Hälfte der untersuchten Werke internen Güteraustausch fest. Wichtiger scheinen die Beziehungen im Bereich der technischen Integration, der Produktion und des Entscheidungsweges, also letztlich der Steuerung durch die Hauptverwaltung zu sein. Es muß allerdings unterschieden werden zwischen Unternehmen, die gezielt auf externe Zulieferer setzen (vgl. Beispiel IBM, Kap. 6.3) und solchen, die eine entgegengesetzte Strategie verfechten, nämlich einen maximalen internen Austausch. So weisen die Fordwerke in Westeuropa allen ihren großen Montagewerken gleichzeitig die Aufgaben von Zulieferern zu. Dadurch bilden diese perfekt ausgeklügelte Verbundsysteme: Beispielsweise stellt Ford Köln die Bodenbleche des Modells „Escort" für Ford Saarlouis her, letzteres die Bodenbleche für den „Capri" in Ford Köln; zwischen Ford Saarlouis und Ford Genk/Belgien werden Radhaus-Innenbleche „Taunus" und Sitzbezüge „Fiesta" ausgetauscht. Abgesehen von der Unabhängigkeit von Zulieferern werden dadurch bessere Kapazitätsauslastungen erreicht und leere Rücktransporte vermieden (HORSTICK 1980).

Es geht den Mehrbetriebsunternehmen also um völlig andere Ziele als bei der Standortwahl für Einbetriebsunternehmen. Denn *„nicht der optimale Standort innerhalb eines volkswirtschaftlichen Gesamtsystems wird in den Entscheidungen der Planungsstäbe gesucht, sondern der optimale Standort für Funktionen im Verbundsystem innerhalb des Mehrbetriebsunternehmens"* (GROTZ 1979, S. 234) – gewisse Parallelen zur Konzeption der zentralen Standortpolitik in sozialistischen Staaten sind nicht zu übersehen (vgl. Kap. 5.4.2).

Mit der Größe eines Unternehmens wächst und verselbständigt sich auch seine *Verwaltung,* die alle nichtproduktiven Aktivitäten umfaßt. Ge-

Abb. 13: Verbundsysteme in der Elektroindustrie Oberitaliens (nach MIKUS 1979) ▶
Beispiel der industriellen Verflechtung zwischen den Hauptwerken im Norden (vor allem Mailand) und den Filialgründungen am Beispiel einer Branche, für die Zweigwerke typisch sind. Auffällig ist das abrupte Nachlassen von Betriebsgründungen südlich von Neapel.

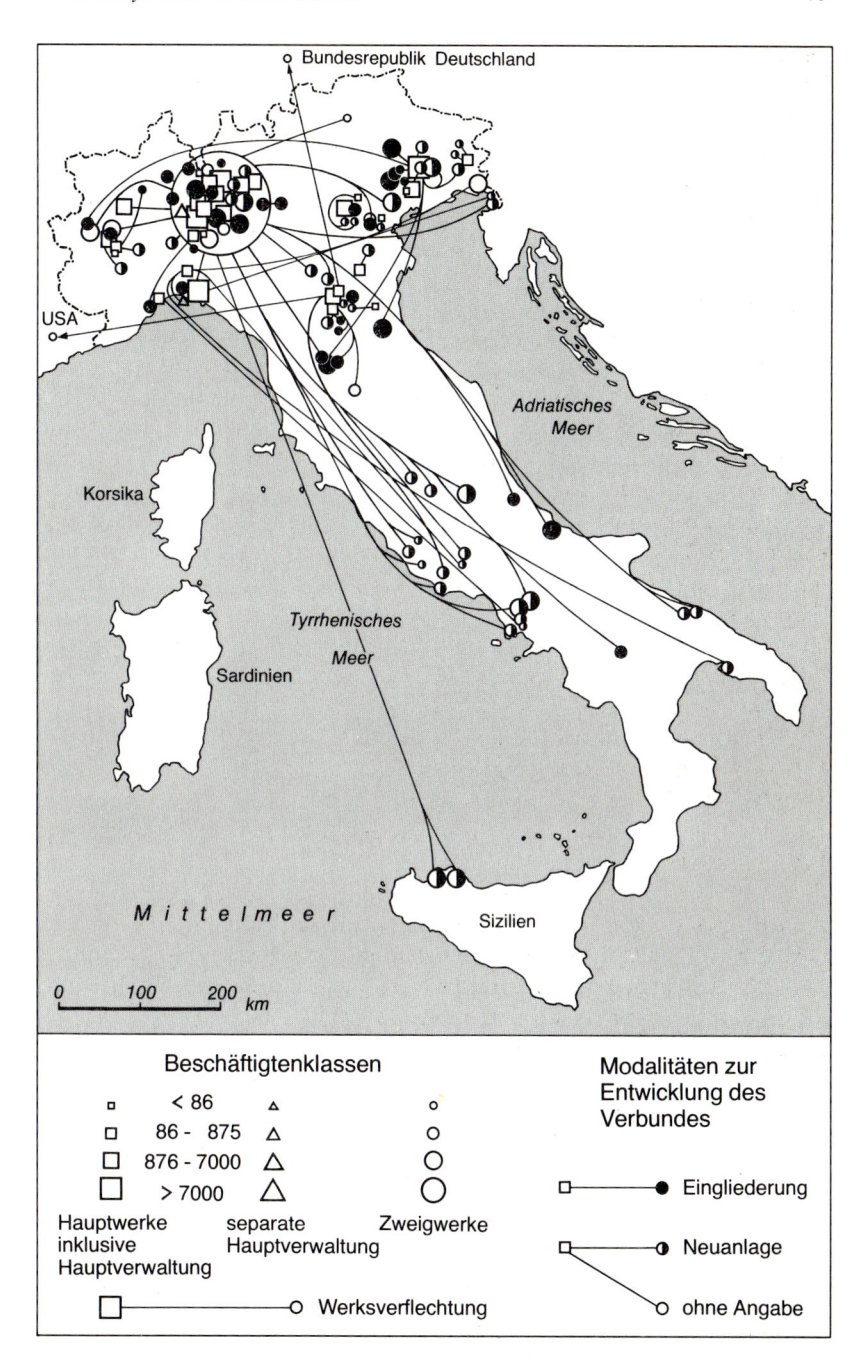

Verbundsysteme in Oberitalien 79

Beschäftigtenklassen

- □ < 86
- □ 86 - 875
- □ 876 - 7000
- □ > 7000

Hauptwerke inklusive Hauptverwaltung

△ separate Hauptverwaltung

○ Zweigwerke

□———○ Werksverflechtung

Modalitäten zur Entwicklung des Verbundes

- □———● Eingliederung
- □———◐ Neuanlage
- ○ ohne Angabe

rade bei Mehrbetriebsunternehmen oder solchen mit ausgedehnten Zulieferverflechtungen kommt ihrer Effizienz entscheidende Bedeutung zu. Um die Steuerung des Unternehmens (Administration, Forschung und Entwicklung, Materialbeschaffung und Absatz, Marketing, Ausbildung, langfristige Strategie usw.) bewältigen zu können, benötigt die Hauptverwaltung in der Regel einen Standort in einem hochrangigen Zentrum. Denn nur dort gibt es die obligatorischen Fühlungsvorteile, Dienstleistungen sowie Verkehrsverbindungen zu anderen Ballungsräumen und eigenen Zweigwerken. Wenn das Unternehmen nicht in einem Ballungszentrum liegt, kann es auch zu einer Spaltung zwischen Stammwerk und Hauptverwaltung kommen, die sich aus den genannten Gründen in einem Ballungszentrum niederläßt (sog. Betriebswirtschaftsspaltung, Abb. 14). Besonders ausgeprägt ist diese Tendenz in politisch-wirtschaftlich zentralisierten Systemen, wie in Frankreich, wo rund 80% aller großen Industrieunternehmen des Landes ihre Werke von Paris aus steuern. Andererseits zeigt das Beispiel VW in Wolfsburg, daß eine Hauptverwaltung auch an einem isolierten Standort mit ihrem Stammwerk wachsen und von dort die entsprechenden Außenbeziehungen aufbauen kann. Letztere Entwicklung scheint allerdings begrenzt zu sein auf besonders ungestüm wachsende Großunternehmen: Sie tragen maßgeblich zur Bildung eines neuen Ballungsraumes bei und sind an ihrem angestammten Standort von Anfang an „Staat im Staate".

Die anhaltende Zunahme von Mehrbetriebsunternehmen, verbunden mit der Fernsteuerung aus verselbständigten, mächtigen Hauptverwaltungen scheint auch zu einer neuen, allerdings noch kaum überschaubaren Disparität in der räumlichen Entwicklung zu führen. Es konzentrieren sich Entscheidung, Steuerung, Forschung und Technologie in wachsendem Maße auf die Verdichtungsräume und tragen dort – ganz im Trend der sog. „postindustriellen Ära" – bedeutend zur Stärkung des tertiären Sektors und damit zum Gesamtwachstum bei. Immer mehr wird die Industrie in Verdichtungsräumen „tertialisiert", was u.a. in dem wachsenden Anteil der „white-collars" sichtbar wird.

Auf der anderen Seite die neu angelegten Zweigwerke. Zweifellos ziehen diese zunächst positive regionale Entwicklungseffekte nach sich (Arbeitsplätze, gesteigerten Geldumlauf, infrastrukturelle Investitionen usw.) und tragen so zur Industrialisierung der betreffenden Region bei. Insgesamt begünstigt eine solche Entwicklung jedoch einseitig die Verdichtungsräume, indem dort gerade durch die erläuterte dezentral verteilte Produktion in Zweigbetrieben ein Zentralisierungsprozeß gefördert wird. Denn die einzelnen Zweigbetriebe werden immer mehr zu rein ausführenden, monostrukturellen Produktionsstätten, in denen dank der Fernsteuerung aus der Zentrale zunehmend auf die Präsenz von leitenden Ange-

Mehrbetriebsunternehmen 81

Abb. 14: Hauptverwaltung der Robert Bosch GmbH auf der Gerlinger Schillerhöhe bei Stuttgart (Quelle: Bosch Pressebild)

Abb. 15: Herstellung von Elektrowerkzeugen der Robert Bosch GmbH im Zweigwerk Leinfelden bei Stuttgart (Quelle: Bosch Pressebild)

Abb. 16: Werkanlage der Robert Bosch GmbH in einer übernommenen ehemaligen Textilfabrik in Reutlingen (Quelle: Bosch Pressebild)

stellten und Fachleuten verzichtet werden kann. In den von MIKUS u. a. (1979, S. 81) untersuchten Unternehmen arbeiteten in 72,3% der Zweigwerke nur bis zu 10% der Erwerbstätigen in der Verwaltung, in vielen Hauptwerken dagegen über die Hälfte; letztere tragen deshalb zu einer ausgewogeneren Ausstattung bei.

Demgegenüber gehen von Einbetriebsunternehmen, bei denen die vorwärtigen und rückwärtigen Verflechtungen stärker regional verankert sind, prinzipiell mehr räumlich wirksame Entwicklungsimpulse aus. Dabei darf auch der Einfluß kleiner Firmen dank der individuellen Unternehmerkontakte am Ort nicht unterschätzt werden (MIKUS u. a. 1979, S. 128). Auch bilden sich zwischen eingegliederten, also bereits bestehenden Werken innerhalb industrialisierter Räume eher Verflechtungen aus als zwischen neu angelegten Zweigwerken, welche vielfach isoliert innerhalb industriearmer ländlicher Räume angesiedelt werden. Ein gutes Beispiel sind die auf Abb. 13 dargestellten Beziehungen zwischen Hauptwerken und überwiegend eingegliederten Betrieben im industrialisierten Norditalien sowie andererseits zwischen den Hauptwerken und den fernen, überwiegend neu angelegten Zweigwerken im Mezzogiorno.

Wegen der monostrukturellen Produktionsausrichtung der Zweigwerke, besonders neu angelegter, ihrer mangelnden Einbindung in die Wirtschaft des Standraumes und fehlender Eigeninitiative kommen aus ihnen nicht

Zweigwerkbildung 83

Abb. 17: Zweigwerke von Bosch und Blaupunkt im Zonenrandgebiet bei Hildesheim
(Quelle: Bosch Pressebild)

Zu den Abb. 14-17: Auslagerung einer Hauptverwaltung und Typen von Zweigwerkbildung am Beispiel der Robert Bosch GmbH. Das Unternehmen wurde in Stuttgart gegründet, später die Hauptverwaltung in ein Waldgebiet an der Stuttgarter Peripherie verlagert. Das Bild Leinfelden zeigt ein ebenfalls an der Peripherie gegründetes Zweigwerk; unmittelbar dahinter beginnt kleinparzelliertes Ackerland. Dagegen wurde das Zweigwerk Reutlingen (40 km im S) in einer aufgekauften alten Textilfabrik etabliert, die schließen mußte. In der Bildmitte erkennt man die Bauten aus der ,,Gründerzeit" gegen Ende des 19. Jh. Hierbei handelt es sich also um ein Beispiel für industrielle Umstellung. Das Zweigwerk bei Hildesheim wurde gezielt in der Förderregion Zonenrandgebiet mit Arbeitskraftreserven errichtet.

die nötigen Impulse, um Multiplikatoreffekte auszulösen, mit denen z. B. die Strukturschwäche ländlicher Gebiete behoben werden könnte (vgl. auch GROTZ 1979). Wie kritisch eine massierte Gründung von Zweigwerken in strukturschwachen Gebieten zu bewerten ist, zeigt das in Kap. 10.3.2 geschilderte Beispiel der Industrialisierungsbemühungen im Saarland.

6.3 Multinationale Konzerne

Erstrecken sich Betriebsniederlassungen auch auf ausländische Standorte, so geht es letztlich um eine internationale Dezentralisierung der Unternehmen; man nennt diese dann allgemein transnationale oder multinationale Unternehmen bzw. Konzerne (,,Multis"). Dabei überwiegt die Konzernstruktur, da es sich hier meist um größere Operationen als die Anlage kleiner verlängerter Werkbänke handelt und außerdem an den ausländischen Standorten sehr häufig neue, rechtlich eigenständige Unternehmen gegründet werden müssen. Werden diese von Kapitalanteilen aus dem Land des neuen Standorts und eines oder mehrerer ausländischer Unternehmen getragen, so spricht man von „joint ventures".

Die Motive einer Auslandsniederlassung (vgl. BROOKE und REMMERS 1970; SCHAMP 1978) gehen über die einer inländischen Zweigwerkgründung erheblich hinaus und variieren beträchtlich. Neben konkret zu fassende Standortvorteile wie Rohstoffversorgung, billige oder extrem billige Arbeitskräfte, sozialer Friede, attraktive Fördermaßnahmen des Gastlandes oder günstige Absatzbedingungen innerhalb eines nach außen verschlossenen Marktgebietes (vgl. Kap. 5.3.8) treten kompliziertere Strategien der Konzerne: Sie wollen ihre Investitionen durch Risikostreuung auf verschiedene Staaten und durch Parallelproduktion absichern. In jene Länder kann Kapital exportiert werden, das im eigenen Land schwierig zu investieren wäre oder möglicherweise zu Rationalisierungsmaßnahmen führen würde, was soziale Unruhen zur Folge hätte. Dabei erlaubt die Verteilung des Kapitals auf verschiedene Länder eine beachtliche Flexibilität in seiner Handhabung und bringt gleichzeitig Steuervorteile, was durch die parallel verlaufene Internationalisierung des Bankwesens erheblich begünstigt wurde. Da sich nun ähnliche Standortvorteile weltweit in verschiedenen Staaten anbieten, können besonders mächtige Konzerne diese gegeneinander ausspielen und dadurch günstige Bedingungen erhandeln. In vielen Ländern profitieren ausländische Betriebe auch von der Politik der Importsubstitution (Kap. 5.3.8), indem sie ohne ausländische Konkurrenz im Lande zu überhöhten Preisen absetzen können (vgl. BRÜCHER 1975). Schließlich können sie auch über die Beherrschung bestimmter Branchen Monopolstellungen erreichen und, wenn es sich um Schlüsselindustrien handelt, sogar zur politischen Macht im Lande werden. Prinzipiell zielen die multinationalen Unternehmen also darauf ab, mit ihren weltweiten Strategien die Begrenzungen ihrer Entfaltung innerhalb der Nationalstaaten zu umgehen. In der Tat muß man sich hier mit BROWAEYS (1974, S. 167) fragen, ob die auf das 19. Jh. zurückgehende politische Organisation des Nationalstaats nicht einen archaischen Rahmen für die Wirtschaft der zweiten Hälfte des 20. Jh. bildet.

Multinationale Unternehmen gibt es bereits seit dem 19. Jh., rascher entfalteten sie sich jedoch erst nach dem II. Weltkrieg. Die wirtschaftlich und technologisch führenden USA tätigten ausgedehnte Investitionen vor allem in Westeuropa, das wegen seines dringlichen Wiederaufbaus, seiner Aufrüstung, seiner qualifizierten Arbeitskräfte, seiner hochentwickelten

Infrastruktur und des damals extrem expandierenden Marktes (Währungsreform 1948) ein optimales Anlagegebiet war. Später agierten die westeuropäischen Industriestaaten und Japan ähnlich, und es kam zu einer gegenseitigen Durchdringung der Länder mit Niederlassungen multinationaler Unternehmen (Ford oder Opel = General Motors in der Bundesrepublik Deutschland bzw. VW in USA usw.). Obwohl sie viel heftiger diskutiert werden, sind demgegenüber die Aktivitäten der „Multis" in den Entwicklungsländern quantitativ wesentlich unbedeutender geblieben.

Multinationale Unternehmen sind komplexe Organismen, die auf drei verschiedenen Niveaus funktionieren müssen: Produktion, Organisation (Forschung, Finanzierung, Marketing, Personalfragen usw.) und Lage in einem bestimmten Land oder Raum. Zwischen diesen drei Niveaus müssen ständige Kontakte und Entscheidungsflüsse funktionieren. So erklärt sich die noch relativ junge Entfaltung der multinationalen Konzerne über weltweite Distanzen nicht zuletzt aus der raschen Modernisierung der Transport- und Kommunikationssysteme wie auch der Informatik in den letzten Jahrzehnten.

Es gibt eine Reihe unterschiedlicher Konzernstrategien hinsichtlich jener drei Niveaus Produktion – Organisation – Standraum, von denen hier einige Typen wegen ihrer räumlichen Relevanz kurz charakterisiert werden sollen:

1. Die Zentrale hat nur bilaterale Beziehungen zu den einzelnen Tochterunternehmen, die untereinander keinerlei Verflechtungen kennen. Solche Tochterunternehmen können selbst zu beherrschenden Großunternehmen werden, eine individuelle Produktion durchführen und gegenüber der fernen Konzernzentrale weitgehend eigenständig sein. Beispiele sind Opel und Vauxhall gegenüber General Motors.
2. An Standorten in verschiedenen Ländern werden Einzelteile oder Aggregate hergestellt und im Stammwerk endmontiert, z. B. konstruieren Betriebe von Massey-Ferguson für Traktoren die Motoren in Großbritannien, die Übertragungssysteme in Frankreich, die Achsen in Mexiko und montieren in den USA, um überwiegend nach Kanada zu verkaufen.
3. Umgekehrt kann auch ein Werk für verschiedene Konzerne produzieren, so z. B. Motoren in Douvrin/Nordfrankreich für Peugeot, Volvo und Renault. Das lothringische Feinblechwalzwerk SOLLAC ist eine Gemeinschaftsgründung saarländischer und französischer Hüttenunternehmen.
4. Schließlich kann auch eine vertikale Struktur auf verschiedene Länder verteilt werden: Der Aluminium-Konzern Kayser baut in Jamaica Bauxit ab, reichert es in einem US-Hafen der Golfküste zu Tonerde an, verhüttet dieses zu Aluminium in Tema/Ghana wegen der niedrigen Strompreise aus dem Volta-Wasserkraftwerk und führt die Endverarbeitung schließ-

lich marktnah in diversen Industriestaaten durch (vgl. BROWAEYS 1974, S. 148).

Die höchsten technischen, technologischen und kommerziellen Verflechtungen – und dies weltweit – die überhaupt je erreicht wurden, hat der *IBM-Konzern (International Business Machines)* aufgebaut (nach BAKIS 1973). Die Produktion konzentriert sich auf Büromaschinen, ganz überwiegend auf Computer. Mit 41,9 Mrd. DM Umsatz (331 000 Beschäftigte) lag der Konzern 1979 an zehnter Stelle in der Welt, übertroffen nur von sieben Erdölgesellschaften sowie von den Automobilgiganten General Motors und Ford (FWA 1981). Er beherrscht etwa zwei Drittel des Weltcomputermarktes. Ein offensichtlicher Startvorteil für die Entwicklung zum „Multi" lag darin, daß IBM bereits kurz nach seiner Gründung 1911 mehrere Firmen aufkaufte, die insgesamt 20 Zweigbetriebe hatten, darunter mehrere im Ausland. Es wurden dann marktorientierte *Verkaufs*filialen über die ganze Welt verteilt, denen später *Produktions*filialen folgten; diese wurden zur Basis des Erfolgs, als der Computerbau begann. Anfang der siebziger Jahre standen in den USA 18 Werke, in anderen Ländern 19, davon allein 13 in Westeuropa.

Die Organisationsstrategie geht aus von einer perfekt anmutenden Kombination von höchster Zentralisierung in den USA, weitgehender Autonomie der Filialen sowie einem engen, ausgeklügelten Verbundsystem unter diesen. Sekundäre Entscheidungen werden in den Filialen selbst getroffen, die auch einen Teil der Entwicklungsforschung betreiben und – bezeichnenderweise in enger Nachbarschaft und Abhängigkeit – ihr eigenes Zuliefernetz aufbauen. Jedoch sind die ausländischen Werke durch Zulieferbeziehungen voneinander abhängig, so daß keines allein ein Computermodell bauen, dafür bei Ausfällen für ein Nachbarwerk jedoch einspringen kann, z. B. IBM-Sindelfingen für IBM-Corbeil bei Paris. Alleingänge werden damit ausgeschlossen, Verstaatlichungen ad absurdum geführt. Umgekehrt bauen die Betriebe in den USA, die auch miteinander verflochten sind, jeweils ein Modell. Und in den USA liegen sowohl die Forschungszentrale als auch die Hauptverwaltung, die über ein umfassendes Informatiksystem die Globalpolitik des Konzerns und sein Produktionsprogramm weltweit bestimmt und steuert. Das heißt, in bezug auf die ausschlaggebenden Standorte Forschung und Entscheidung bleibt der Multi IBM eindeutig nordamerikanisch.

7 Ausgewählte Beispiele von Industriezweigen

Die bisher erläuterte Dynamik der Standorte und, untrennbar davon, der industriellen Organisationsformen soll nun an einigen ausgewählten Industriezweigen konkret vorgestellt werden. Dabei erfolgt eine Beschränkung auf unterschiedliche, kontrastierende Beispiele. Es wird Wert gelegt auf die Darstellung der industriellen Produktionsprozesse, was bisher in der deutschsprachigen Industriegeographie sehr vernachlässigt wurde. Bewußt haben bereits u. a. HOTTES (1967), GEIPEL (1969), QUASTEN (1970) und SOYEZ (1981) zur Füllung dieser Lücke beigetragen. Bei diesem methodischen Vorgehen geht es nicht nur um den frustrierten Studenten, der bei einer Exkursion ein Werk gezeigt und seine Standortbeziehungen erläutert bekommt, aber nicht erfährt, was sich in dem Werk im Zusammenhang mit jenen Standortbeziehungen tatsächlich produktionstechnisch vollzieht. Heute kann der Industriegeograph nicht mehr auf solche detaillierten Kenntnisse verzichten, denn ohne sie ist die Wechselwirkung zwischen einer Produktionsstätte und ihrem Umland nicht angemessen zu erfassen (KLITZSCH 1967; SOYEZ 1981). Technik und betriebsinternen Organisationsabläufen wird in der Industriegeographie zunehmende Aufmerksamkeit zu widmen sein.

7.1 Die Energieerzeugung und -veredelung

In einer allgemeinen Industriegeographie geht es nicht um den Gesamtkomplex der Energiewirtschaft, sondern nur um die Formen der Energieerzeugung und -veredelung. Dazu gehören die Umwandlung einer Energieform in eine andere, z. B. der kinetischen Energie des fließenden Wassers in Elektrizität, die Gewinnung von Energie aus einem Energieträger, z. B. Dampfdruck für eine Dampfturbine aus der Verbrennung von Kohle, und schließlich die Veredelung von Energieträgern, z. B. die Produktion von Treibstoffen aus Erdöl oder aus Kohle. Dagegen ist die *reine Förderung* von Energieträgern (Kohle, Braunkohle, Erdgas usw.) kein Bereich der Industrie.

Die Energieerzeugung und -veredelung in diesem Sinne sind laut der Definition des Begriffs Industrie (vgl. Kap. 2) deren integrale Bestandteile und folglich ein Industriezweig. Gleichzeitig werden sie zu Standortfaktoren, und zwar nicht nur als Energielieferant, sondern auch – wie in der Kohle- und Petrochemie – als Erzeuger neuer Grundstoffe (Teer, Ammoniak usw.) für die Weiterverarbeitung. Durch diese doppelte Funktion bekommt die Energieveredelung besonderes raumwirksames Gewicht. Zu ihr gehört eine Reihe von Prozessen: Verkokung von Steinkohle, Brikettierung von Braunkohle, Gaserzeugung bei der Verkokung (Stadtgas) oder beim Verhüttungsprozeß (Gichtgas), Verflüssigung von Erdgas, die verschiedenen Raffinierungsprozesse von Erdöl, die gesamte Skala der Elektrizitätsgewinnung usw. Insgesamt werden nur ca. 20% des Energiekonsums direkt aus primären Energieträgern bezogen, also z. B. Wärme durch Kohleverbrennung, die restlichen ca. 80% stammen aus veredelten bzw. umgewandelten Energieträgern oder werden als sekundäre Energie (Elektrizität) genutzt. Gerade die Erdölraffinerien und die Elektrizitätswirtschaft haben zur räumlichen Verteilung und zur allgemeinen Entwicklung der Industrie entscheidend beigetragen. Sie sollen hier näher behandelt werden, mit speziellem Bezug auf die Bundesrepublik Deutschland (DIERCKE Weltatlas S. 36/37).

7.1.1 Die Mineralölwirtschaft

Der zunehmende Verbrauch des Erdöls zu Lasten der Kohle als industrieller Grundstoff und als Energieträger hatte spezifische räumliche Auswirkungen. Es entstanden Strukturen, die sich von denen der Energiewirtschaft auf Kohlebasis erheblich unterschieden. Dies vor allem durch die Tatsache, daß Erdöl nicht, wie Kohle, im Quasi-Rohzustand verwertbar ist, sondern vorher in einer Raffinerie eine industrielle Umwandlung durchlaufen muß. Charakteristisch ist dabei die Aufspaltung eines einzigen Rohstoffs in eine Vielzahl von Derivaten, die ihrerseits entweder direkt als Brennstoffe konsumiert oder aber weiter aufgespalten bzw. als Grundstoffe der petrochemischen Industrie verarbeitet werden. Daraus entstehen zahlreiche Folgeindustrien. Insofern bietet sich ein prinzipieller Vergleich mit dem Verkokungsprozeß an, bei dem neben Koks auch Teer, Ammoniak und Gase anfallen, die ihrerseits wiederum als Brennstoffe oder industrielle Ausgangsmaterialien genutzt werden. Da Kohle und Erdöl Kohlenstoff-Wasserstoff-Verbindungen organischer Substanz sind, lassen sich aus beiden teilweise dieselben Derivate gewinnen.

Dies erlaubte seit den fünfziger Jahren eine Umstellung älterer kohlechemischer (karbochemischer) Industriekomplexe auf die kostengünsti-

Mineralölraffinerie

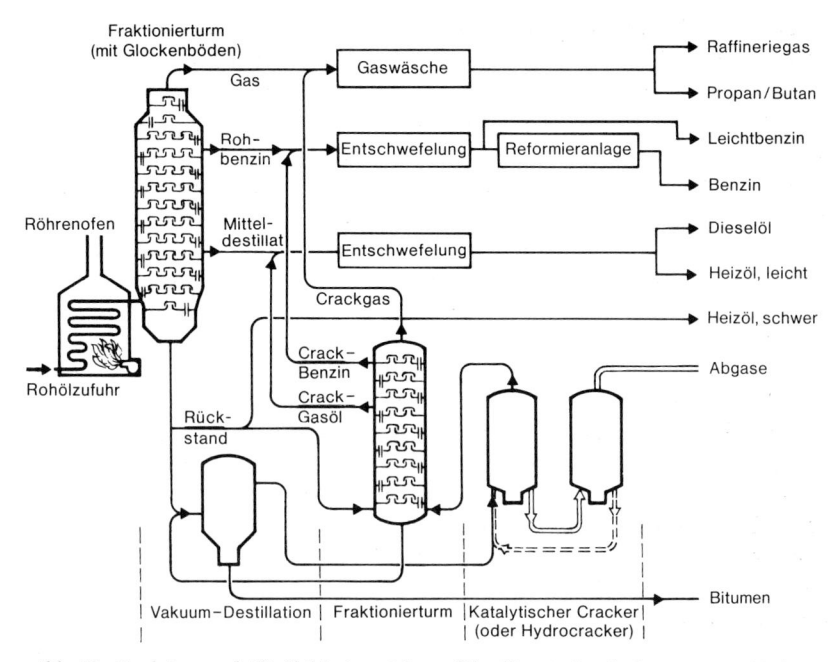

Abb. 18: Funktion und Fließbild einer Mineralölraffinerie (nach CHRISTEN *1976)*

gere Petrochemie, d. h. die Mineralölindustrie und ihre Folgeindustrie (Abb. 20). Dabei äußern sich die neuen raumwirksamen Strukturen der Mineralölwirtschaft zunächst quantitativ durch die ungleich höhere Energieproduktion gegenüber den Kokereien der Vorkriegszeit, durch die entsprechend größeren, äußerst augenfälligen Raffinerieanlagen, weiter durch die teilweise Abweichung der Standorte von den entweder an Steinkohlenbergwerke oder an Hüttenwerke gebundenen Kokereien und durch das neuartige Transportsystem von Pipelines für Rohöl und Derivate.

Rohöl ist ein Gemisch verschiedener Kohlenstoff-Wasserstoff-Verbindungen. In der Raffinerie (vgl. Abb. 18) wird dieses zunächst durch Destillation in verschiedene Fraktionen getrennt: Nach der Erhitzung auf etwa 400 °C strömt es in Dampfform in einen Fraktionierturm mit etagenmäßig angeordneten sog. Glockenböden. Beim Aufsteigen des Dampfes sinkt dessen Temperatur, und mit Erreichen der Siedepunkte der jeweiligen Fraktionen werden diese wieder flüssig und fließen ab, z. B. Schweröl und Schmieröl bei ca. 360 °C, Gasöl bei ca. 300 °C, Petroleum bei 150 bis 250 °C, Rohbenzin bei 40–150 °C. Erstere fließen also zuerst aus den unteren Böden des Fraktionierturmes ab, das Rohbenzin zuletzt aus dem obersten Teil. Bitumen (Straßenbau usw.) bleibt als nicht destillierbarer Rückstand. Anschließend werden die höchstsiedenden Fraktionen in Vakuum-Destillation unter vermindertem Druck weiter aufgetrennt, z. B. Gasöl in leichtes Heizöl sowie in Diesel- und Turbinentreibstoff.

Bei den geschilderten Prozessen können nur die einzelnen Fraktionen entsprechend ihren festliegenden Anteilen am Rohöl gewonnen werden. Sie entsprechen jedoch nur teilweise den Anforderungen des Marktes an Qualität und Quantität. Diesen Bedarf müssen die anschließenden Verarbeitungsprozesse decken. Nach der notwendigen Entschwefelung werden weitere Produkte durch Veredelung (Molekularspaltung) der Fraktionen über das Kracken und das Platformen (Reformieren) gewonnen. Das „Platformen" (Wortbildung aus „Platin-Katalysator" und „Reformen") dient vor allem der Verbesserung der Treibstoffeigenschaften in den verschiedenen Benzinsorten. Bei dem schon länger praktizierten thermischen Kracken werden die Fraktionen kurzzeitig auf 500 °C erhitzt und dann abgeschreckt, beim katalytischen Kracken setzt man in der Dampfphase Katalysatoren ein (Al_2O_3—SiO_3-Gemische u. a.).

Das Krackverfahren wurde ab 1912 angewandt, um den steigenden Benzinbedarf zu decken. Ab den fünfziger Jahren nahm dann die Produktion von Heizöl abrupt zu und mit ihr, durch den produktionstechnischen Zusammenhang bedingt, auch der Benzinausstoß. Es kam deshalb, trotz Massenmotorisierung, zu einer Überproduktion von Benzin, das damit zu einem wirtschaftlich einsetzbaren Grundstoff für die Weiterverarbeitung in der petrochemischen Industrie wurde.

Aus der Integration des katalytischen Krackens und des Platformens, bei denen in chemischen Prozessen bereits Rohölderivate weiterverarbeitet werden, in die großen Raffineriekomplexe scheint sich eine allgemeine Unklarheit in der definitorischen Unterscheidung zwischen „Mineralölindustrie" und „Petro(l)chemie" zu ergeben. So bezieht sich letztere nach BOESCH (1977, S. 248), GACHELIN (1977, S. 93) u. a. eher auf die der eigentlichen Rohölraffinierung nachgelagerte weiterverarbeitende Industrie. Da es sich jedoch nach der Destillation um chemische Prozesse handelt und das Kracken funktional und räumlich von den Raffinerieanlagen nicht zu trennen ist, erscheint „Petrochemie" als sinnvoller Oberbegriff, was auch der Definition im Duden als „Gewinnung von chemischen Rohstoffen aus Erdöl und Erdgas" entspricht. Nicht zuletzt auch deshalb, weil in der enger gefaßten Mineralölindustrie bereits Endprodukte erzeugt werden, wie Kraftstoffe, Bitumen oder Schmieröle.

Die Entwicklung der Petrochemie und ihrer Standorte erklärt sich aus der Anwendung und der Verarbeitung des Erdöls (und des Erdgases). Zunächst wurde es nur als Leuchtöl (Petroleumlampen), dann auch als Dieselöl für Dampfschiffe verwandt; der Masseneinsatz von Benzin setzte in den USA in den zwanziger Jahren ein, in Europa vor allem nach dem II.

Weltkrieg. Erst um diese Zeit drang es auch als Kraft- und Rohstoff in die Industrie ein (Motoren, Antrieb, Heizung, Kraftwerke, petrochemische Weiterverarbeitung).

Vor der Massenmotorisierung produzierten die Mineralölraffinerien überwiegend Dieselöl für Schiffe. Dies führte zuerst zu einer Bindung der Standorte im weitesten Sinne an den Rohstoff: die Rohölimporthäfen in den Industrieländern. Von dort aus wurden die Schiffe direkt versorgt, während der noch relativ geringe Bedarf an Benzin im Binnenland rentabel auf dem Landweg gedeckt werden konnte. Außerdem entstanden kleine Raffinerien in den Rohölfördergebieten der Industrieländer selbst. Die Standortausrichtung entsprach noch dem Weberschen Leitprinzip, wonach die Raffinerie um so näher an der Rohstoffquelle liegt, je geringer, weitgestreuter und undifferenzierter der Bedarf an den Produkten ist (PRUSKIL 1970, S. 197). Diese Situation war für die Nachkriegszeit um 1950 in der Bundesrepublik Deutschland charakteristisch (Abb. 19). In jener Zeit existierten in den Häfen erdölfördernder Entwicklungsländer bereits einige größere Raffinerien (Abadan/Iran), die Dieselöl exportierten. Es war aber immer eindeutiges wirtschaftspolitisches Ziel der Industriestaaten, die industriellen Prozesse in der Erdölwirtschaft auf das eigene Territorium zu ziehen, um unabhängig zu sein und um die eigene Industrialisierung damit zu fördern. Bezeichnend ist die Ansiedlung großer Raffinerien ab 1918 auf den holländischen Inseln Curaçao und Aruba in unmittelbarer Nachbarschaft der venezolanischen Erdölvorkommen (vgl. WILHELMY 1954 und DIERCKE Weltatlas S. 166/III). Heute konzentrieren sich über zwei Drittel der Weltraffineriekapazität von fast 4 Mrd. t auf Westeuropa, Nordamerika, die UdSSR und Japan (FWA 1981).

Mitte der fünfziger Jahre setzte ein grundlegender Wandel in der Standortverteilung der Raffinerien ein. Das entschieden billigere und leichter transportable Erdöl verdrängte die Steinkohle als Energieträger und Rohstoff zusehends und wurde unter extremen Steigerungsraten in die Industrieländer importiert. Gleichzeitig entwickelte sich ein Massenbedarf an Kraftstoffen, vor allem an schwerem und leichtem Heizöl sowie an Autobenzin. Bei dem für die beiden letzteren angewandten katalytischen Krackverfahren wird außerdem eine Reihe von Nebenprodukten freigesetzt, die als Basisstoffe für die petrochemische Weiterverarbeitung verwendet werden können. Von den Raffinerien mußten fortan also mehrere Derivate auf verschiedenen Wegen zu den Verbrauchern transportiert werden. Beispielsweise kann schweres Heizöl wegen seiner hohen Viskosität nur in erwärmtem Zustand befördert werden, was für größere Distanzen Spezialtransportmittel erfordert und äußerst kostensteigernd ist. In Umkehrung des Weberschen Leitprinzips suchten die Raffinerien in dieser neuen Situation die größtmögliche Nähe zum Verbrauch. Wegen des

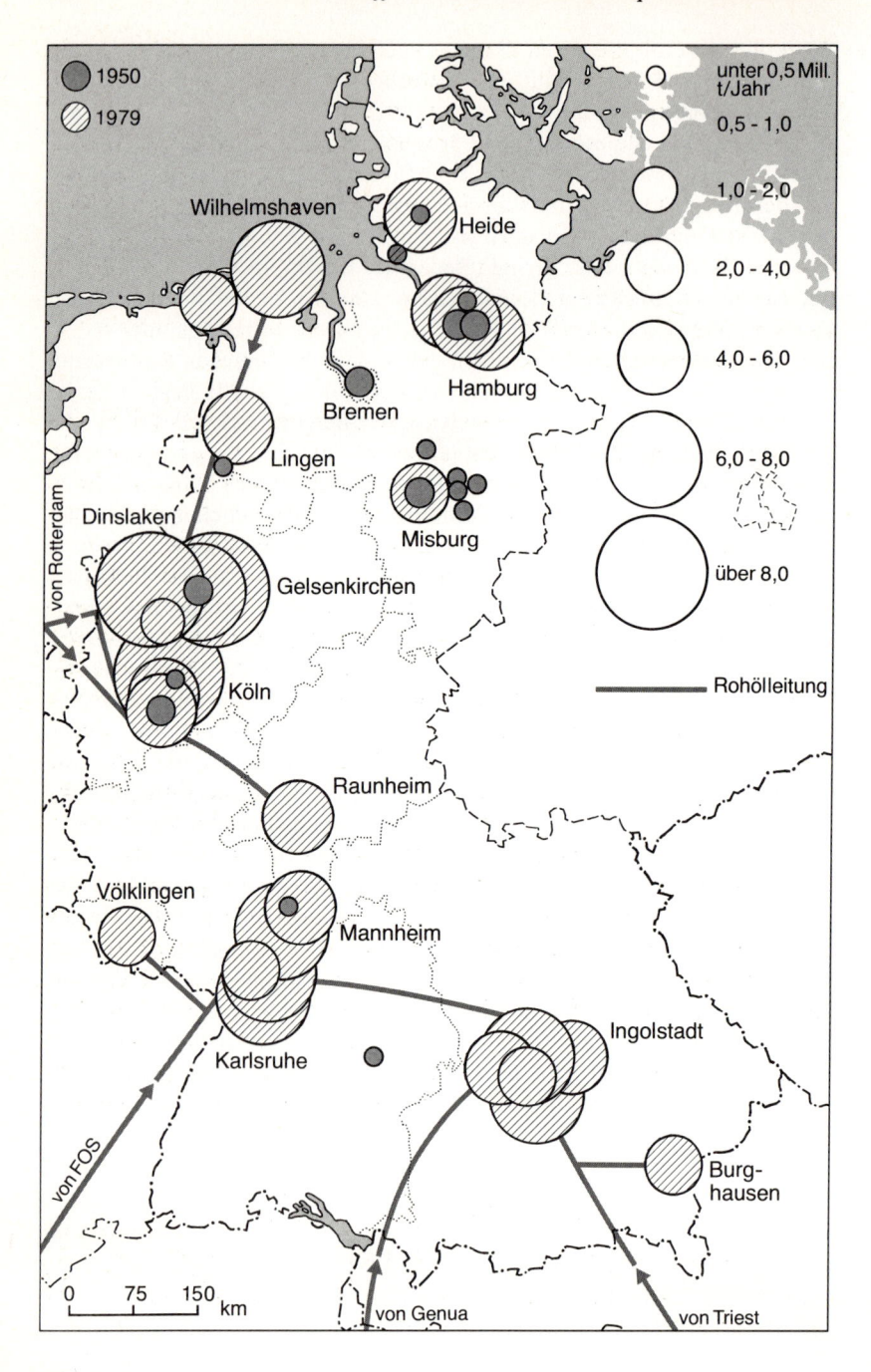

Mineralölraffinerien in der Bundesrepublik Deutschland

Konsums von Autobenzin und leichtem Heizöl in den Haushalten sowie von Kraftstoffen, Schmierölen und petrochemischen Grundstoffen in der Industrie konzentriert er sich in den Ballungsräumen. Dieser Trend wird ermöglicht und unterstützt durch den Bau von Rohölpipelines, die den Tankertransport aus den Förderländern in die Verbrauchszentren quasi „verlängern". Pipelines haben gegenüber herkömmlichen Transportmitteln die Vorteile, regelmäßig und schnell zu beliefern, ständig genutzt werden zu können und extrem niedrige Kosten zu verursachen, zumal diese mit steigendem Durchsatz – ermöglicht durch höhere Querschnitte der Röhren – stetig sinken. Kurz, je höher der Konsum in einem Ballungsraum, desto niedriger die Transportkosten je Tonnenkilometer.

Am Beispiel der Bundesrepublik Deutschland (vgl. Abb. 19 und DIERCKE Weltatlas S. 36/II) wird die charakteristische Verlagerung von den Häfen ins Binnenland zu den führenden Ballungsräumen deutlich: Während Hamburgs Raffinerien parallel mit der bedeutenden Agglomeration wuchsen, verschwanden mehrere kleine, an die Fördergebiete gebundene Produktionseinheiten. Das stärkste Wachstum fand zunächst im Ruhrgebiet statt, das anfangs kostengünstig über den Rhein beliefert werden konnte. Es erfolgte dann eine „Südwanderung" längs der Rheinachse und schließlich zum Verkehrskreuz Ingolstadt zwischen München und Nürnberg. Versorgt werden alle Raffinerien mit Rohöl über Pipelines von Wilhelmshaven, Rotterdam, Fos-sur-Mer (Marseille), Genua und Triest.

Dieser Erklärung der Standortverschiebung vom Rohstoff zum Konsum ist hinzuzufügen – und das begründet auch die frühe Konzentration auf das Ruhrgebiet –, daß die Raffinerien seit dem Beginn der Kohlenkrise auch in die angestammten Standorte der Kohlenchemie zogen und diese praktisch ersetzten (Abb. 20). Als ideale Anknüpfungspunkte hatten sich in deren enger Umgebung bereits weiterverarbeitende karbochemische Industrien angesiedelt, die nun, wegen der Gleichartigkeit der Produkte, problemlos zu Abnehmern der Zwischenprodukte aus den Raffinerien werden konnten. Charakteristisch ist bis heute die räumlich enge Bindung der petrochemischen Weiterverarbeitung an die Raffineriestandorte (DIERCKE Weltatlas S. 36/II). Als Folge der Energiekrise aber führt die Renaissance der Kohle zu einer Wiedergründung von Kohleverflüssi-

◄ Abb. 19: *Standorte der Mineralölraffinerien in der Bundesrepublik Deutschland 1950 und 1979 (nach PRUSKIL 1970 und Mineralölwirtschaftsverband 1980)*
Die Karte zeigt die Verlagerung der Mineralölverarbeitung von ihren Standorten vor dem Erdölboom, nämlich aus Importhäfen und Fördergebieten (Emsland, Raum Hannover) in die Ballungsräume. Es ist am wirtschaftlichsten, das Rohöl über Pipelines direkt in die großen Märkte zu befördern und dort abnehmernah in die verschiedenen Produkte zu zerlegen.

Energiekomplex Gelsenkirchen

◄ *Abb. 20: Energiekomplex Gelsenkirchen-Scholven (Quelle: VEBA OEL AG; freig. durch Reg.Präs. Düsseldorf, Nr. 885/80)*
Ausgangsbasis ist der Steinkohlebergbau. Links die Kokerei, die vor dem Zweiten Weltkrieg zum Ansatz für die Kohlechemie wurde. Diese leitete über zur Petrochemie: mit 10 Mill. t Durchsatz war die VEBA-Raffinerie 1979 die größte in der Bundesrepublik Deutschland. *Das VEBA-Kraftwerk Scholven im Hintergrund, das Erdöl und Kohle verfeuert, ist mit 2933 MW Leistung ebenfalls das größte in der Bundesrepublik Deutschland. Der Komplex liegt am äußersten Nordrand des Ruhrgebiets und grenzt unmittelbar an die Agrarregion des Münsterlandes an.*

gungsanlagen, kurioserweise oft in unmittelbarer Nähe der Erdölraffinerien (z. B. in Völklingen/Saar, Abb. 45).

Parallel zur Expansion der Raffineriekapazitäten in den Binnenagglomerationen vollzieht sich in der jüngsten Zeit eine erneute Konzentration an den Küsten. Es handelt sich dabei einerseits um eine partielle Rückkehr zur Rohstofforientierung, da der Massenausstoß von Derivaten (z. B. Äthylen) inzwischen auch ihren Transport über Rohrleitungen (Produktenpipelines) zu den Ballungsräumen im Binnenland rentabel macht. Der gewichtigere Standortfaktor aber ist der Absatz an den Küsten selbst, nämlich für einen extrem gestiegenen Bedarf der Schiffahrt an Treibstoffen, für den Überseexport, für die seit zwei Jahrzehnten an die Küsten drängenden neuen integrierten Hüttenwerke (partieller Ersatz des Kokses im Hochofenprozeß durch Heizöl) und generell für die Versorgung bedeutender Ballungsräume im Küstenbereich (Rotterdam, Hamburg usw.), die sich dort im Gefolge der Transportrevolution und der Expansion des Welthandels gebildet haben. Charakteristisches Beispiel ist die Verlagerung der Raffinerie aus Bremen 1974 nach Wilhelmshaven, in den wichtigsten westdeutschen Erdölimporthafen.

7.1.2 Die Elektrizitätswirtschaft

Das grundlegende Prinzip der Stromerzeugung besteht in der Umwandlung ruhender Energie unter Druck stehenden Wassers (Wasserturbinen), mit Wärme beladenen hochgespannten Dampfes (Dampfturbinen) oder eines Verbrennungsgemischs aus Gas/Öl und Luft (Gasturbinen) in elektrische Energie. Ruhende Energie wird erst durch Strömungsfreigabe in Bewegungsenergie umgewandelt, die an den Turbinenschaufeln eine Kraft erzeugt und sich dadurch in mechanische Energie verwandelt. Diese wiederum wird in den angetriebenen Stromerzeugern (Generatoren) in elektrische Energie umgeformt. Dort wird normalerweise Drehstrom einer Spannung von 10,5 KV erzeugt, die auf 110, 220 oder 380 KV hochtrans-

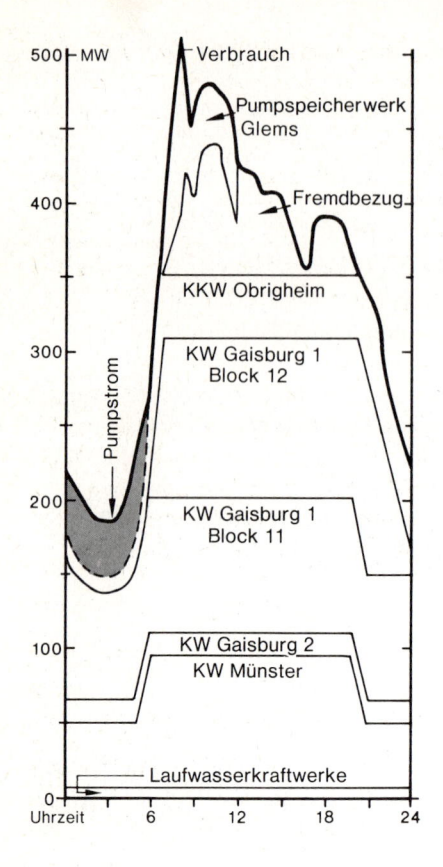

Abb. 21: Belastungsverlauf der Stuttgarter Stromversorgung an einem Wintertag (nach Prospekt der Technischen Werke der Stadt Stuttgart AG)

Die Verbrauchskurve zeigt den Einsatz von Grund-, Mittel- und Spitzenlastkraftwerken, die entsprechend dem Tagesverlauf des Bedarfs Strom zur Verfügung stellen. Der kurze absolute Spitzenbedarf wird von einem Pumpspeicherwerk auf der Schwäbischen Alb gedeckt, das nachts mit billigem Strom wieder vollgepumpt wird.

formiert wird. Unter dieser „Hochspannung" erfolgt die Stromeinspeisung in das Verbundnetz.

Die Produktionskapazität eines Kraftwerks, d.h. die installierte Leistung, wird in Megawatt angegeben (1 MW = 1 000 KW). Die eigentliche Produktion – und hier handelt es sich im Gegensatz zur Leistung um eine Arbeit (Leistung = Arbeit in der Zeiteinheit) – wird dagegen in KWh (Kilowattstunden) oder MWh (Megawattstunden) gemessen und verrechnet.

Zu unterscheiden ist zwischen Kraftwerken, die Grundlast fahren, d.h. ständig unter voller Ausnutzung ihrer Kapazität in Betrieb sind, solchen, die die Mittellast bei zusätzlichem Bedarf übernehmen und solchen, die für die Spitzenlast vor allem in den Morgenstunden (vgl. Abb. 21) eingeschaltet werden. Bei Beginn des Spitzenbedarfs muß die zusätzliche hohe Stromlieferung innerhalb weniger Sekunden ins Netz geleitet werden können (vgl. auch BISCHOFF und GOCHT 1979).

Typen von Wasserkraftwerken

Die Nutzbarkeit von *Wasserkraft* für die Gewinnung von Elektrizität wird bestimmt von Relief, Untergrund, Klima und Hydrographie, denn diese Faktoren wirken sich aus auf die Größe, Anordnung und Höhenlage der Einzugsbecken, die Regelmäßigkeit des Abflusses, die Höhe und Verteilung der Niederschläge, ihre zeitliche Bindung in Schnee und den Umfang der Schmelzwässer usw. Für die Anlage eines Wasserkraftwerkes entscheiden dann das Produkt von Wassermenge mal Fallhöhe, die täglich mögliche Nutzungsdauer sowie jahreszeitliche Schwankungen. Auf dieser Basis unterscheidet man vier Haupttypen von Wasserkraftwerken:

● *Laufwasserwerke* reihen sich treppenartig entlang größeren wasserreichen Flüssen (Rhein, Rhône, Mosel usw.). Ihre relativ niedrige Leistung wird kompensiert durch eine in der Regel durchlaufende ganzjährige Nutzung, wobei Produktionsschwankungen nur auf die Wasserführung der Flüsse zurückgehen. Besonders leistungsfähig sind von riesigen Stauseen (Assuan, Volta usw.) versorgte Kraftwerke, wo hoher Wasserdurchfluß, große Fallhöhe und ganzjährige Produktion optimal kombiniert werden.

● *Speicherwasserwerke* sammeln das Wasser ihrer Zuflüsse, wobei in den Hochgebirgen häufig mehrere Abflußbecken durch Stollensysteme vereinigt werden. Die große Fallhöhe erlaubt kapazitätsstarke Turbinen, die aber wegen der begrenzten Wassermenge nur stundenweise arbeiten können, meist zur Erzeugung von Spitzenstrom. Während man in Räumen mit besonders hoher Reliefenergie früher regelrechte Kraftwerktreppen gebaut hatte (Kaprun), nutzt man heute in größeren Einheiten nach Möglichkeit die gesamte Fallhöhe durch die Verwendung von Druckleitungsrohren mit großem Durchmesser.

● *Pumpspeicherwerke* sind eine Sonderform der Speicherwasserwerke, die auf die Erzeugung von Spitzenstrom spezialisiert sind. Sie sind an Stauseen oder ausgebaggerte Speicherbecken (Vianden, Herdecke, Glems; DIERCKE Weltatlas S. 37/III) angeschlossen, liefern Spitzenstrom in den Morgenstunden und werden nachts unter Einsatz des dann billigeren Stroms aus einem Speicherbecken im Tal wieder vollgepumpt.

● Ein bisher seltener Sondertyp ist das *Gezeitenkraftwerk;* in Europa wurde bisher nur ein einziges gebaut, in der Bretagne. Ein Staudamm zwischen Dinard und Saint-Malo trennt die Trichtermündung der Rance ab. Zwölf um 90° verstellbare Schaufelturbinen nutzen in beiden Richtungen den Tidenhub von über 12 m. Daß bisher keine weiteren ähnlichen Anlagen gebaut wurden, liegt in den ungleichen Amplituden der Gezeiten, ihrer ständigen zeitlichen Verschiebung, den äußerst hohen Investitionen bei einer vergleichsweise geringen Leistung (240 MW) begründet.

98 *Kohlekraftwerk*

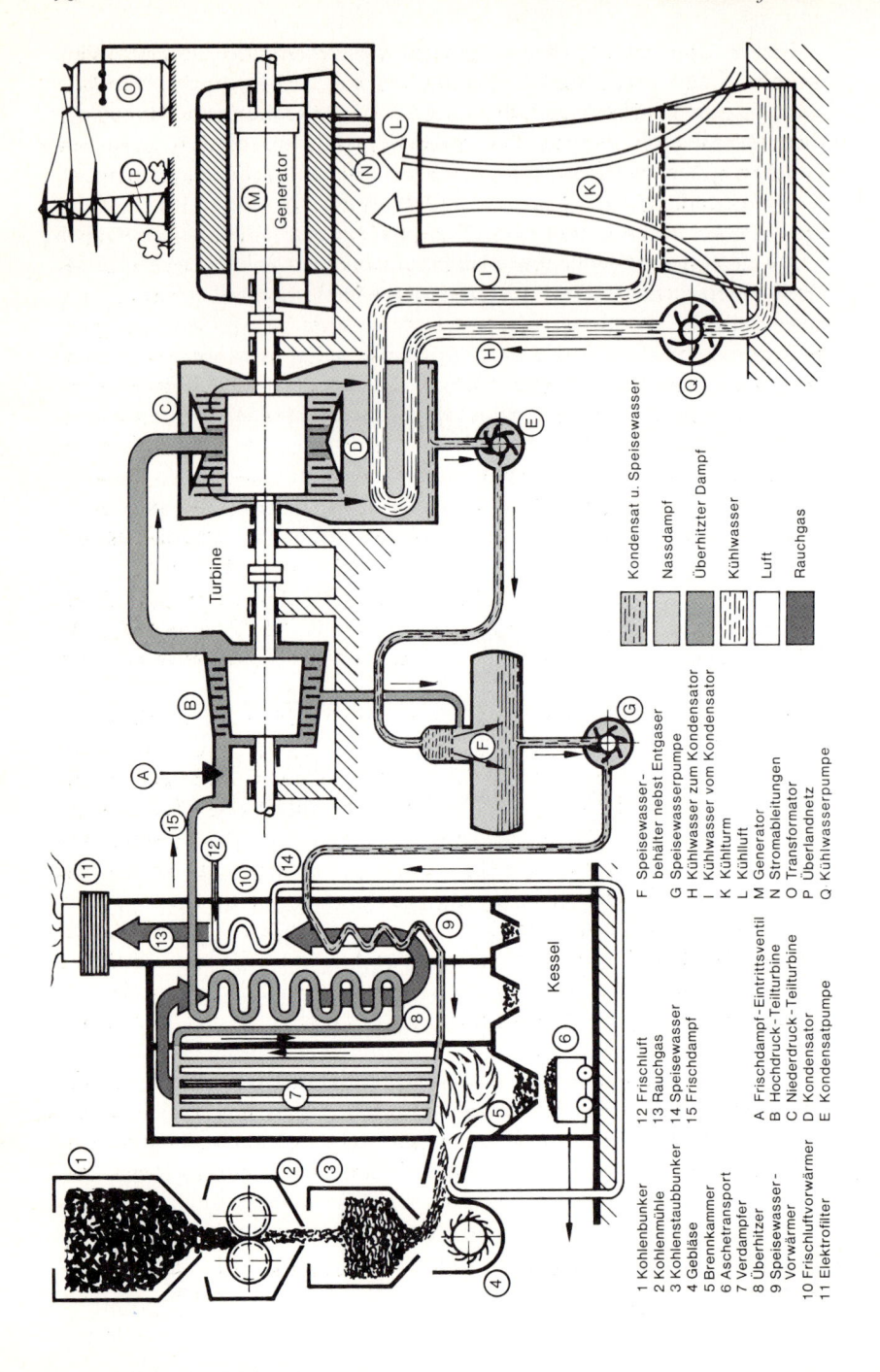

1 Kohlenbunker
2 Kohlenmühle
3 Kohlenstaubbunker
4 Gebläse
5 Brennkammer
6 Aschetransport
7 Verdampfer
8 Überhitzer
9 Speisewasser-
    Vorwärmer
10 Frischluftvorwärmer
11 Elektrofilter
12 Frischluft
13 Rauchgas
14 Speisewasser
15 Frischdampf

A Frischdampf-Eintrittsventil
B Hochdruck-Teilturbine
C Niederdruck-Teilturbine
D Kondensator
E Kondensatpumpe
F Speisewasser-
   behälter nebst Entgaser
G Speisewasserpumpe
H Kühlwasser zum Kondensator
I Kühlwasser vom Kondensator
K Kühlturm
L Kühlluft
M Generator
N Stromableitungen
O Transformator
P Überlandnetz
Q Kühlwasserpumpe

Kondensat u. Speisewasser
Nassdampf
Überhitzter Dampf
Kühlwasser
Luft
Rauchgas

Die im Unterschied zu den Kernkraftwerken „konventionellen" Wärmekraftwerke werden mit Braunkohle und Steinkohle, seit den fünfziger Jahren auch mit Erdöl und Erdgas betrieben. Die Verbrennungswärme wird dabei auf aufbereitetes Wasser übertragen, wodurch Heißdampf mit Drücken bis zu 300 bar und Temperaturen bis zu 550 °C erzeugt wird. In Kernkraftwerken wird Wärme durch Kernspaltung von Uran frei und ebenfalls auf Wasser übertragen. Dampfseitig funktionieren alle Wärmekraftwerke gleich. Der Dampf (Abb. 22) strömt in eine oder mehrere hintereinandergeschaltete Turbinen. Grundsätzlich erfolgt eine Umwandlung eines Teils der Wärme in Arbeit; man bezeichnet ihn mit Wirkungsgrad. In Kohlekraftwerken liegt er bei maximal 40%. Ein Wärmekraftwerk umfaßt häufig mehrere Turbinensätze bzw. Blöcke, die aus Rentabilitätsgründen immer leistungsstärker gebaut werden und heute bei Kernkraftwerken bereits Leistungen bis zu 1 300 MW erbringen.

Der aus der Turbine austretende Dampf wird wieder zu Wasser kondensiert, das in den geschlossenen Kreislauf zurückgeleitet wird. Hierdurch werden – bei einem Wirkungsgrad von 40% – etwa 60% der Wärmemenge, die dem Wasser zugeführt wurde und in der Turbine nicht verarbeitet werden kann, frei und auf das Kühlwasser übertragen. Die Kühlwassertemperatur erfährt eine Steigerung um rund 8 °C. Eine 500-MW-Turbine benötigt beispielsweise eine Kühlwassermenge von etwa 17,5 m³/sec.

Aus ökologischen Gründen ergibt sich vielfach die Notwendigkeit, das erwärmte Wasser über Kühltürme wieder herunterzukühlen, bevor es in den Vorfluter zurückgeleitet wird. Ansonsten werden Kühltürme verwendet, wenn eine Umlaufkühlung, d.h. eine solche immer desselben Wassers vorgesehen ist. Ein Teil des Kühlwassers muß stets ergänzt werden, um Verdunstungsverluste auszugleichen und eine Versalzung zu vermeiden; auch bei Umlaufkühlung sind daher noch große Wassermengen erforderlich. Eines der größten Dampfkraftwerke der Bundesrepublik Deutschland, das Kraftwerk Niederaußem bei Köln mit 2 700 MW benötigt für die Umlaufkühlung eine Zusatzwassermenge von etwa 3-3,5 m³/sec, die hier, im Zusammenhang mit dem Braunkohlentieftagebau, aus dem Grundwasser entnommen werden kann.

In der Regel werden große Kraftwerke heute an wasserreichen, schiffbaren Flüssen angelegt, nicht zuletzt wegen eines anderen Standortzwangs: Einzelne Kraftwerkskomponenten sind inzwischen so dimensioniert, daß sie nicht mehr per LKW oder Bahn, sondern nur noch mit dem

◀ *Abb. 22: Schematische Darstellung eines Kohlekraftwerkes (nach* A. BRÜCHER *1981)*

Schiff transportiert werden können. Herstellungswerk und Kraftwerk müssen deshalb unmittelbar am Wasserweg liegen (vgl. Abb. 23).

Abgesehen von unterschiedlichen Standortorientierungen haben die einzelnen Typen von Wärmekraftwerken spezifische Funktionen: Steinkohle- und Braunkohle-Kraftwerke sind besonders rentabel für die Erzeugung von Grundlaststrom, Kernkraftwerke können überhaupt nur solchen produzieren; Erdöl- und Gaskraftwerke dagegen lassen sich schneller auf Mittellast steigern. Am flexibelsten sind die Gasturbinen, bei denen die Brennstoffwärme direkt in der Turbine umgesetzt wird, indem ein Gemisch aus komprimierter Luft und Öl oder Gas gezündet und der Turbine zugeführt wird. Die Vorteile der Gasturbinen bestehen darin, daß sie, ähnlich den (Pump-)Speicherwasserwerken, in kürzester Zeit für Spitzenbedarf eingeschaltet werden können und nur wenig Wasser benötigen. Sie haben allerdings einen niedrigen Wirkungsgrad.

Das besonders *raumwirksame Problem der Elektrizitätswirtschaft* ist nun, mit diesen verschiedenen Kraftwerkstypen an entsprechend unterschiedlichen Standorten einen Strombedarf zu befriedigen, der sich nach ganz anderen Standortkriterien richtet, zudem kurz- und langfristigen Schwankungen unterworfen ist und, weil Strom kaum lagerungsfähig ist, unmittelbar gedeckt werden muß.

Die zeitlichen Schwankungen des Strombedarfs sind äußerst differenziert, eine Trennung nach Industrie, Landwirtschaft, Haushalten usw. reicht nicht aus. Bei der Industrie stehen sich z. B. konstanter Verbrauch von Hochspannungsstrom für Elektrometallurgie (Aluminiumhütten) und ständig oszillierender Konsum für Motoren, Maschinen, Kräne usw. gegenüber. Insgesamt dominiert aber eine charakteristische Tagesverbrauchskurve (Abb. 21). Dieser Tagesrhythmus wird überlagert von dem der Woche, mit minimalem Verbrauch am Wochenende, sowie von den Jahreszeiten mit dem höchsten Bedarf im Januar. Hinzu kommt, daß diese Schwankungen je nach Wirtschafts- und Siedlungsstruktur eines Raumes variieren und folglich die Kalkulation des regional unterschiedlichen Strombedarfs zusätzlich komplizieren. Grob lassen sich dabei drei Typen von Konsumräumen unterscheiden: ein punkthafter, aber hoher Verbrauch in isolierten Industriekomplexen, wie in abgelegenen Aluminium-

Abb. 23: Konventionelles Kohlekraftwerk Walheim und Gemeinschaftskernkraftwerk ▶
Neckar (Quelle: Luftbild Albrecht Brugger, Stuttgart; freig. durch Reg.Präs. Stuttgart, Nr. 2/46761)
Bezeichnend ist die Lage am Fluß (Kühlwasser und Schiffahrtsweg) und inmitten eines ländlichen Raumes in Distanz zu den Ballungsgebieten. Die Aktivität des ländlichen Raumes wird deutlich an den jungen Ausbauzonen des Haufendorfes, an der intensiven agrarischen Nutzung (Weinbau, Kleinparzellierung) und an der Flurbereinigung im Rebland.

Kohlekraftwerk, Kernkraftwerk

hütten oder in Kombinaten sozialistischer Länder, aber auch in den isolierten Ballungsräumen der Entwicklungsländer; ein stark gestreuter, schwacher Bedarf in ländlichen Räumen; eine Kumulation des Verbrauchs in den Ballungsräumen für den Bedarf der Industrie, der Bevölkerung und des Dienstleistungsgewerbes. Die Komplexität der Versorgung der Ballungsräume wird offenbar, wenn man bedenkt, daß sie einen weit überproportionalen Stromkonsum haben und daß sich hier die größten Probleme der Anpassung an Spitzen- oder Niedrigbedarf stellen (GEORGE 1973).

In den Anfängen der Elektrifizierung, d.h. bis zu Anfang des 20. Jahrhunderts, konnte Strom nicht ohne erhebliche Verluste über größere Entfernungen transportiert werden. Die Kraftwerke wurden deshalb in unmittelbarer Nähe der Konsumenten errichtet, d.h. in oder dicht bei den Ballungsräumen, oder umgekehrt zogen die standortgebundenen Wasserkraftwerke bestimmte energieintensive Branchen an, vor allem Elektrometallurgie und -chemie. Daraus erklären sich deren traditionelle Standorte in Alpentälern oder in norwegischen Fjorden (Abb. 26). Seit der technischen Möglichkeit des Ferntransports von hochgespanntem Drehstrom (durch OSKAR VON MILLER, 1882) sind dagegen alle Kraftwerksstandorte Kompromisse zwischen größtmöglicher Annäherung an die Konsumenten und einer rentablen, transportkostengünstigen Verwertung der Energieträger: Billige Energieträger mit niedrigem Heizwert ziehen die Elektrizitätsgewinnung an, teure, mit hohem Heizwert, werden zu den Kraftwerken in Ballungsnähe transportiert (vgl. DIERCKE Weltatlas S. 37/III und 40/I). Diese Grundregel erklärt die gigantischen Anlagen im niederrheinischen Revier, dessen Braunkohle wegen ihres niedrigen Heizwertes jeglichen Ferntransport unrentabel macht. Vergleichbar ist der Einsatz von billigster Steinkohle (Ballastkohle) und Kohleschlamm im Ruhrgebiet und im Saarland. Dagegen wird in den Häfen und den vereinzelten revierfernen Kraftwerken (Rhein-Main) hochwertige Kohle verfeuert, ähnlich das Heizöl mit noch höherem Heizwert (1 kg Heizöl = 1,4 kg SKE; vgl. DIERCKE Weltatlas S. 36/I), das aber auch die Nähe der Raffinerien sucht (Ruhrgebiet, Ingolstadt, Rhein-Neckar-Raum).

Im süddeutschen Raum sind Laufwasser- und Speicherwasserwerke an der Energieversorgung beteiligt. Wo es das Relief erlaubt, wurden im Mittelgebirgsraum zusätzlich Pumpspeicherwerke angelegt, nach Möglichkeit in Nähe von Ballungsräumen zur Lieferung des Spitzenstroms (Glems für Stuttgart, Herdecke für das Ruhrgebiet usw.). Schließlich zeigt sich, daß die *Kernkraftwerke* seit den sechziger Jahren gezielt in den Räumen fern dieser natürlichen Energieträger angelegt werden, also räumliche Lücken füllen. Wegen des extremen Heizwertes von Uran (1 kg Uran entspricht dem von 600 t Öl bzw. 850 t Steinkohle) sind die Kernkraftwerke vollkom-

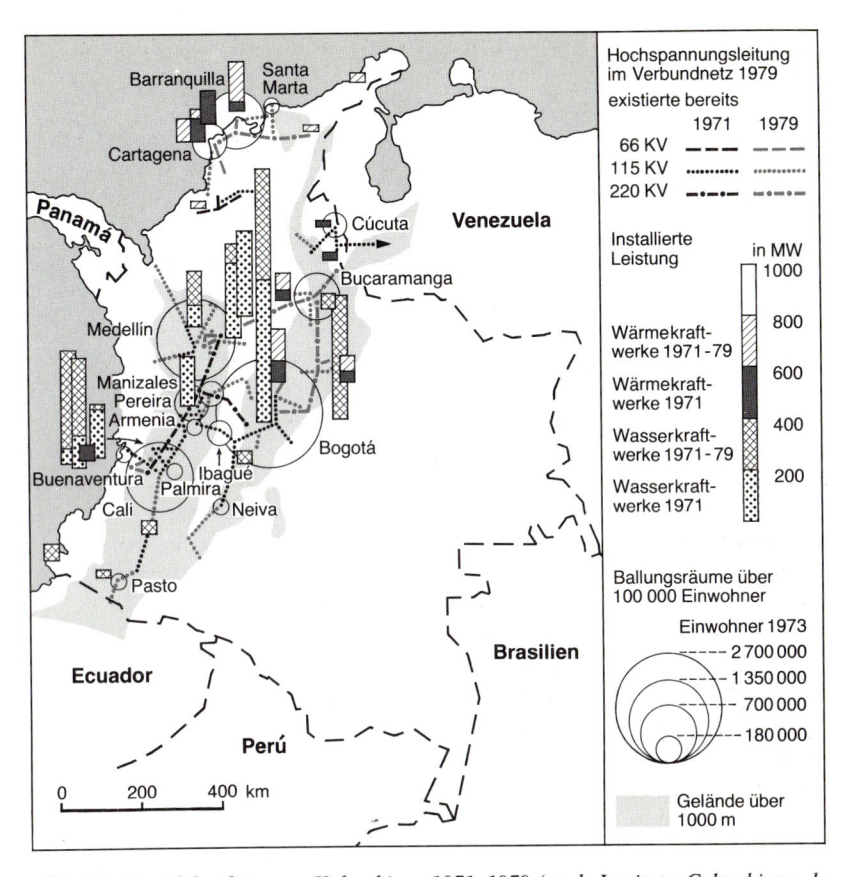

Elektrifizierung eines Entwicklungslandes 103

Abb. 24: Die Elektrifizierung Kolumbiens 1971-1979 (nach Instituto Colombiano de Energía Eléctrica 1971/1979)

Die Karte zeigt den schnellen Ausbau der Kraftwerkskapazitäten und des Verbundnetzes innerhalb von acht Jahren. Auffällig ist die Orientierung an den Ballungsräumen. Man setzt ganz überwiegend auf Wasserkraft, nur in dem reliefarmen Gebiet der Nordküste auf Wärmekraft. Bezeichnend ist auch die zunächst isolierte regionale Versorgung und das Zusammenwachsen des Verbundnetzes. Geplant ist die Ausweitung bis zur Nordküste.

men unabhängig von den Transportkosten für die Brennstoffe. Kernkraftwerke sind zudem wesentlich leistungsstärker; z.B. hat das in Biblis mit nur zwei Blöcken eine Leistung von 2550 MW, die nur von wenigen traditionellen Wärmekraftwerken erreicht wird. Modifiziert wird das Verteilungsprinzip der Kraftwerksstandorte durch den steigenden Wasserbedarf, Umweltschutzmaßnahmen, die neue Anlagen auf Distanz zu den Ballungsräumen zwingen, sowie den Grundflächenbedarf. Dieser liegt bezogen auf den m²/KW am niedrigsten bei Gasturbinen-Kraftwerken, am höchsten bei Kernkraftwerken.

Eine optimale Koordination zwischen dem zeitlich schwankenden, räumlich unterschiedlich verteilten Konsum auf der einen Seite und andererseits den verschiedenen Standorten der Stromerzeugung war nur möglich nach der Installierung eines *raumdeckenden Verbundnetzes*. Dieses besteht aus miteinander verflochtenen Netzen verschiedener Hochspannungsstufen (in der Bundesrepublik Deutschland von 380 KV, 220 KV und 110 KV), die wiederum Netze niederer Spannung speisen bis zum individuellen Haushalt. An dieses Verbundnetz sind sämtliche Kraftwerke aller Typen angeschlossen. Dadurch kann ein regionaler Versorgungsausgleich erreicht werden. Er erlaubt auch eine genaue Abstimmung entsprechend den Schwankungen des Bedarfs. So fahren Braunkohle- und Steinkohlekraftwerke für das Rhein-Ruhr-Revier die Grundlast, für die Spitzenlast können sogar Speicherkraftwerke des RWE in den Alpen kurzfristig eingeschaltet werden. Umgekehrt bezieht Süddeutschland in wasserarmen Jahreszeiten Strom aus den Wärmekraftwerken im Norden. Damit werden einheitliche Preise ermöglicht, weitestgehende Versorgungssicherheit gewährleistet und Netzzusammenbrüche ausgeschaltet. Im Laufe der Zeit wurden wegen dieser Vorteile die Netze der einzelnen regionalen Elektrizitätsgesellschaften aneinander angeschlossen, schließlich sogar grenzübergreifend zum west- und südeuropäischen Verbundnetz: Beispielsweise lieferte die Bundesrepublik Deutschland 1971 von Mai bis Juli Strom an Frankreich und bezog Strom von dort von September bis November.

Transport- und Verteilerkosten (Hochspannungsleitungen, Umschaltstationen usw.) machen etwa die Hälfte der Kosten der Elektrizitätswirtschaft aus (am Beispiel der „Electricité de France", nach CURRAN 1973, S. 176). Trotz der Vorteile der Verbundnetze bleibt deshalb die Tendenz erhalten, so nahe wie möglich am Konsum zu produzieren. Die Transportverluste an Strom liegen in der Welt im Mittel bei 8,5%. Länder mit einem dichten, gleichmäßig mit Kraftwerken besetzten Verbundnetz haben einen wirtschaftlichen Vorteil gegenüber solchen, in denen große Distanzen überwunden werden müssen.

Wegen der sich abzeichnenden Erschöpfung bzw. begrenzten Verwendbarkeit (Kohle) der traditionellen Energieträger, läuft die Entwicklung z.Z. auf den zunehmenden, heftig umstrittenen Einsatz der Kernenergie hinaus. Während in der Bundesrepublik Deutschland auch noch traditionelle Kohlekraftwerke geplant werden, setzt Frankreich bisher voll auf Kernkraftwerke, nach dem offiziellen Slogan „le tout nucléaire". Hoffnungen, unter dieser Perspektive auf die Nutzung von Wasserkraftwerken zu spekulieren, muß Skepsis entgegengebracht werden. Wegen der hohen

Aluminiumproduktion 105

Kosten und der langfristigen Kapitalinvestitionen legt man Wasserkraftwerke zunehmend im Zusammenhang mit Mehrzweckanlagen an, d. h. an Stauseen, die der Flußregulierung, Abwasserverdünnung, Trinkwasserversorgung, Bewässerung, Schiffahrt, Erholung, Fischereiwirtschaft usw. dienen, der Stromerzeugung dagegen *„manchmal sogar nur nebenbei"* (CURRAN 1973, S. 192). Während die Wasserkraftreserven in den Industrieländern weitgehend erschöpft sind oder aus umweltpolitischen Gründen nicht voll ausgebaut werden (Schweden), bleibt die Durchführung solcher Großprojekte langfristig auf die Dritte Welt beschränkt, deren Potential an Hydroenergie erst zu einem Bruchteil genutzt wird.

7.2 Die Aluminiumindustrie

Nach wie vor gilt die Aluminiumindustrie als Prototyp eines einseitig energiegebundenen Produktionszweiges. Zurückzuführen ist dies vor allem auf den extrem hohen Konsum an Elektrizität pro Tonne Rohaluminium und die augenfällige Lage von Hüttenwerken in Alpentälern oder norwegischen Fjorden unmittelbar neben den billigen Strom erzeugenden Wasserkraftwerken (Abb. 26). Dies sind aber häufig Reliktstandorte aus der Frühzeit der Elektrifizierung, als Ferntransport von Strom nicht möglich bzw. unrentabel war. Auch haben die Stromkosten, trotz ihres anhaltend hohen Anteils an der Gesamtproduktion, ihre ausschlaggebende Funktion bei der Standortwahl verloren bzw. sie haben regional sehr unterschiedliches Gewicht: In Japan verursachen sie 32% der Kosten, in Norwegen nur 11% (GACHELIN 1977, S. 48).

Der Herstellungsprozeß vom Bauxitbergbau bis zum Endprodukt gibt den Schlüssel für das Verständnis der Standorte. Charakteristisch ist dabei die Trennung in vier Stufen. Ausgangsstoff ist Bauxit (nach Les Baux bei Avignon), ein unter warmhumiden (tropischen bzw. subtropischen) Klimaten entstehendes oberflächennahes Verwitterungsprodukt. In der Regel kann es deshalb im Tagebau gefördert werden. Der Abbau rentiert sich ab einem Gehalt von 45% Aluminiumoxid (Al_2O_3). Je nach Konzentration ergeben 4–6 t Bauxit 1 t Rohaluminium. Vor der Verhüttung wird das Bauxit auf Aluminiumoxid angereichert, das Tonerde genannt wird. Zu diesem Prozeß, bei dem Wasser, Fe-Oxid und Silikate entzogen werden, benötigt man pro 1 t Bauxit 0,25 t Ätznatron, 2 t Wasser, etwas Rohöl und Kalk sowie nur 125 KWh Strom.

In einem Hüttenwerk (Abb. 25) wird im dritten Schritt aus 2 t Tonerde 1 t Rohaluminium erschmolzen, d. h. der Ausgangsstoff Bauxit verliert insgesamt ca. 75% seines Gewichtes. Der Schmelzprozeß wird erreicht

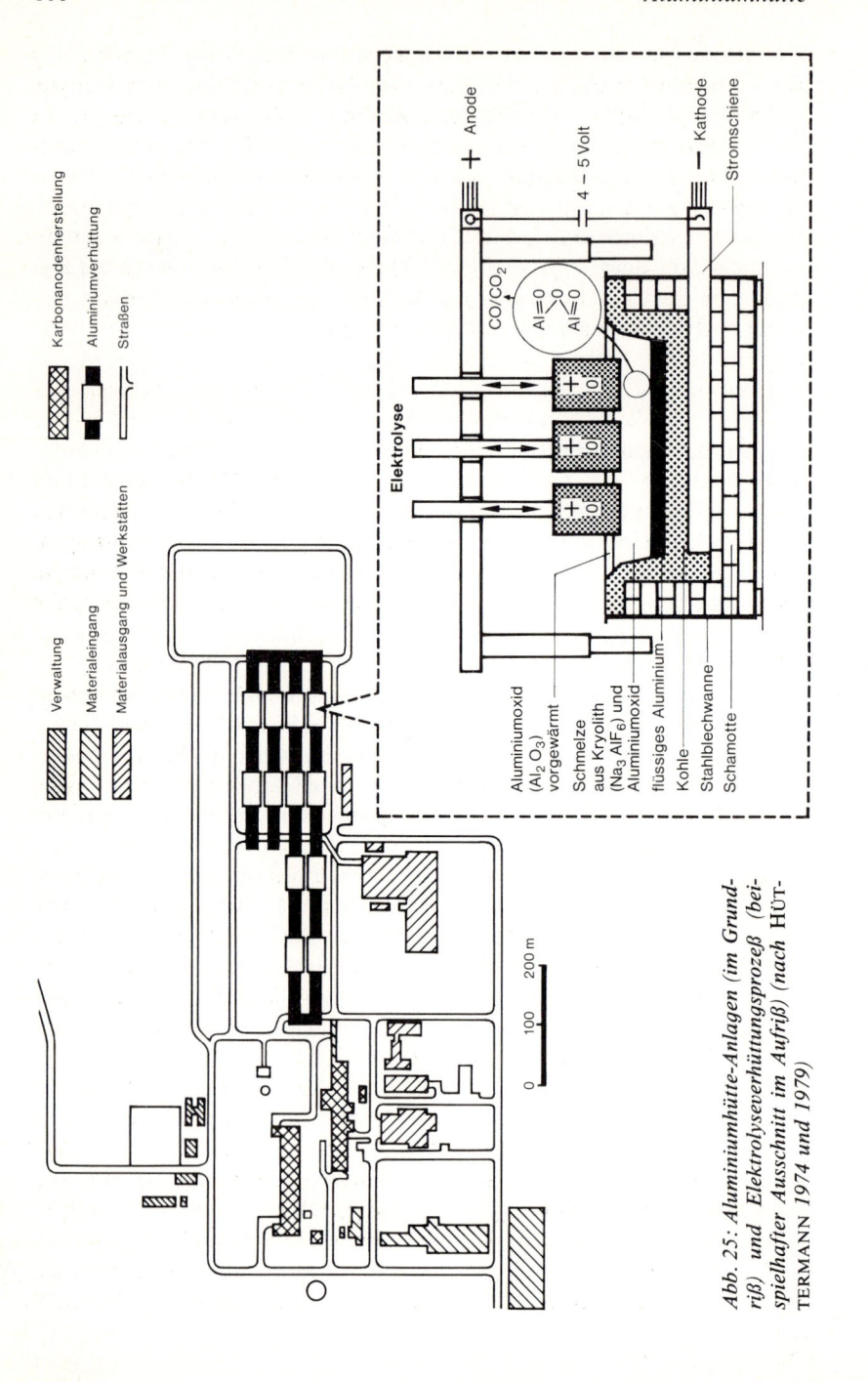

Abb. 25: Aluminiumhütte-Anlagen (im Grundriß) und Elektrolyseverhüttungsprozeß (beispielhafter Ausschnitt im Aufriß) (nach HÜTTERMANN 1974 und 1979)

durch Elektrolyse, d.h. durch Gleichstrom, der von Karbonanoden (+) zur Karbonkathode (−) durch eine mit dem weißen Pulver der Tonerde gefüllte längliche Wanne fließt. Die Karbonanoden verbrauchen pro 1 t Al 0,5 t Petrolkoks und Steinkohleteer, ein häufig übersehener Standortfaktor. Die die Wanne bildende Kathode aus Graphit und Anthrazit muß alle drei Jahre ausgewechselt werden. Außerdem werden dem Aluminiumoxid für den Schmelzprozeß noch 20 kg Kryolith/t Al beigegeben. (Die Tonerde löst sich im Kryolith und kann dann gespalten werden.) Der Stromverbrauch pro 1 t Al schwankt heute je nach technischem Stand zwischen 13 000 und 20 000 KWh. Bei einer Kapazität von 100 000 t/Jahr werden ca. 700-900 Beschäftigte eingesetzt. Umweltbelastend ist der Ausstoß in Staub- und Gasform des im Kryolith enthaltenen stark gesundheitsschädlichen Fluor; dem kann heute durch entsprechende Einbauten oder die Umwandlung in das Nebenprodukt Aluminiumfluorid entgegengewirkt werden (nach GACHELIN 1977, HÜTTERMANN 1979 und Auskünften Hüttenwerk Mosal in Mosjøen/Norwegen, 1977). Meist ist der Hütte ein Walzwerk angeschlossen. Die Endverarbeitung in unzählige Einzelprodukte, von Flugzeugteilen über Konservendosen bis zu Fensterrahmen, findet getrennt von den Hütten in einzelnen Fabriken in Marktnähe statt.

Diese Trennung des Produktionsprozesses in vier Stufen bedingt jeweils unterschiedliche Anforderungen an die Standorte, was letztlich zu einer weltweiten Streuung, aber auch Verzahnung der Aluminiumindustrie führt. Entscheidend ist dabei, daß die Abbaugebiete, also Bauxitvorkommen, in den Tropen, Subtropen und Randgebieten der Subtropen liegen, während sich die Aluminiumverhüttung extrem auf die Industrieländer der gemäßigten Breiten konzentriert: 1978 entfielen 29% der Bauxitförderung auf Australien und 49% auf die Dritte Welt, dagegen die Aluminiumproduktion (Welt: 13,3 Mill. t, ohne Recycling) nur zu 6% auf die Dritte Welt, aber zu 79% auf Nordamerika, die UdSSR, Japan, die Bundesrepublik Deutschland und Norwegen (FWA 1981). Festgehalten werden muß also zunächst, daß die Standräume vorzugsweise in den Industriestaaten, weit weniger in der Nähe (potentieller) billigster Hydroelektrizität der tropischen Hochgebirge bevorzugt werden.

Für die zwischengeschaltete Tonerdefabrikation werden die Standorte zunehmend in den Exporthäfen dicht bei den Bauxitfördergebieten gewählt. Dadurch halbieren sich die Transportkosten zu den Hüttenwerken. Es werden dabei auch keine vergleichbaren Energiemengen benötigt wie bei der Erzeugung des Rohaluminiums. Außerdem können die Industriestaaten den roten Schlamm, der bei der Anreicherung zu Tonerde anfällt und normalerweise ins Meer geleitet wird, auf diese Weise von ihren eigenen Küsten fernhalten. Für eine imaginäre Aluminiumhütte in den USA

Aluminiumhütte

Standorte Aluminiumindustrie

◄ *Abb. 26: Mosal-Aluminiumhütte, Mosjøen/Norwegen (Quelle: Mosal Aluminium, Mosjøen/Norwegen)*
Nördlichste Aluminiumhütte in Norwegen. Typischer Standort am Ende eines Fjords, wo die optimale Kontaktzone zwischen See- und Straßentransport liegt. Nach Anschluß an das Verbundnetz ist die Orientierung direkt neben Wasserkraftwerken, die von Wasserfällen aus dem hochgelegenen Fjell getrieben werden, hinfällig geworden.

wurden 1973 folgende Kostenanteile errechnet (nach GACHELIN 1977, S. 48):

Transport	7,8
Handel, Verwaltung	4,5
Kapitalkosten	17,0
Arbeitskraft	14,5
Tonerde	26,7
andere Materialien	13,9
elektrische Energie	15,6
Kosten insgesamt	100,0%

Zwar ist der Anteil der Energiekosten immer noch hoch, aber mit einer Reduzierung von 20 000 KWh/t Aluminium um 1960 auf 13 000 KWh/t Mitte der siebziger Jahre (GACHELIN 1977) sinkt die Energieabhängigkeit der Hüttenstandorte. Unterstützt wird dieser Trend seit der Erzeugung billigen Stroms in thermischen Großkraftwerken und neuerdings in Kernkraftwerken, für deren Grundlastproduktion Aluminiumhütten mit ihrem regelmäßigen Bedarf ideale Abnehmer sind. Nach wie vor wird billiger Strom für den Mikrostandort gesucht, entscheidend sind aber inzwischen die Faktoren, die den Makrostandort, d. h. die Wahl eines Staates für die Anlage einer Hütte bestimmen. Besonders gilt dies für kleinräumige Industriestaaten, die nicht mehr über gewaltige hydroenergetische Ressourcen verfügen, etwa wie die USA im Nordwesten oder die UdSSR in Sibirien. So finden sich Aluminiumhütten heute auch in der Nähe der Endverbraucher (Rhein-Ruhr-Revier) oder ziehen, ähnlich der Eisen- und Stahlgewinnung, an die Küsten wegen der Transportvorteile für Import und Export und der dort zunehmend angesiedelten Kernkraftwerke. So wurden die jüngeren Hüttenwerke in den norwegischen Fjorden (z. B. in Mosjøen 1958, Abb. 26) dort nicht mehr wegen der unmittelbaren Nähe zu einem Wasserkraftwerk gegründet, sondern wegen der günstigen Verkehrslage an seeschifftiefen Naturhäfen. Die in ganz Norwegen extrem kostengünstige Hydroelektrizität, die zu Einheitspreisen über ein Verbundnetz verteilt wird, ist als Ubiquität anzusehen und deshalb für den Mikrostandort nicht mehr relevant. Bezeichnend ist heute der Kontrast zwischen den alten Hütten (Årdalstangen) in den Fjordenden mit ihrer höchsten Reliefenergie und den jüngeren (Lista, Karmöy), die die Nähe der Küste suchen, (vgl. DIERCKE Weltatlas S. 92/I und 93/II), nicht zuletzt, weil 90% des norwegischen Aluminiums exportiert werden.

Die Ubiquität und die Verbilligung der Stromversorgung haben so marktstrukturelle, volkswirtschaftliche und politische Faktoren in den Vordergrund treten lassen. Beispielsweise wurden in Großbritannien neue Standorte nur in den sog. Development Areas ausgewählt, nicht zuletzt, um über die Ansiedlung thermischer Kraftwerke den Kohlenbergbau zu stützen (WATTS 1970). Ausschlaggebend sind letztlich die Strategien der wenigen, beherrschenden multinationalen Konzerne (Alcoa, Alcan, Reynolds), die sich, abgesehen von reinen Produktionskosten, nach staatlichen Fördermaßnahmen, Möglichkeiten des Gewinntransfers, Konkurrenzproblemen, politischen Rücksichtnahmen, langfristiger Sicherheit usw. richten.

Die Industriestaaten bevorzugten von Anfang an eine Ansiedlung der Hütten auf ihrem Territorium, nicht zuletzt im Hinblick auf die bedeutende Funktion für die Rüstungsindustrie (Flugzeugbau). Die Bundesrepublik Deutschland verfügt heute über zehn Hütten, die z.T. aus der Zeit vor dem II. Weltkrieg stammen. Auch der Vergleich der Höhe der Investitionen für die einzelnen Produktionsstufen erklärt diese Präferenz: Für die Erzeugung von 100000 t Al müssen 10% in den Bauxitbergbau investiert werden, 29% in die Tonerdefabrik, aber 61% in die Aluminiumhütte (GACHELIN 1977, S. 55).

Umgekehrt ist die Zahl der in der Dritten Welt errichteten Hütten verschwindend gering geblieben. Die dort herausragenden Standortvorteile sind die Rohstoffvorkommen, das hohe Potential billigster Hydroenergie und die leichter zu „umgehenden" Umweltprobleme. Demgegenüber stehen aber Hemmnisse wie unzureichendes technisches Niveau, mangelnde Infrastruktur, äußerst hoher Kapitalbedarf für die Inwertsetzung der Wasserkraft mit den entsprechenden Risiken und schließlich politische Unsicherheit.

In absehbarer Zeit wird sich deshalb nichts an der einseitigen Konzentration der Produktion von Hüttenaluminium auf die Industrieländer ändern. Hinzu kommt, daß diese weltweit stagniert, während das Recycling aus Schrott, mit dem man heute bereits ein Drittel des europäischen Gesamtbedarfs intern deckt, voraussichtlich zunehmen wird – schließlich benötigt man nur 5% an Energie pro Tonne (HÜTTERMANN 1979). Es besteht also eine Tendenz, den geschlossenen Kreislauf in den Industrieländern und damit die Unabhängigkeit von der Dritten Welt zu fördern.

Automobilindustrie

7.3 Die Automobilindustrie

Als eine der jüngsten Branchen hat die Automobilindustrie mit ihrer raschen Entwicklung in außergewöhnlicher Weise sowohl die gesamte Expansion der Industrie beschleunigt als auch zur Umgestaltung des Raumes beigetragen. Und dies in nur wenigen Jahrzehnten: In den USA stieg die Produktion von 65 000 Einheiten (1908) auf ca. 5,3 Mill. (1929), viel später in Japan von 31 600 (1950) auf 6,7 Mill. (1980) (JARRETT 1977, S. 137, und FWA 1982). Es entstanden große Flächen einnehmende, z. T. gigantische Werke (Detroit, vgl. Abb. 27). Mit dem entsprechenden Bedarf an Arbeitskräften expandierten die Ballungsräume oder wuchsen buchstäblich aus dem Nichts (Wolfsburg, vgl. DIERCKE Weltatlas S. 41/I). Gleichzeitig wurden Pendler aus einem weiten Umland erfaßt. In vielen Automobilmetropolen, wie Detroit, Turin oder Wolfsburg, kam es auch zu weitgehender wirtschaftlicher und politischer Abhängigkeit der Städte

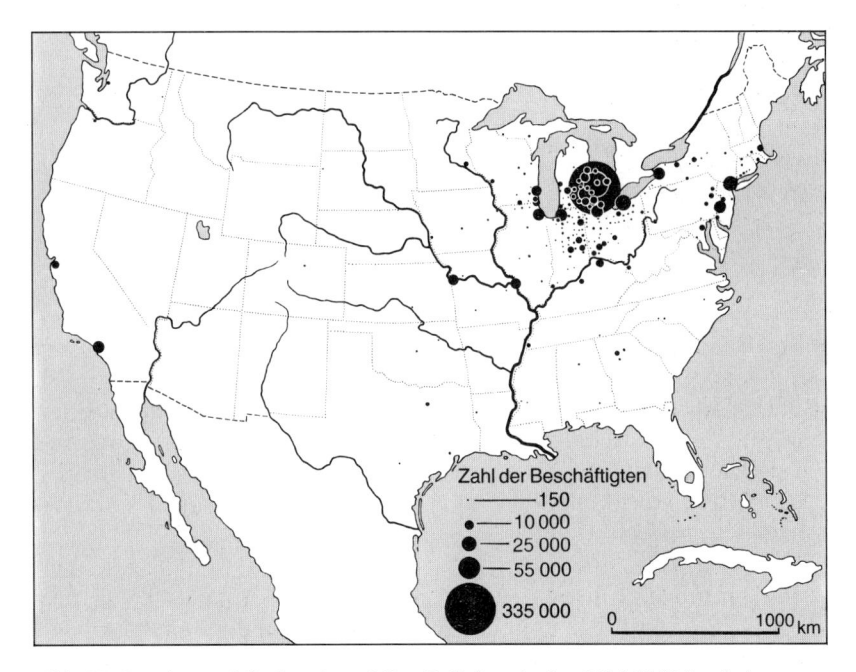

Abb. 27: *Die Automobilindustrie und ihre Zulieferer in den USA 1963 (nach* ALEXANDER *1963)*

Im Vergleich zu den gestreuten Standorten der Automobilindustrie in der Bundesrepublik Deutschland fällt die extreme Konzentration auf Detroit und Süd-Michigan auf. Die aus Gründen der Marktnähe dezentralisierten Betriebe sind vergleichsweise sehr klein.

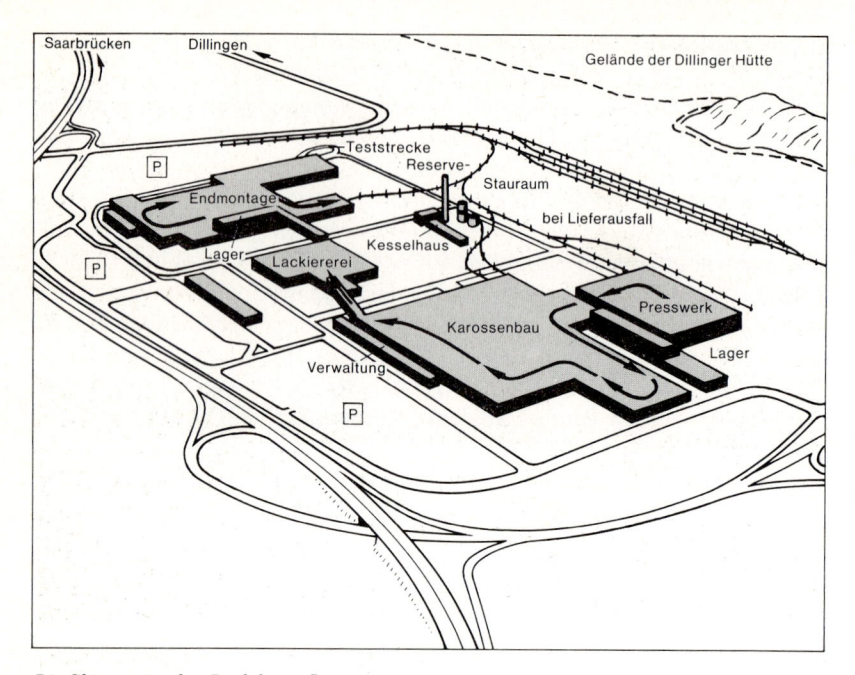

Die Skizze zeigt den Produktionsfluß vom Preßwerk bis zur Endmontage über Fließbänder. Um das Werk liegen große Reserveflächen, auf die bei Kapazitätserhöhung die Hallen im Baukastensystem ausgebaut werden können. Im Hintergrund die Dillinger Hütte, zu der aber keine direkte Standortverbindung besteht. (Zeichnung: W. BRÜCHER*)*

von den ansässigen Unternehmen. Die technischen und sozioökonomischen Erfordernisse für die Produktion waren so umfangreich, daß mit der Betriebsgründung auch die öffentliche Infrastruktur (Autobahnen usw.) ausgebaut und verbessert werden mußte. Mit der Massenmotorisierung wurde das Pendlerwesen verstärkt und räumlich ausgedehnt, was entscheidend zum Flächenwachstum der Siedlungen, ja zur Zersiedlung beitrug. Umgekehrt profitierten die Automobilwerke von dieser Vergrößerung des Arbeitsmarktes und der Steigerung des Absatzes.

In ihrer Wechselwirkung mit der allgemeinen Wohlstandshebung und als Schlüsselindustrie mit ihren Verflechtungen zu fast allen anderen Branchen wurde die Automobilindustrie zum Inbegriff für Wachstumsindustrie schlechthin – zumindest bis zu den Rückschlägen im Gefolge der Energiekrise. In ihren Werken und denen ihrer Zulieferer ist in der Bundesrepublik Deutschland heute ungefähr jeder siebte Industrie-Arbeitnehmer beschäftigt. In den USA werden in den Autos 80% des im Lande pro-

Abb. 28: Zweigwerk der Ford AG in Saarlouis (Quelle: Stuttgarter Luftbild Elsäßer; freig. durch Reg.Präs. Nord-Wttb. Lizenz Nr. 57428A)

duzierten Gummis verarbeitet, 63% des Leders, 54% des Tempergusses, 20% des Stahls und 12% des Kupfers (JARRETT 1977, S. 245).

Massenproduktion, Modegebundenheit und Angebot verschiedener Typen an Kunden unterschiedlicher Geschmacksrichtung und Kaufkraft sind zur Grundlage für den aktuellen Produktionsprozeß, seine Organisationsformen und die daraus entstandene Struktur der Werke geworden. Mit der 1908 von HENRY FORD erstmals praktizierten, legendär gewordenen Fließbandproduktion in Detroit sollte ein sich damals schon abzeichnender Massenbedarf durch Massenproduktion gedeckt werden. Dabei ergänzten sich die aneinandergereihte, optimal koordinierte Montage von Einzelteilen bis zum fertigen Auto mit Fords Konzeption, daß die Autos langlebig (!) und ihre Einzelteile leicht austauschbar sein sollten. Später ließ sich das Fließbandprinzip ebenso für die Montage verschiedener Modelle mit vielen identischen Teilen sowie für eine beschleunigte Produktion verwenden. Gleichzeitig erfordert die Fließbandfertigung eine absolut funktionierende Belieferung mit Einzelteilen, um einen regelmäßigen Ablauf zu gewährleisten und die flächen- und kostenintensive Lagerhaltung auf ein Minimum zu reduzieren.

Da bei den zwangsläufig hohen Investitionen ein Werk nur bei hohen Produktionszahlen rentabel arbeiten kann und außerdem ebenerdige Fließbandproduktion, große Versorgungseinheiten (Heizwerk usw.), Flächen für den rollenden und ruhenden Verkehr, Stellflächen und Reserveterrains zusammen einen großen Raum beanspruchen, sind Automobilwerke immer sehr ausgedehnte Komplexe. Beispielsweise bedeckt das Fordwerk in Dearborn/Detroit mit ca. 80000 Beschäftigten ca. 600 ha.

Am Beispiel des Fordwerks in Saarlouis, das mit 140 ha und 8500 Beschäftigten relativ klein und noch überschaubar ist, seien hier die Prinzipien der Raumnutzung und der Produktionsabläufe kurz geschildert (vgl. Abb. 28). Es wurde 1968 vom deutschen Stammwerk in Köln gegründet und wird über dieses von der europäischen Zentrale in Großbritannien gesteuert. Ungefähr ein Viertel des Grundstücks ist überbaut; den weitaus größten Teil nehmen die eigentlichen Werkshallen ein. Hier verläuft ein hintereinandergeschalteter Hauptverarbeitungsprozeß, der im Preßwerk beginnt und über Karossenbau und Lackiererei bis zur Endmontage verläuft. In den Hallen, die über geschlossene Hochbrücken miteinander verbunden sind, verlaufen mehrere Prozesse parallel (Türen, Bodenbleche usw.). Die Halbfertigprodukte aus dem Werk selbst wie die von Zulieferbetrieben (z.B. Motoren aus Ford Bridgend/Wales) werden auf der Hauptproduktionslinie zusammengefügt. Straßen- und Gleisanschlüsse sowie computergesteuerte Hochlager sorgen für eine direkte Anlieferung der Teile. Ebenso reibungslos wie die Versorgung mit Teilen muß der Abtransport der fertigen Wagen erfolgen, denn die dafür vorgesehenen Parkplätze fassen nur die Produktion von 1½ Tagen (Tagesproduktion Anfang 1981 ca. 1100 PKWs). Vor dem Werk liegen 4000 Parkplätze für die Beschäftigten (zwei Schichten), dahinter Reserveflächen für eine mögliche Expansion, die nach dem Baukastenprinzip für die eingeschossigen Hallen vorprogrammiert ist. Die Reserveflächen haben aber auch die Aufgabe, im Falle von Streiks bei Zulieferern die fast fertiggestellten Wagen aufzunehmen, in die die fehlenden Teile nach Wiederaufnahme der Belieferung nachträglich eingebaut werden können; damit soll eine völlige Unterbrechung der Produktion im Werk Saarlouis vermieden werden (nach HORSTICK 1980).

In bezug auf die Zulieferung der Teile variieren die Strategien der Unternehmen beträchtlich. In der grundlegenden Organisation bei Ford, möglichst viel unternehmensintern zu produzieren und in einem Verbundsystem auszutauschen (vgl. Kap. 6.2.1), schlägt sich im Prinzip ein Autarkiedenken nieder. Besonders ausgeprägt zeigt es sich in dem Riesenwerk Dearborn, das auf demselben Werksgelände direkt u.a. von einem Stahl- und Walzwerk, einer Glashütte und einer Reifenfabrik versorgt wird (vgl. THOUVENOT und WITTMANN 1975). Bekannt sind auch HENRY FORDS

Automobilindustrie Dezentralisierung 115

fehlgeschlagene Versuche, in Amazonien eigene Gummiplantagen zu betreiben. Andere Unternehmen dagegen, wie General Motors oder Daimler-Benz, setzen fast ausschließlich auf ein Heer von Zulieferern (Abb. 29).

In allen Industriestaaten hat in den Unternehmen der Automobilindustrie ein extremer Konzentrationsprozeß stattgefunden: 1919 gab es in Deutschland noch 129 Autokonstrukteure, die 300 (1914) in den USA waren schon 1939 auf 40 geschrumpft. Dort werden heute 90% aller Kraftfahrzeuge von den „Big Three" General Motors (ca. 50%), Ford und Chrysler hergestellt; in Italien tragen gar neun von zehn Wagen die Marke FIAT (GEBHARDT 1979, S. 212; JARRETT 1977, S. 248; MIKUS 1974, S. 120). Parallel zu dieser Konzentration wuchsen die Betriebe – teilweise in Hinterhöfen, Scheunen oder Handwerkerstuben entstanden – zu gewaltigen Werkskomplexen an. Ihrer Expansion waren aber, vor allem in den Ballungsgebieten, räumlich und organisatorisch Grenzen gesetzt; sie konnte mit dem rasch ansteigenden Bedarf nicht Schritt halten, nicht zuletzt wegen der Diversifizierung der Produktion auf verschiedene Typen. Die Werke wurden zu klein. So führte gerade die organisatorische Konzentration der Unternehmen zu einer Dezentralisierung der Betriebe. 1910 gründete Ford sein erstes Zweigwerk in Kansas City, in Deutschland und Frankreich geschah dies erst nach dem II. Weltkrieg.

7.3.1 Die Automobilindustrie in den USA

Im folgenden seien die unterschiedlichen Entwicklungen der Automobilindustrie in den USA und in Deutschland geschildert. Diese Beispiele sind besonders repräsentativ für die Branche und zeigen durch ihre Ge-

Abb. 29: Zulieferbeziehungen der Daimler-Benz AG 1975 (nach GROTZ 1979 und ▶
Daimler-Benz AG 1975)

Die räumliche Verteilung der Zulieferer entspricht etwa derjenigen der Industrie allgemein, lediglich im Bereich des Stuttgarter Stammwerkes ist noch eine überdurchschnittliche Konzentration festzustellen. Auch die Betriebe von Daimler sind ziemlich gleichmäßig über die Industriegebiete verteilt.

Abb. 30: Die Standorte der Automobilindustrie in der Bundesrepublik Deutschland ▶ ▶
1980 (nach Verband der Automobilindustrie e.V.)

Die alten Stammwerke liegen alle südlich des Mains, während das Volkswagen-Werk von den Nationalsozialisten an einem strategischen Standort gegründet wurde. Generell sind die Standorte arbeitsorientiert bzw. haben die großen Werke zum Ballungsprozeß selbst erheblich beigetragen. Einige Zweigwerke wurden auch im Rahmen einer Umstrukturierung in industriellen Krisengebieten errichtet, so Opel in Bochum und Ford in Saarlouis. Während einige Unternehmen ihre Zweigwerke über das ganze Land verteilten (Daimler), blieben andere bewußt näher beim Stammwerk (VW, BMW, Ford).

Zulieferbeziehungen Automobilindustrie

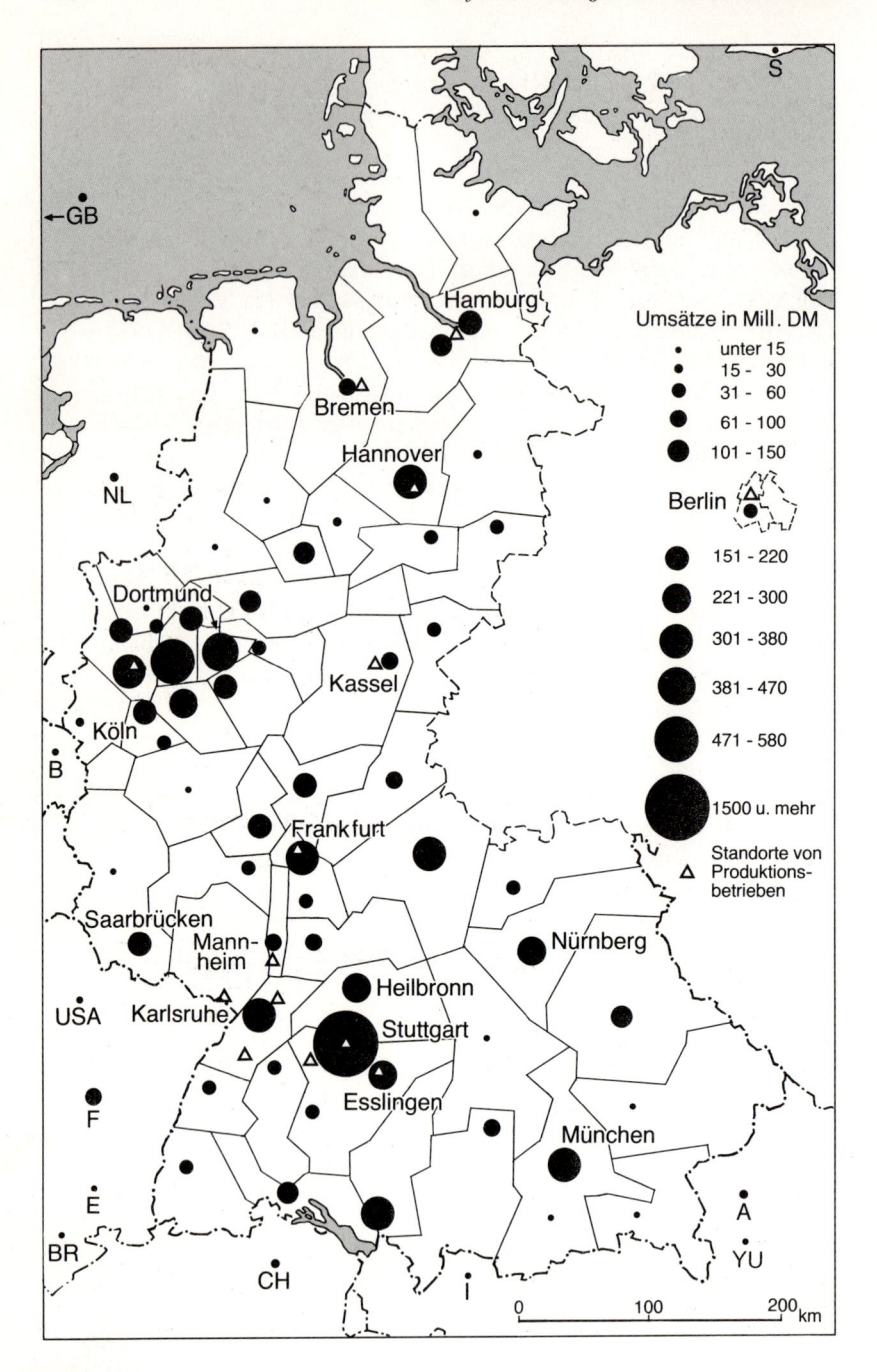

Umsätze in Mill. DM
- unter 15
- 15 - 30
- 31 - 60
- 61 - 100
- 101 - 150
- 151 - 220
- 221 - 300
- 301 - 380
- 381 - 470
- 471 - 580
- 1500 u. mehr

△ Standorte von Produktionsbetrieben

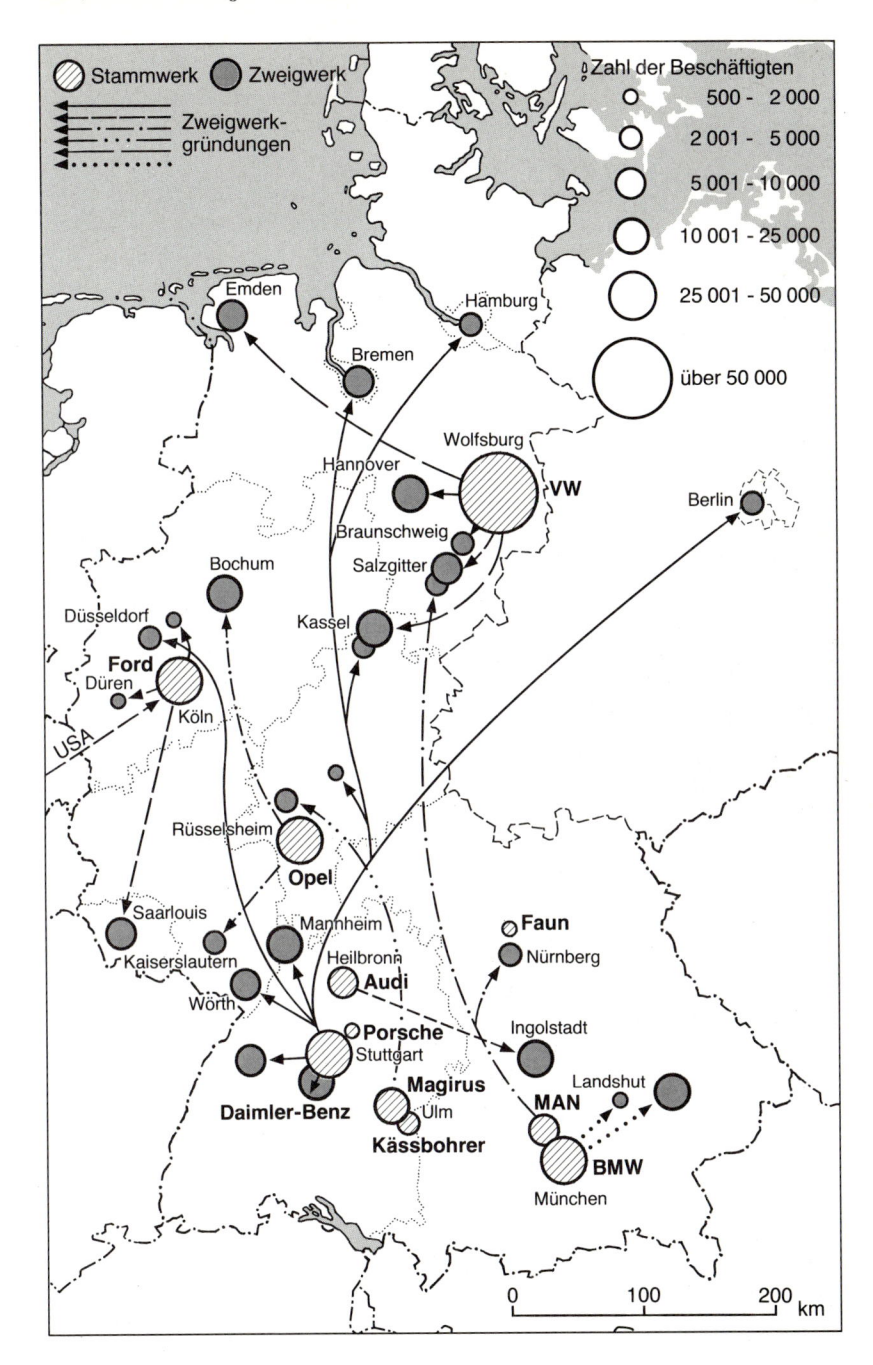

Stamm- und Zweigwerke Automobilindustrie

gensätze wiederum, *daß Standortfaktoren selbst innerhalb ein und desselben Industriezweiges zeitlich und räumlich erheblich variieren können.* Zwar war das Automobil in Europa erfunden und entwickelt worden, zum tragenden Produkt einer eigenen Industrie wurde es aber in Nordamerika. Vom Beginn um die Jahrhundertwende bis heute blieben die USA der mit Abstand führende Automobilproduzent, mit 11,3 Mill. Kraftfahrzeugen bzw. 27,2% der Weltproduktion 1979 (FWA 1981). Das Land mit seinen riesigen Entfernungen, aber einem unzureichenden öffentlichen Verkehrsnetz für die gestreut lebende spärliche Bevölkerung bot sich geradezu an für ein individuelles, schnelles Verkehrsmittel. Hinzu kamen die eigenen Ölquellen für die Versorgung mit billigstem Treibstoff. Aus ähnlichen Gründen wurden die USA auch zum Pionier im Landmaschinenbau. Wegen des hohen Lebensstandards wurde ein Auto schon früh erschwinglich und – ganz im Gegensatz zu Europa – als normale Anschaffung betrachtet.

Der neue Industriezweig konzentrierte sich auf Detroit und den Süden der Großen Seen (Abb. 27). Offensichtlich bot dieser Raum besondere Standortvorteile: Der Automobilbau konnte direkt anknüpfen an den hier heimischen Kutschen- und Karossenbau, auf Erfahrungen mit der Konstruktion der Schiffsmotoren der Großen Seen aufbauen und die ansässige, sehr diversifizierte Industrie leicht als Zulieferer integrieren. Die Lage an den Seen erleichterte auch die Rohstoffversorgung. Die reliefarmen Weiten des Hinterlandes waren für das neue Fahrzeug besonders geeignet, seine wohlhabenden Einwohner die ideale Kundschaft. *„Es verwundert nicht, daß dies das Land der großen und schnellen Wagen wurde, als eine natürliche Reaktion auf die Umwelt"* (JARRETT 1977, S. 253).

Die Erfolge von Ford zogen andere Unternehmen – darunter General Motors und Chrysler – ebenfalls nach Detroit, das damit zum Mammutzentrum der amerikanischen Automobilindustrie wurde. Aber schon früh konnten die Werke den Bedarf nicht mehr befriedigen, konnten am Standort nicht mehr entsprechend expandieren und mußten ihre Produktion auf Zweigwerke an neuen Standorten ausdehnen. Bezeichnenderweise suchten diese nicht primär die Standräume mit Arbeitskräften – dann wären sie in den älteren Industriegebieten des Manufacturing Belt gegründet worden – sondern vielmehr größere Märkte außerhalb, z.B. in Georgia, Texas, New Jersey und an der Pazifikküste. Diese *Marktorientierung* erklärt sich in den USA – im Gegensatz zu Europa – aus den riesigen Entfernungen, wo Transportkostenunterschiede voll zum Tragen kommen: Die Beförderung von verpackten Teilen ist im Vergleich zu fertigen Kraftwagen billiger, weil weniger Beschädigungen riskiert, weniger Raum und auch keine Spezialwaggons benötigt werden. Die Marktorientierung wirkte sich schließlich dahingehend aus, daß das Standortmonopol des

Detroiter Raumes seit den dreißiger Jahren abgebaut wird: 1947-72 nahm die Zahl der Beschäftigten in Michigan von 372000 auf 295000 ab, während sie in den gesamten USA um 13,2% stieg (MILLER 1977, S. 222).

7.3.2 Die Automobilindustrie in der Bundesrepublik Deutschland

Ganz anders die Entwicklung in Deutschland. Als die ersten Autos erfunden wurden, Ende des 19. Jh., war das Eisenbahnnetz bereits annähernd in seiner größten Dichte ausgebaut, ein individuelles Verkehrsmittel war in dem im Vergleich zu den USA engen, verstädterten Raum nicht lebensnotwendig. Das Einkommensniveau lag im Mittel niedriger, es fehlte auch der sehr billige Treibstoff. So blieb das Auto bis zum II. Weltkrieg ein Luxusgut, perfektioniert als technische Höchstleistung, aber weder konzipiert noch produziert für einen Massenabsatz (vgl. GEIPEL 1969). Nach der Währungsreform jedoch sollte gerade dieses prestigeträchtige Besitzobjekt in einer nun kaufkräftigen, nachholbedürftigen Wohlstandsgesellschaft zum Stimulans für einen Absatz in immer größeren Mengen und bei immer schnellerem Wechsel der Modelle werden. Nicht zu vergessen ist das Vorbild der Amerikaner. Binnen weniger Jahre wurde so die Automobilindustrie in der Bundesrepublik Deutschland zum führenden Industriezweig, der sich in Wechselwirkung mit dem Lebensstandard entwickelte.

Die Stammwerke der deutschen Automobilunternehmen (Abb. 30) hatten sich vorwiegend in den Heimatorten ihrer Gründer entwickelt - Stuttgart (Benz, Daimler), Rüsselsheim (Opel) usw. - und waren dort zu Riesenbetrieben angewachsen. Zu Recht betont GEBHARDT (1979, S. 212) am Beispiel der Magirus-Werke in Ulm, daß in solchen Fällen das erfolgreiche Beharren am Standort schwieriger zu erklären sei als die Gründung selbst. Eine Ausnahme bildet das Volkswagen-Werk, das nur scheinbar als Automobilfabrik, in Wirklichkeit aber als Rüstungswerk in einem kaum besiedelten, ballungsfernen Raum gegründet wurde: Die Lage am Mittellandkanal, nahe der damals gebauten Autobahn sowie an der Bahnlinie Ruhrgebiet-Berlin schuf direkte Verbindungen zur Kohleversorgung und zu den gleichzeitig errichteten Hüttenwerken in Salzgitter; außerdem schien das VW-Werk damals für feindliche Luftangriffe nicht erreichbar (DIERCKE Weltatlas S. 41/I).

In den fünfziger und sechziger Jahren wurden diese Stammwerke (Abb. 30) wegen der knapp gewordenen Arbeitskräfte zu Dezentralisierungen gezwungen. Im Gegensatz zu den USA haben sich die Gründungen neuer Zweigwerke nun nicht am Markt orientiert, weil die Bundesrepublik Deutschland räumlich zu klein ist und Transportkostenunterschiede nicht ins Gewicht fallen. Vielmehr war die Suche nach Arbeitskräften in allen Fällen ausschlaggebend. Häufig wird deshalb die Automobilindustrie bei deutschen Autoren zu einseitig als arbeitskraftorientiert dargestellt (vgl. BÄURLE 1966, S. 83). Dabei muß allerdings differenziert werden zwischen der PKW-Produktion, die großenteils Hilfs- und angelernte Arbeitskräfte beschäftigen kann, und der in der Tat weit mehr auf Fachkräfte (ca. 70%) angewiesenen LKW-Konstruktion (GEBHARDT 1979, S. 212). Wenn heute in der Tat alle bundesdeutschen Automobilwerke in oder nahe an Ballungsräumen liegen, dann sicherlich wegen des hohen Bedarfs an Arbeitskräften, aber auch, weil diese Riesenbetriebe selbst entscheidend zur Bildung dieser Ballungen beigetragen haben – Wolfsburg, 1936 in einem öden Heidegebiet als völlig neue Stadt gegründet, zählte 1980 132 000 Einwohner (FWA 1981).

Die Suche nach Arbeitskräften bestimmte die Standortwahl z. B. von VW in Kassel, Hannover und Emden, von Ford in Saarlouis oder von Opel in Bochum. Unterstützt wurde dieser Trend durch öffentliche Fördermaßnahmen, die die Ansiedlung gerade in industriellen Krisengebieten mit zahlreichen Arbeitslosen forcierte: Mit dem Opel-Werk in Bochum wurden in der einst ausgeprägtesten Bergbaustadt an der Ruhr, in der heute kein Schacht mehr fördert, ca. 16 000 neue Arbeitsplätze geschaffen; im Ford-Werk Saarlouis sind von den 8 500 Beschäftigten 35% ehemalige Bergleute und 20% entlassene Stahlarbeiter (HORSTICK 1980). Immer waren bei solchen Betriebsgründungen große und billige Grundstücke (z. B. stillgelegter Bergwerke in Bochum) ebenfalls wichtige Standortvorteile.

7.4 Die Eisen- und Stahlindustrie

In der Industriegeographie hat die Eisen- und Stahlgewinnung immer das größte Interesse unter den Branchen gefunden. Dies nicht nur, weil Eisenhütten- und Stahlwerke allein durch Größe, Flächenbeanspruchung, Werksbauten und spektakuläre Produktionsprozesse seit jeher besonders auffällige Industrieanlagen gewesen sind. Außerdem hat das Hüttenwesen als einer der ältesten Industriezweige seit der Industriellen Revolution technische und technologische Wandlungen erfahren, die besonders standortwirksam und raumprägend wurden. Die Montanindustrie, d. h. die Kombination des Steinkohlebergbaus mit Verkokung und Eisen- und Stahlgewinnung, wurde auch zur Basis der Theorie von ALFRED WEBER; gerade ihre Veränderungen aufgrund von Rationalisierung, Innovationen und Transportmodernisierung sind industriegeographisch äußerst ein-

Prozesse der Eisen- und Stahlgewinnung 121

prägsame Beispiele für die Dynamik der Industrie und ihrer Standortfaktoren. Heute sind Vermarktung, Arbeitskräfte, politische und raumplanerische Einflüsse usw. teilweise zu wichtigeren Faktoren geworden als die einst dominanten Transportkosten. In der Dritten Welt kommen beim Aufbau von integrierten Hüttenwerken völlig neue Kriterien hinzu, wie Prestigedenken, Devisenersparnis oder politische Unabhängigkeit. Schließlich hat die Branche als vorwärts orientierte Schlüsselindustrie (Metallverarbeitung, Gießerei, Fahrzeug-, Flugzeug-, Stahl- und Maschinenbau) und als Voraussetzung einer Rüstungsindustrie immer ein vorrangiges wirtschaftliches und politisches Gewicht gehabt und wurde letztlich zu einem der Maßstäbe des Industrialisierungsgrades überhaupt (vgl. DIERCKE Weltatlas, S. 182/II).

7.4.1 Die Prozesse der Eisen- und Stahlgewinnung

Roheisen ist ein brüchiges Metall, das nur für nicht dehn- oder belastbare Körper verwendet werden kann (Drainagerohre, Motorblöcke usw.); Stahl dagegen, aus Roheisen gewonnen, ist schmiedbar und elastisch. Ca. 90% des erzeugten Roheisens werden zu Stahl weiterverarbeitet.

Für die Roheisengewinnung (Abb. 31) benötigt man Eisenerz, Kalk und Koks (früher Holzkohle). Im Hochofen agiert der Koks gleichzeitig als Brennstoff, um die notwendige Hitze zu erzeugen (über 1600°C), und als Reduktionsmittel: Der in ihm enthaltene Kohlenstoff (mind. 80%) verbindet sich teilweise mit dem im Erz enthaltenen Eisen zum flüssigen Roheisen, teilweise mit dem ebenfalls im Erz enthaltenen Sauerstoff zu sog. Hochofen- oder Gichtgas. Der Kalk verbindet sich mit dem Gesteinsanteil des Erzes zu Schlacke, die auf dem spezifisch schwereren Roheisen schwimmt. Erkaltet geht sie meist direkt in die Weiterverarbeitung zu Baustoff. Mit dem Gichtgas wird in sog. Winderhitzern (Cowpern) Luft („Wind") aufgeheizt und komprimiert in den Hochofen geblasen.

Das flüssige Roheisen wird am Boden des Hochofens abgestochen, in Behälter geleitet – darunter die modernen kippbaren Torpedowaggons – und im flüssigen Zustand ins Stahlwerk befördert. Dort werden der im Eisen enthaltene Kohlenstoff und andere „Verunreinigungen" (u. a. Schwefel, Mangan, Phosphor), die die Sprödigkeit des Roheisens verursachen, oxidiert oder chemisch in Schlacke gebunden. Anschließend wird der Stahl in Rohstahlblöcken („ingots") verkauft oder aber, was häufiger ist, in einem angeschlossenen Walzwerk weiterverarbeitet. Dieser Verbund auf einem Werksgelände, aber auch über Bahnverbindung, ermöglicht das rationellere Arbeiten „in einer Hitze". Obwohl es sich um einen völlig eigenständigen Prozeß der Metallverarbeitung handelt, wird das Walzen

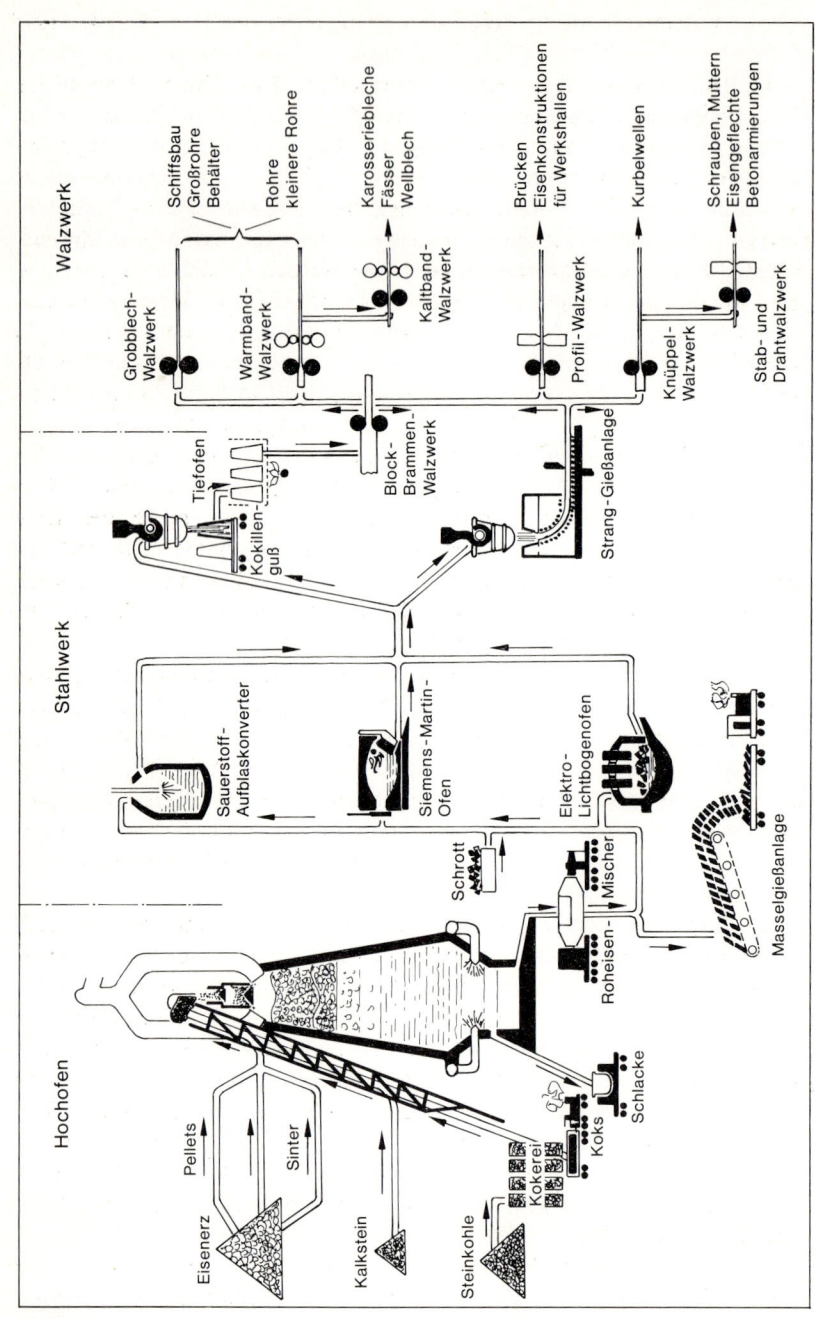

Abb. 31: Vom Erz zum Stahl (nach Beratungsstelle für Stahlverwertung, Düsseldorf)

meist mit zur Eisen- und Stahlindustrie gerechnet (z. B. LERAT 1975, S. 13).

Im Mittelalter wurde Eisen in kleinen Öfen (Rennöfen) und in entsprechend winzigen Mengen gewonnen. Stahl für Waffen und Werkzeuge gewann man durch Hämmern glühenden Eisens. 1740 wurde der Tiegelstahl erfunden, aber eine etwas umfangreichere Produktion erlaubte erst ab 1766 das allerdings extrem arbeitsintensive Puddel-Verfahren (Flammofenfrischen), wobei das Roheisen ständig von Hand umgerührt (to puddle) werden mußte. Den eigentlichen Durchbruch für die Massenproduktion von Stahl erreichte 1855 HENRY BESSEMER: Durch dessen mit flüssigem Roheisen gefüllten Konverter wird von unten Luft geblasen, um die unerwünschten Stoffe zu oxidieren. Allerdings konnte mit diesem Verfahren kein Phosphor eliminiert werden, der gerade in den in Europa stark verbreiteten Jura-Erzen (Mittelengland, lothringische Minette) konzentriert enthalten ist; der daraus gewonnene Stahl blieb spröde und wertlos. Ab 1878 ermöglichte dann das ebenfalls von Engländern erfundene Thomas-Gilchrist-Verfahren auch die Nutzung jener phosphorreichen Erze: Die Bessemer-Konverter wurden mit Dolomit ausgekleidet, der sich mit dem Phosphor verbindet. Das dabei abfallende Düngemittel, das phosphorreiche „Thomas-Mehl", wurde damals auch zu einem wichtigen Faktor in der sich modernisierenden Landwirtschaft.

1862 wurde von dem Franzosen MARTIN und dem in England lebenden Bruder von WERNER VON SIEMENS das Siemens-Martin-Verfahren entwickelt, bei dem in einem offenen, flachen Ofen Stahl aus Roheisen und großen Mengen Stahlschrott gewonnen wird. Direktes Recycling von Schrott, aber auch die Umwandlung von Roheisen, ermöglicht außerdem die Elektrostahlherstellung im Lichtbogenofen (1880), die besonders geeignet ist für die Herstellung von hochwertigen Spezialegierungen (vgl. Abb. 31).

1953 wurde das Sauerstoffblasverfahren (Oxygenverfahren) entwickelt, nach den österreichischen Stätten der Erfindung, Linz und Donawitz, auch LD-Verfahren genannt, das heute am meisten und in mehreren Variationen (LDAC-, Kaldo-Verfahren usw.) praktiziert wird. Dabei wird anstatt Luft Sauerstoff verwandt und mittels einer senkrecht in den Konverter eingeführten Lanze auf das Roheisen aufgeblasen. Die neue Methode hat das vorher dominierende Thomas-Verfahren seit 1960 weitestgehend verdrängt, denn sie ist rentabler, benötigt eine kürzere Produktionszeit, erzeugt bessere Stahlqualität, kann einen hohen Anteil an Schrott verwerten und emittiert nicht mehr jene charakteristischen gelben Staubwolken der Thomasstahlwerke.

Parallel zu diesen vielseitigen neuen Methoden konzentrierte man sich bei der Roheisengewinnung vorwiegend auf die Erhöhung der Produktionskapazitäten und auf Rationalisierung: Seit Mitte der siebziger Jahre produziert der größte Hochofen der Welt im Krivoi-Rog-Gebiet/Ukraine 13000t/Tag. Das 1972 leistungsstärkste Hüttenwerk der Welt lieferte 13,5 Mill. t/Jahr (WARREN 1975, S. 71) – im Vergleich dazu hatten 100 Jahre vorher alle 683 Hochöfen Großbritanniens zusammen nur die Hälfte geliefert (JARRETT 1977, S. 174). Solche Produktivitätssteigerungen wurden erreicht durch eine bessere Präparierung der Erze und eine Auswahl Fereicher Sorten (50%). Selbst wenn sie aus Übersee importiert werden, ist ihre Verarbeitung in den Lothringer und Saar-Hütten heute rentabler als die der in unmittelbarer Nähe anstehenden Minette-Erze (28–33% Fe). Außerdem werden stark staubende Erze gesintert (verbacken) bzw. man mahlt Erz, um es dann zu leichter schmelzbaren Kugeln (Pellets) zu verbacken. Fe-ärmere Erze werden magnetisch angereichert (Salzgitter). Diese und andere Maßnahmen zielen vorwiegend darauf ab, den Verbrauch des bei der Verhüttung teuersten „Rohstoffs", nämlich von Koks, auf ein Minimum zu senken. Deshalb wurden seit der Kohlekrise im Hochofen zusätzlich das billigere schwere Heizöl und Gas eingesetzt. So konnte der Koksverbrauch deutlich reduziert werden, Anfang der siebziger Jahre in Japan auf 366kg Koks/t Roheisen – 1950 hatte man noch 1t, 1939 1,3t, 1900 2t, Mitte des 19. Jh. 4t und Mitte des 18. Jh. 8–10t gebraucht. Allerdings ist die Entwicklung mit der Kostenexplosion von schwerem Heizöl und Gas wieder rückläufig.

Die jüngste Technologie zielt auf eine völlige Ausschaltung des Kokses bei der Verhüttung ab: Mit Erdgas, Kohlenstaub oder einem Gemisch aus Wasserstoff, Kohlenoxid und Stickstoff wird bei einer Hitze von nur 1000°C aus pulverisiertem Erz sog. Eisenschwamm (ca. 90% Fe) erzeugt, der in Elektrostahlöfen zu Stahl verarbeitet werden kann; man nennt dies Direktreduktion (WITTMANN und THOUVENOT 1972; JARRETT 1977) – ob damit allerdings der traditionelle Hochofen langfristig „zum alten Eisen" wird, erscheint fraglich (WARREN 1975, S. 54).

Parallel zum Einsatz der neuen Produktionsmethoden verlief eine allgemeine Vergrößerung der Werke, meist verbunden mit einem sowohl unternehmerischen wie lagemäßigen Konzentrationsprozeß. Es kam auch zur Arbeitsteilung und Konzernbildung, häufig sogar grenzübergreifend. Gleichzeitig melden die sog. „Mini-Stahlwerke" mit 0,3–0,5 Mill. t Stahl/Jahr beachtliche Erfolge; sie profitieren allerdings davon, daß sie den in großen Anlagen abfallenden Schrott günstig verwerten können (WITTMANN und THOUVENOT 1972).

7.4.2 Die Standorte der Eisen- und Stahlgewinnung und ihre Wandlungen

Ursprünglich war die Hüttenindustrie neben Glasmanufakturen, Spinnereien, Webereien, Gerbereien und Papiermühlen eine der typischen Mittelgebirgsindustrien (vgl. OTREMBA 1953), in manchen Regionen perfekt integriert in eine wirtschaftsräumliche Symbiose von Reutbergwirtschaft, Köhlerei, Verhüttung, Kleineisenindustrie, Ackerbau, Rinderhaltung und Lohgerberei, wie sie T. KRAUS (1931) eindrucksvoll am Beispiel des Siegerlandes beschrieben hat: Grundlagen waren anstehende Erze, Holzkohle aus den Wäldern und fließendes Wasser zur Kühlung sowie zum Antrieb von Blasebälgen, Hämmern und Pochwerken. Die Produktion an Eisen mußte jedoch äußerst gering bleiben, da sie extrem hohe Mengen an Holzkohle pro Tonne verschlang. Selbst das ausgeklügelte System der turnusmäßig betriebenen Reutbergwirtschaft erlaubte nur eine begrenzte Kapazität.

Seit dem Einsatz von Koks konzentrierte sich das Hüttenwesen auf die Steinkohlenvorkommen, auf denen sich die bedeutendsten Industrieviere entwickelten. Da die Karbonflöze an den Säumen der Mittelgebirge anstehen, kam es so zu einer meist engen Nachbarschaft zwischen neuen und alten Hüttenrevieren: Ruhr-Siegerland, Saar-Hunsrück, Maas/Sambre-Ardennen, Appalachen – westliches Vorland. Um so mehr bot sich dieser Standortwechsel auf die Kohle an, wenn dort schon vor Einsatz des Kokses karbone Eisenerze (England) verhüttet worden waren. Die meisten Hüttenwerke in den Mittelgebirgen verschwanden völlig, nur in einzelnen Gebieten, wie im Siegerland, konnten sich Reliktstandorte erhalten (Abb. 33), weil man sich auf hochwertige Spezialstähle und Walzprodukte umstellte und so konkurrenzfähig blieb (vgl. HAAS 1958). In den anderen Gebieten überlebten spezialisierte Nachfolgebranchen der Metallverarbeitung – Klingen in Solingen, Sheffield oder Thiers (Franz. Zentralmassiv), Schlösser in Velbert, Werkzeuge in Remscheid – deren Erfolge, trotz ungünstiger Standorte, auf einer traditionsreichen Facharbeiterschaft, auf Qualität und auf dem daraus entstandenen Herkunfts-Goodwill (Kap. 5.3.8) beruhen.

Abb. 32: Das integrierte Küstenhüttenwerk Hoogovens in Ijmuiden nördlich von Rotterdam (Quelle: Aerophoto-Schiphol B.V.)

Bezeichnend ist die Raumorganisation des Werksgeländes, die sich auch hier am Mikrostandort an Transportkostenberechnungen orientiert: im rechten Vordergrund die Anlandung der Rohstoffe (Erz, Kohle usw.). Die Aufbereitung der Rohstoffe (Kokerei, Sinter- und Pelletieranlagen) findet möglichst dicht an den Kais statt. Unmittelbar daneben oder dahinter liegen die Hochöfen. Von dort wird das Roheisen zur Weiterverarbeitung in die Stahl- und Walzwerke befördert, die bereits in größerer Distanz zum Hafen liegen.

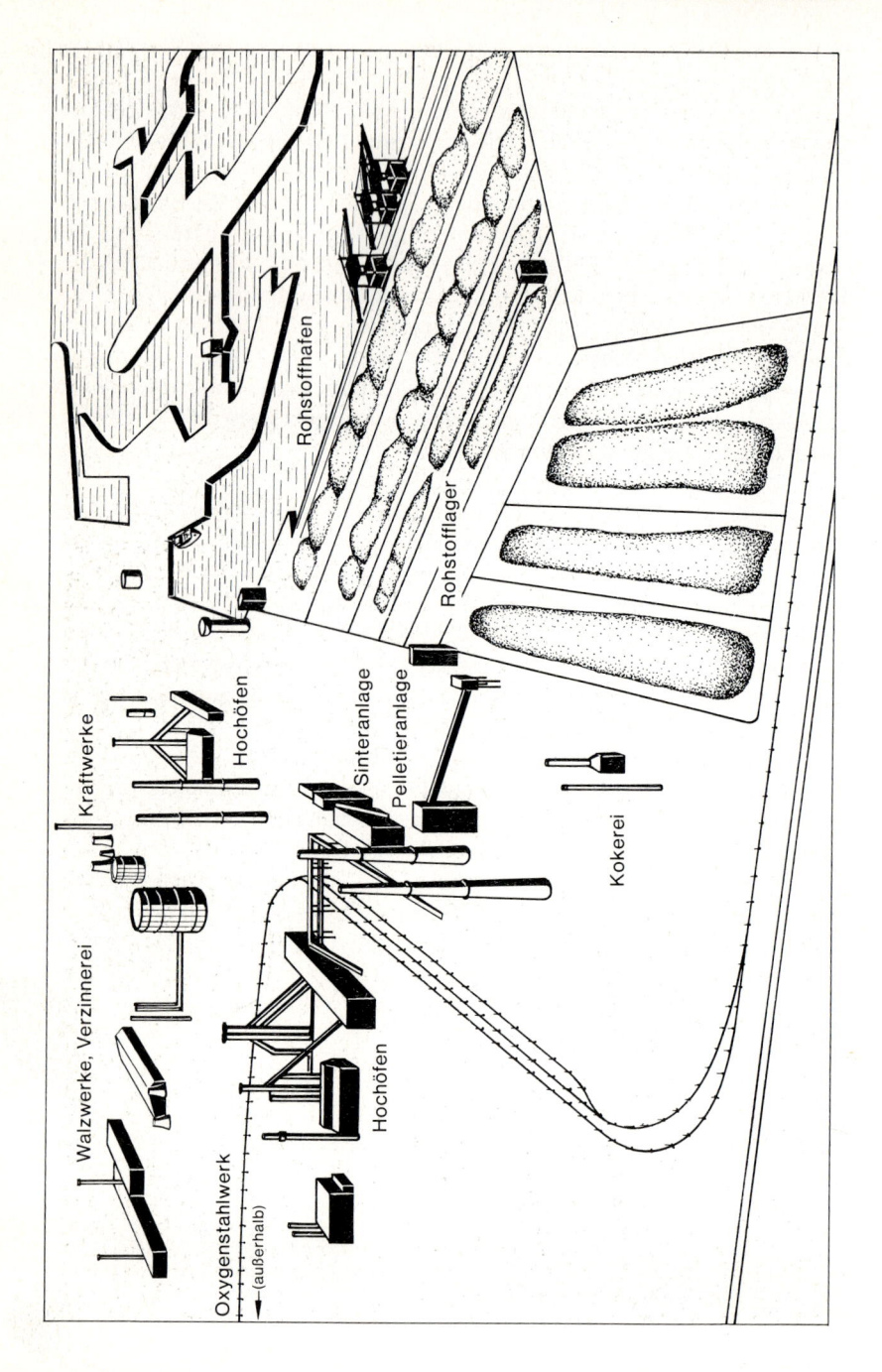

126   *Küstenhüttenwerk*

Küstenhüttenwerk

Es wurde zunächst zur Regel, daß das Erz zur Kohle wanderte: Noch Mitte des 19. Jh. wurden ja pro 1 t Roheisen 4 t Koks, aber (bei 50% Fe-Gehalt) nur 2 t Erz benötigt. Bezeichnend ist deshalb, daß sich eine Hüttenindustrie auf Erzbasis erst ansiedeln konnte, als der notwendige Koksverbrauch durch technische Fortschritte schon entsprechend reduziert worden war: Um 1880, als sich das lothringische Revier entwickelte, lag der Einsatz dieser mageren Erze (28–33% Fe) bereits höher als der von Koks, das Erz zog folglich die Kohle an.

Um 1913 hatten sich die dominierenden Standräume der Eisen- und Stahlindustrie herausgebildet. Nach dem II. Weltkrieg führte jedoch eine vielschichtige Entwicklung zu einer standortmäßigen Benachteiligung dieser Binnenreviere gegenüber den Küsten. Die anhaltende Reduzierung des Koksverbrauchs hatte die Bindung an die Kohlevorkommen entsprechend abgeschwächt, gleichzeitig konnte in Europa Kohle aus Übersee (USA) billiger angeboten werden als einheimische. Dies war vor allem durch die extreme Senkung der Seefrachttarife ermöglicht worden, eine Folge wiederum des steil angestiegenen Transportaufkommens und – als Reaktion auf dieses – der Vergrößerung der Schiffsladekapazitäten. Noch mehr profitierte von derselben Entwicklung die Erzfracht: Hatten 1950 die größten Frachter nur ca. 10000 t BRT, so bauten die japanischen Werften bereits Anfang der siebziger Jahre keine Schiffe mehr unter 100 000 BRT. Verbilligt wurde der Transport zusätzlich durch neue kombinierte Schiffstypen, in denen sowohl Erz bzw. Kohle als auch Erdöl geladen werden können. Um 1969 kostete die Fracht pro 1 t brasilianisches Erz nach Europa nur noch 17% im Vergleich zu 1959 (WITTMANN und THOUVENOT 1972; CORDES 1971).

Ausschlaggebend für die Entwicklung der Küstenhüttenwerke („nasse Hütten", Abb. 32) wurde die Erzversorgung, da ja der Koksanteil ständig zurückging und heute bei etwa einem Sechstel aller beteiligten Rohstoffe liegt. Der steil ansteigende Massenverbrauch an Erz und gleichzeitige Rationalisierungsbemühungen führten zu einer eindeutigen Bevorzugung höherwertiger Erze (50–80% Fe) aus Übersee gegenüber denen aus Europa. Wenn man bedenkt, daß 1951–1979 die Weltstahlproduktion von 200 Mill. t auf 683 Mill. t stieg (ARNOLD 1978, S. 417; FWA 1981), wird deutlich, daß bei einer derart raschen Expansion der Stahlindustrie das Recycling von Schrott, das ja Standortvorteile für die alten Montanreviere bedeutet, nur von untergeordneter Bedeutung bleiben mußte.

So ist seit ca. 1960 ein ausgeprägter Trend der neuen Stahlwerke an die Küsten der Industrieländer festzustellen, allen voran in rohstoffarmen Räumen wie Italien und Japan (DIERCKE Weltatlas, S. 68/69, 92, 100, 134, 144, 157, 183/III). Im Prinzip ist dieser Trend ungebrochen, auch wenn die anhaltende Stahlkrise der Industrieländer z. Z. die Gründung

Trend der Hüttenwerke zur Küste 129

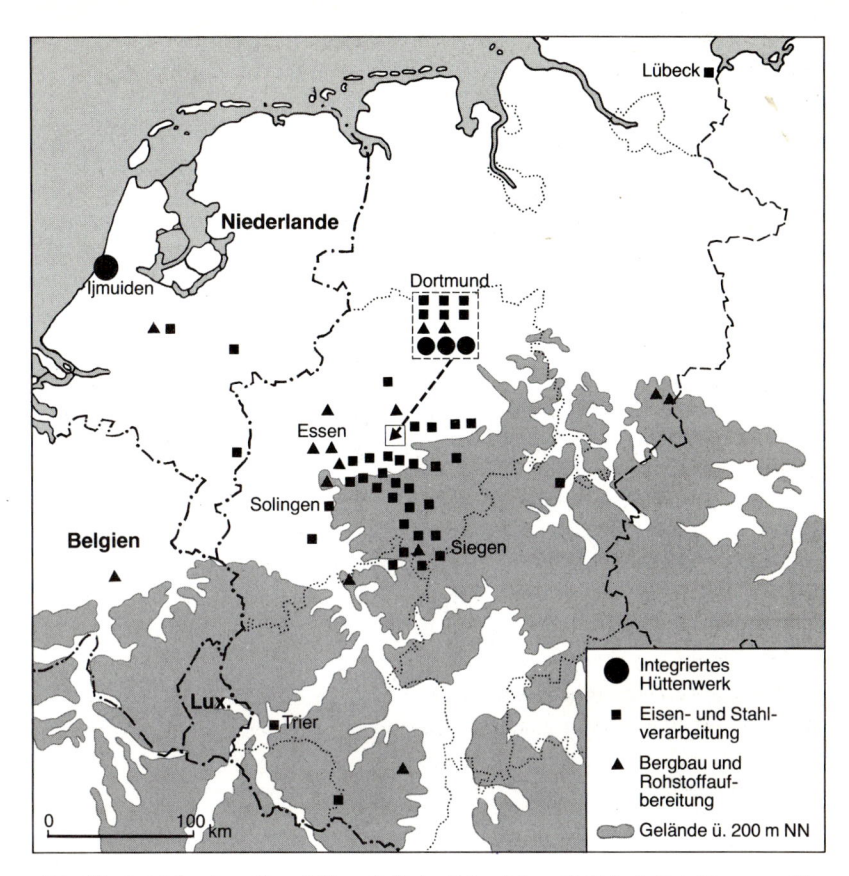

Abb. 33: Betriebe der „Royal Hoesch Union" im Jahre 1968 (mit Beteiligungen über 20%) (nach FLEMING *und* KRUMME *1968)*

Die Standorte der Betriebe spiegeln die Verlagerung der Eisen- und Stahlindustrie wider: An den einstigen Ursprungsraum im Siegerland erinnern, als „Reliktstandorte", Betriebe der Metallverarbeitung. Danach erfolgte eine Konzentration auf das Ruhrgebiet (Dortmund). Der Trend zur Küste äußert sich in der Fusion mit einem holländischen Unternehmen und dem Standort Ijmuiden.

neuer Hüttenwerke verhindert. Die Standortvorteile betreffen zusehends auch Vermarktungsmöglichkeiten in neu entstehenden Ballungsräumen an den Küsten und das Zusammenspiel mit anderen Industrieanlagen (Raffinerien, Rohrleitungsnetze, Werften usw.). Dadurch können Standortnachteile der „nassen Hütten", wie größere Entfernungen zu den Hauptbinnenmärkten, hohe Frachtsätze für den Landtransport ihrer Erzeugnisse oder geringere Fühlungsvorteile mehr als kompensiert werden. Auch blieben die Standortvorteile in den Ballungsgebieten den Stahlunternehmen erhalten, da diese dort ihre Hauptverwaltungen behielten und von diesen aus die „nassen Hütten" meist zusätzlich zu den bestehenden Werken in den Binnenrevieren ansiedelten: Z. B. gründete die nordfranzösische USINOR das Werk Dünkirchen. Allerdings muß mit BRÜHLING (1969, S. 31) von einem „modifizierten Trend zur Küste" gesprochen werden, da in erster Linie die Massenrohstoffe verwertenden Hochofenwerke ans Meer verlagert wurden, Stahl- und Walzwerke dagegen häufig in den Binnenrevieren, also in Marktnähe verblieben. Es kam auch zu Konzernverbindungen, in denen sich noch heute die *„Wanderung" der Standorte Mittelgebirge-Kohlereviere-Küste* widerspiegelt. Ein Beispiel ist die „Royal Hoesch Union", ein Vorläufer der Fusion Hoogovens-Hoesch im Estel-Konzern, mit einem Küstenhüttenwerk in Ijmuiden, Hütten- und Walzwerken in Dortmund sowie Metallverarbeitung im Siegerland (Abb. 32 und 33).

Bei den „nassen Hütten" muß nun unterschieden werden zwischen der betriebswirtschaftlich positiven Entwicklung der Küstenhüttenwerke und ihrer Raumwirksamkeit. So konnten viele Projekte nicht die Erwartungen erfüllen, die man in sie als Entwicklungspole[1] für strukturschwache, meist ländliche Gebiete gesetzt hatte: Beispiele dafür sind Tarent oder Fos-sur-Mer. Nicht zu Unrecht hat man sie mit „Kathedralen in der Wüste" verglichen, denn die erhofften Effekte, nämlich die Ansiedlung von branchenmäßig diversifizierten Nachfolgeindustrien und die Bildung von Ballungsräumen, blieben in solchen Räumen in der Regel aus. Dabei scheinen mehrere grundlegende Irrtümer unterlaufen zu sein, als man glaubte, der Aufbau einer Eisen- und Stahlindustrie würde zwangsläufig eine Kette anderer weiterverarbeitender Industrien nach sich ziehen. Betrachtet man nämlich die traditionellen europäischen Montanreviere, so sind sie, wenn auch in unterschiedlichen Ausmaßen, durch ihr zu einseitig auf Grundstoffindustrien beschränktes Branchenspektrum geprägt: Dies gilt u. a. für Südwales, Nordfrankreich, die Borinage, Lothringen, das Saarland oder das Ruhrgebiet. Gerade diese relative Einseitigkeit erschwert dort heute die Bewältigung der Krisen. Zum zweiten wurden die neuen Hüttenwerke in ballungsfernen, strukturschwachen Räumen angelegt, und zwar zu einer Zeit, als in den Industrieländern bereits ein festes Muster von Industrien mit ihren Verflechtungen, von Ballungsräumen und von infrastrukturellen Einrichtungen bestand. Standorte weiterverarbeitender Betriebe innerhalb solcher festgefügter Strukturen werden verständlicherweise denen neben einem isolierten Hüttenwerk im unerschlossenen ländlichen Raum bevorzugt.

---

[1] Vgl. die Ausführungen zur Entwicklungspoltheorie in Kap. 10.3 im Zusammenhang mit der Industrieplanung.

7.4.3 Die Eisen- und Stahlindustrie in den Entwicklungsländern

Projekte, mit großen Hüttenwerken Entwicklungspole zu schaffen, spiegeln den schon im Ansatz problematischen Versuch wider, innerhalb marktwirtschaftlicher Systeme eine betriebswirtschaftlich rentable Gründung mit volkswirtschaftlich positiven räumlichen Auswirkungen optimal zu kombinieren. Folglich wird vom marktwirtschaftlichen Standpunkt aus die Errichtung einer Eisen- und Stahlindustrie in den Entwicklungsländern in der Regel skeptisch beurteilt, während umgekehrt sozialistische Entwicklungsmodelle diesen Weg gerade fordern. Vor einer sachlichen Wertung der bisherigen Ergebnisse dieses Industriezweigs in der Dritten Welt müssen deshalb zunächst die Motive kurz betrachtet werden, die hinter einer solchen Industrialisierungspolitik in den einzelnen Staaten stehen.

Die Stahlproduktion wird dort generell als die entscheidende, Prestige verschaffende Schlüsselindustrie für die Industrialisierung angesehen. Auch strategische Ziele können dabei mitspielen. Man strebt deshalb nach Möglichkeit Importsubstitution an, allein schon, um nicht Gefahr zu laufen, von den Importen abgeschnitten zu werden, wie in beiden Weltkriegen geschehen. Außerdem schafft die Branche zahlreiche Arbeitsplätze. Die Produktion auf der Basis einheimischer Rohstoffe ermöglicht, auch wenn sie teurer ist als importierter Stahl, eine deutliche Senkung der Devisenausgaben (WARREN 1975, S. 271). Gerade in einseitig vom Rohstoffexport lebenden Ländern wird damit auch die notwendige Diversifizierung der Wirtschaft gefördert. Hinzu kommen raumordnerische Ziele: Die Hüttenwerke werden in nächster Nähe zu Kohle- und/oder Erzvorkommen bzw. in optimaler Verkersanbindung an diese angelegt und erfordern deshalb den Ausbau der Infrastruktur. Außerdem sollen sie, vergleichbar mit den isolierten Hüttenwerken an europäischen Küsten, als Entwicklungspole fungieren. Häufig werden sie dabei in größere kombinierte Projekte integriert, wie um Ciudad Bolívar – Ciudad Guayana/Venezuela (BORCHERDT 1978). Zusätzlich zu dieser Funktion der Raumerschließung und -inwertsetzung sollen Hüttenwerke auch gezielt zur industriellen Dezentralisierung beitragen, also die sonst als Standorte besonders bevorzugten Hauptstädte entlasten. In der Regel wird diese Ansiedlungspolitik vom Staat dirigistisch verwirklicht oder indirekt gesteuert.

Sieht man diese Motive und Bedingungen zusammen, so überrascht es nicht, daß integrierte Hüttenwerke in Entwicklungsländern häufig auf betriebswirtschaftlich unrentablen Standorten gegründet werden und voll küstenorientierte Werke noch Ausnahmen sind. Vielmehr stehen bei der Standortplanung eindeutig volkswirtschaftliche Überlegungen im Vordergrund (vgl. BRÜCHER und KORBY 1979). Standortorientierung und Standortverteilung unterscheiden sich also grundsätzlich von denen in den Industrieländern.

Wenn das volkswirtschaftliche Interesse der Staaten der Dritten Welt am Aufbau einer eigenen Stahlindustrie prinzipiell gerechtfertigt erscheint, so ist diese doch mit erheblichen, z. T. gravierenderen Problemen belastet als viele andere Branchen. So kann die angestrebte ökonomische und politische Unabhängigkeit, wenn überhaupt, erst sehr spät erreicht werden, da die gesamten Produktionseinrichtungen von ausländischen Großunternehmen geliefert, montiert und organisiert werden müssen. Nur selten werden dabei konkurrenzfähige Werke auf neuestem technischem Niveau errichtet, veraltete Anlagen aus zweiter Hand sind keine Ausnahme (BRÜCHER 1975, S. 64). Es fehlt an ausreichend qualifizierten Fachkräften. Während sich die Industriestaaten auf Spezial- und Qualitätsstähle verlegen, produzieren solche Werke Massenstahl minderer oder mittlerer Güte, der zwar für Bauprojekte und Stahlbau verwendbar ist, nicht aber den Anforderungen vieler weiterverarbeitender Branchen (Maschinenbau, Fahrzeugbau usw.) entspricht. Die Schlüsselfunktion der Stahlindustrie für die allgemeine Industrialisierung ist damit bereits erheblich eingeschränkt!

Außerdem ist zum Zeitpunkt der Inbetriebnahme eines Hüttenwerkes der Binnenmarkt eines Entwicklungslandes sehr begrenzt aufnahmefähig für Rohstahl und Walzprodukte. Hier bestehen allerdings extreme Unterschiede, z. B. zwischen großen „Schwellenländern" wie Mexiko oder Brasilien einerseits und den Staaten Tropisch-Afrikas, die auch bezeichnenderweise noch keine Hüttenwerke errichtet haben (vgl. Abb. 1 in BRÜCHER und KORBY 1979). Zusätzlich erschwert wird die Absatzlage durch die weite Streuung der potentiellen Abnehmer, große Entfernungen und mangelhafte Verkehrsverbindungen. Dies um so mehr, als integrierte Hüttenwerke meist in Rohstoffnähe, in völlig neu zu erschließenden Räumen und damit fern von den bestehenden Ballungsräumen gebaut werden, z. B. Paz del Río/Kolumbien, Ciudad Guayana/Venezuela oder die indischen Standorte. Beträchtlich sind zudem die dabei anfallenden Kosten für den Ausbau der notwendigen Infrastruktur. Da in der Regel metallverarbeitende Industrien, und sei es nur auf Handwerksniveau, bereits in den Städten ansässig waren, bevor die Hüttenwerke gegründet wurden, entwickelten sie sich weiter in den Städten. Dagegen konnten die isolierten Stahlwerke kaum neue Betriebe in ihre Umgebung ziehen (vgl. BRÜCHER und KORBY 1979). Auch hier läßt sich das Entwicklungspolkonzept (vgl. Kap. 10) unter solchen Bedingungen kaum verwirklichen – die Parallele zu Tarent oder Fos-sur-Mer ist offenkundig.

Angesichts der geringen Marktkapazität der meisten Länder können nur kleine Hüttenwerke gebaut werden, da zumindest in der Anfangsphase überhöhte Erzeugerpreise den Export ausschließen. Kleine Hüttenwerke sind aber prinzipiell unrentabel, und das Modell der in Europa erfolgreich eingesetzten Mini-Stahlwerke, die vom Schrott der großen Hüttenwerke profitieren, nicht übertragbar. Allenfalls kleine Werke mit Direktreduktion kommen in Frage. Viele Entwicklungsländer begannen den Aufbau ihrer Stahlindustrie mit kleinen Elektrostahlöfen, die den anfallenden und importierten Schrott einschmelzen. Dies führte zu einer Standortbindung an die Räume mit dem größten Schrottaufkommen, also Agglomerationen und Häfen. Siedelte man später zusätzlich ein integriertes Hüttenwerk an – wie gesagt, meistens in Rohstoffnähe und fern der Ballungsräume – so kam es zu einer Standorttrennung und folglich zu jener parallelen, unökonomischen Entwicklung.

Beim Aufbau einer eigenen Stahlindustrie stellen sich also in den Entwicklungsländern erhebliche Probleme – eigentlich Gründe genug, um die Chancen dieser Branche in der Dritten Welt skeptisch zu beurteilen. Ganz im Gegensatz dazu aber ist das Eindringen von Stahl aus den größeren Entwicklungsländern (Brasilien, Mexiko usw.) in den Weltmarkt heute einer der Hauptgründe für die Absatzkrise der europäischen Produzenten: Diese Länder nehmen nun immer weniger Stahl ab und liefern zudem selbst. 1979 entfielen bei einer Weltstahlproduktion von 683 Mill. t zwar nur 8% auf die Entwicklungsländer. Allein im selben Jahr steigerten diese jedoch ihre Produktion um 14%. Umgekehrt fielen die Anteile an der Weltstahlproduktion der USA 1969–1979 von 22,3% auf 16,5% und der EG von 23,4% auf 18,8% (UNO-Angaben, nach FWA 1981). Bei steigenden Erzpreisen, der Erschließung neuer bedeutender Vorkommen sowie der Verbreitung und Perfektionierung der Direktreduktion ist mit einer anhaltenden Schwergewichtsverschiebung zugunsten der Stahlindustrie in den Entwicklungsländern durchaus zu rechnen.

7.4.4 Die Entwicklung binnenländischer Stahlreviere in Industrieländern

Die wachsende Konkurrenz der Entwicklungsländer und vor allem Japans auf dem Weltmarkt ist nur ein Grund der europäischen Stahlkrise. Hinzu kommt nämlich, daß in den traditionellen Binnenrevieren die einstigen Standortvorteile sich allmählich zu Standortnachteilen gewandelt hatten: Der Kohlebergbau wurde zu teuer bzw. die europäischen Eisenerze haben einen zu schwachen Fe-Gehalt. Die Infrastruktur ist inzwischen teilweise überaltert. Dies gilt auch für die Hüttenwerke. Deren Kapazitäten, die nicht mehr dem modernen Standard entsprechen, können häufig aus Mangel an Reserveflächen und/oder wegen Umweltschutzbestimmungen nicht vergrößert werden. Außerdem hatten sich die Montanindustrien

Abb. 34: Röchling-Werke in Völklingen/Saar (Quelle: W. BRÜCHER*)*
Die Anlagen sind Beispiel eines Rationalisierungs- und Umstrukturierungsprozesses: Die Hochöfen und die Kokerei (links oben) sollen aufgegeben werden zugunsten einer konzentrierten Roheisengewinnung im saarabwärts gelegenen Dillingen. Später soll in Völklingen nur noch Stahl produziert werden, wozu das hochmoderne Blasstahlwerk (rechts oben) gebaut wurde. Aufgegeben wird auch das auf Sauerstoff (OBM) umgestellte alte Thomas-Stahlwerk (5 Filter oberhalb des Krans). Die Saar, verdeckt zwischen Autobahn und Bahnlinie, wird zur Zeit kanalisiert, um eine konkurrenzfähige Rohstoffversorgung zu gewährleisten.

während ihrer jahrzehntelangen Blütezeit zu raumbeherrschenden Wirtschaftszweigen entwickelt und relativ wenig Nachfolgeindustrien entstehen lassen (vgl. Kap. 8.2). Auch der tertiäre Sektor blieb immer auffällig schwach. Diese einseitige Struktur verschärfte die Krise und bot kaum Entlastungsmöglichkeiten durch andere Wirtschaftsbereiche.

Zwar wurden und werden einzelne besonders unrentable Hüttenwerke geschlossen bzw. ans Meer „verlagert", an eine Aufgabe ganzer Stahlreviere ist jedoch, zumindest kurzfristig, nicht zu denken, allein wegen der sehr hohen fixen Investitionen und wegen der Konsequenzen für die Bevölkerung und die Wirtschaft der entsprechenden Region, ja der gesamten Volkswirtschaft. Damit wird die Sanierung der Montanreviere zum bedeutenden Politikum: Die traditionellen Standortfaktoren sind irrelevant geworden, selbst ein Beharren der Werke am angestammten Standort ist aus eigener Kraft meistens ausgeschlossen – zum entscheidenden Faktor wird nun vielmehr der Wille der öffentlichen Hand, die Existenz der Stahlindu-

Krise der alten Stahlreviere

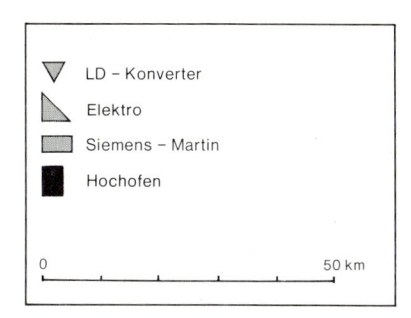

Abb. 35: *Modernisierung und Konzentration der Eisen- und Stahlproduktion der Friedrich Krupp Hüttenwerke AG im Ruhrgebiet (nach WITTMANN und THOUVENOT 1972)*

Die Karte zeigt den Rationalisierungsprozeß – weniger, aber erheblich größere Produktionsanlagen erzeugen mehr Eisen und Stahl – sowie eine funktionale Trennung mit entsprechenden Standortveränderungen: Die Hochöfen werden wegen der nachteiligen Binnenlage in Bochum aufgegeben zugunsten eines verstärkten Ausbaus an der „verlängerten Küste Rhein"; dort konzentriert sich auch die Massenstahlproduktion. Dagegen werden Spezialstähle (Siemens-Martin, Elektro-) weiterhin im zentralen Ruhrgebiet mit seiner vorteilhaften Marktnähe und seinem großen Schrottaufkommen produziert. Die Belieferung mit flüssigem Roheisen erfolgt von Rheinhausen über Torpedowaggons.

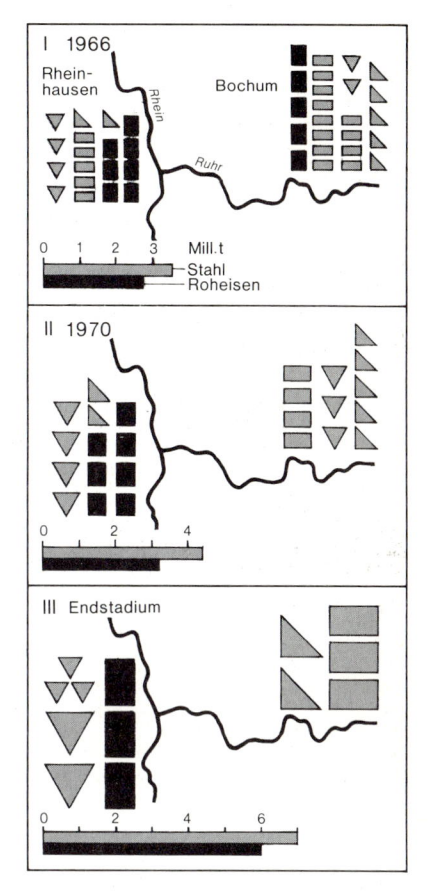

strie zu erhalten, und sei es unter volkswirtschaftlichen Verlusten. (Dies gilt zumindest, solange keine ausreichenden Ersatzindustrien angesiedelt werden können.) In der Regel müssen neben den regionalen (Länder) auch gesamtstaatliche Finanzmittel (Bund) für die umfangreichen Sanierungsmaßnahmen in Anspruch genommen werden. Damit bekommt der Staat, auch in marktwirtschaftlichen Systemen, entscheidende Eingriffsmöglichkeiten in diese Schlüsselindustrie. Bezeichnend sind die Beispiele des Saarlandes, wo die Rettung der Stahlbranche von Mitteln der Bundesregierung und ihrem Ja zur Saarkanalisierung abhängen kann, und des benachbarten Lothringen, wo es über die Umwandlung von Krediten der Staatsbanken in Aktien und eine Majorisierung der Verwaltungsräte *„zu einer gewissen ,Verstaatlichung' der Hüttenindustrie kam"* (REITEL 1980, S. 75).

So kann der Staat die Standortfaktoren über infrastrukturelle Maßnahmen (Kanalbau usw.) aufwerten, die Fusion von Konzernen erleichtern und durch Finanzhilfen die technische und technologische Verbesserung der Stahlindustrie ermöglichen. Die Unternehmen spezialisieren sich zunehmend auf hochwertige, seltene Stähle, bieten eine breite Sortenpalette an, bauen neue Produktionsanlagen oder organisieren eine Arbeitsteilung auf verschiedene Standorte, z. B. Zentralkokerei, „Flüssigphase", Walzwerke usw. (vgl. Abb. 34 und 35). Parallel zu der direkten Stützung der Stahlindustrie wird die branchenmäßige Umstrukturierung bzw. Diversifizierung in den Krisengebieten gefördert, wobei Werke der Automobil- und Elektroindustrie wegen ihrer hohen Arbeitsintensität bevorzugt werden.

Abschließend muß nochmals die außerordentliche Variabilität und Dynamik der Standortfaktoren der Eisen- und Stahlindustrie betont werden: Von der Rohstoff- und Energieorientierung einst in den Mittelgebirgen zur Energieorientierung in den Kohlerevieren, später dann, allerdings seltener, zur Rohstofforientierung auf geringwertigen Erzen. Bei den „nassen Hütten" werden die Transportbedingungen für Rohstoffe und Energieträger, aber auch neue Märkte zu den dominanten Faktoren. In den traditionellen, von Krisen befallenen Revieren schließlich werden die Abhängigkeit der Arbeitskräfte, d. h. der Bevölkerung, sowie die Integration in auf der Montanindustrie gewachsene Ballungsräume zu bindenden Standortfaktoren. Schließlich wird die Stahlbranche auch zum Objekt der Politik, sei es als Schlüsselindustrie für den Aufbau einer Volkswirtschaft in den Entwicklungsländern, sei es zur eigenen Sanierung in den Krisenrevieren.

8 Lage und Entwicklung der Industrie im Raum

Die erläuterten Standortfaktoren und die Organisationsformen der Industrie bestimmen deren räumliche Verteilung. Dabei kommt es regional und lokal, bei aller Vielfalt und Individualität, zur Herausbildung gewisser typischer Standortmuster und -gruppierungen mit entsprechenden räumlichen Wechselwirkungen, für die sich auffällige weltweite Parallelen finden.

Als Hauptbeispiel sollen hier die Industrien in monozentrischen und in polyzentrischen Ballungsräumen ausführlicher geschildert werden. Neben den genannten Haupttypen bestehen noch mehrere Sonder- und Übergangstypen, die hier nur kurz aufgeführt werden können: Der Industrieraum Mittlerer Neckar z. B., mit Stuttgart als Zentrum (GROTZ 1970), unterscheidet sich von dem isoliert im ländlichen Umland gewachsenen München durch die Vielzahl nahe gelegener Städte (Esslingen, Ludwigsburg usw.) und industrialisierter Dörfer. Leipzig, historisch gewachsener zentraler Ort höchster Stufe, wurde später in die Strukturen des neugebildeten Braunkohlenbergbau- und Chemiereviers integriert. Völlig andere Funktionen und Strukturen zeigen wiederum Städte, die von einer Branche oder einem Riesenbetrieb geprägt wurden oder überhaupt erst mit ihnen entstanden sind: Leverkusen, Ludwigshafen, Wolfsburg, Detroit, Eindhoven usw. (vgl. KLÖPPER 1959 u.a.). In den großen Hafenstädten siedeln sich Industrien an, die keine andere Standortwahl haben, vor allem Werften, Zulieferer für diese, außerdem Branchen, die importierte Rohstoffe verarbeiten bzw. für den Export produzieren. Längs natürlicher Verkehrslinien, also in Tälern und an Schiffahrtswegen, aber auch an Gebirgsrändern, wo gefällstarke Flüsse austreten, bilden sich häufig Industrieachsen oder -gassen (Filstal, „Rheinschiene", „Fall-Line" am Ostrand der Appalachen usw.), die zu bandartigen Verdichtungen mit einzelnen städtischen Konzentrationen führen. Im Kontrast dazu stehen völlig isolierte Industriekomplexe, die meist unmittelbar an einen Rohstoff oder ein Energievorkommen gebunden sind (Kombinate in sozialistischen Ländern, Hüttenwerke in Entwicklungsländern usw.). Ländliche Räume sind oft von gestreuten Industriebetrieben durchsetzt, die sich an lokalen Arbeitskräften oder Rohstoffen orientieren. Sie entstanden aus dem Zwang heraus, neben der unzureichenden Landwirtschaft oder Tagelöhnerarbeit eine zusätzliche Erwerbsquelle zu schaffen (Offenburger Lederwaren, Spielzeug aus dem Erzgebirge, Schwarzwälder Uhren, Heimweber in Württemberg usw.). Auf dieser Basis kam es häufig zu Spezialisierungen, zur Produktion bekannter Markenartikel, die bis heute ein Überleben der Betriebe an den angestammten Standorten ermöglichten.

8.1 Die Industrie im monozentrischen Ballungsraum

Seit Beginn der Industriellen Revolution zogen die bedeutenden zentralen Orte Industriebetriebe an: Sie konnten dank guter Verkehrslage (Kanal, Bahn) leicht mit Rohstoffen versorgt werden und ihre Produkte exportieren, sie bildeten selbst einen beachtlichen Markt und verfügten über ein größeres Arbeitskräftereservoir, nicht zuletzt auf der Basis einer handwerklichen Tradition. Von Vorteil waren außerdem die infrastrukturelle Ausstattung, Fühlungsvorteile innerhalb der Stadt und nach außen sowie wirtschaftspolitische Protektion.

So wie die städtische Entwicklung solcher monozentrischen Ballungsräume ist auch die *Entwicklung ihrer Industrien primär von zentralperipher gerichteten Impulsen* gesteuert worden. Zunächst zog das Zentrum die Industrien an: In den Altstädten wurzelten die Handwerksstätten, die sich häufig zu kleinen Industriebetrieben ausweiteten. Man suchte die Nähe zum Zentrum wegen der Arbeitskräfte, der konzentriertesten Absatzmöglichkeiten, der Kreditinstitute, aber auch wegen der notwendigen Kontakte zu Kunden und anderen Firmen (Druckereien). Es ist dies der Ursprung der sog. „Nahbedarfsindustrien" (vgl. Kap. 5.3.8). Unterstützt wurde die Orientierung auf das Zentrum durch den Bau der Bahnhöfe meist direkt am Altstadtrand auf noch unbebauter Fläche (z.B. Dortmund, DIERCKE Weltatlas S. 17/II). Mit dem Wachstum der Stadt und ihrer Ausstrahlung steigerte sich außerdem die Bedeutung des Zentrums, das nun zum optimalen Standort für Versorgungseinrichtungen der Bevölkerung und für Mittlerdienste der Industrie (Großhandel, Versicherungen, Banken usw.) wurde. So kam es zu der paradox anmutenden Entwicklung, daß erst die Industrielle Revolution zur Bildung der eigentlichen „City" führte, diese jedoch gleichzeitig und anhaltend die Industrie aus Zentrum und Zentrumsnähe zu verdrängen begann (Abb. 36, vgl. das historische Beispiel von Boston, WARD 1966).

Da im Ballungskern die begehrtesten Wirtschaftsflächen liegen, erbringen diese die höchsten Bodenpreise. Nun kann in einem Warenhaus oder

City und Industrieverteilung 139

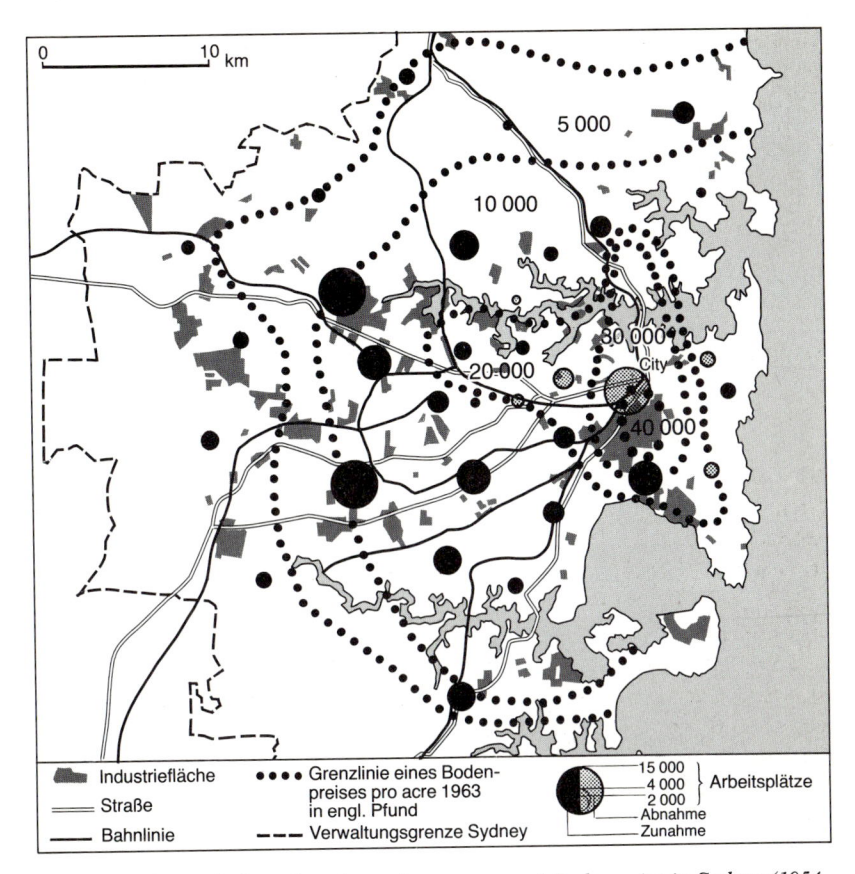

Abb. 36: Industrieflächen, Standortverlagerungen und Bodenpreise in Sydney (1954–1964) (nach LOGAN *1964, 1966)*

Die Karte zeigt die konzentrische Abnahme der Bodenpreise in dem einkernigen Ballungsraum Sydney. Im stark verdichteten citynahen Gebiet nehmen die industriellen Arbeitsplätze ab; eine bedeutende Zunahme ist erst im peripherienahen Raum festzustellen.

einem Büro ein erheblich höherer Umsatz pro Quadratmeter erzielt und folglich auch eine höhere Miete gezahlt werden als in einem Industriebetrieb (Abb. 37), zumal sich der Einzelhandel, vor allem aber Büros und Finanzbetriebe, in mehreren Stockwerken, bis zu Wolkenkratzerhöhe, unterbringen lassen. Industriebetriebe dagegen, aus technischen Zwängen schon immer auf wenige Stockwerke beschränkt, tendieren heute (fast ausschließlich) zum rationelleren ebenerdigen Produktionsablauf. Mit zunehmender Entfernung von der stark frequentierten City nehmen jedoch die Standortvorteile der Dienstleistungsbetriebe rasch ab, und mit ihnen

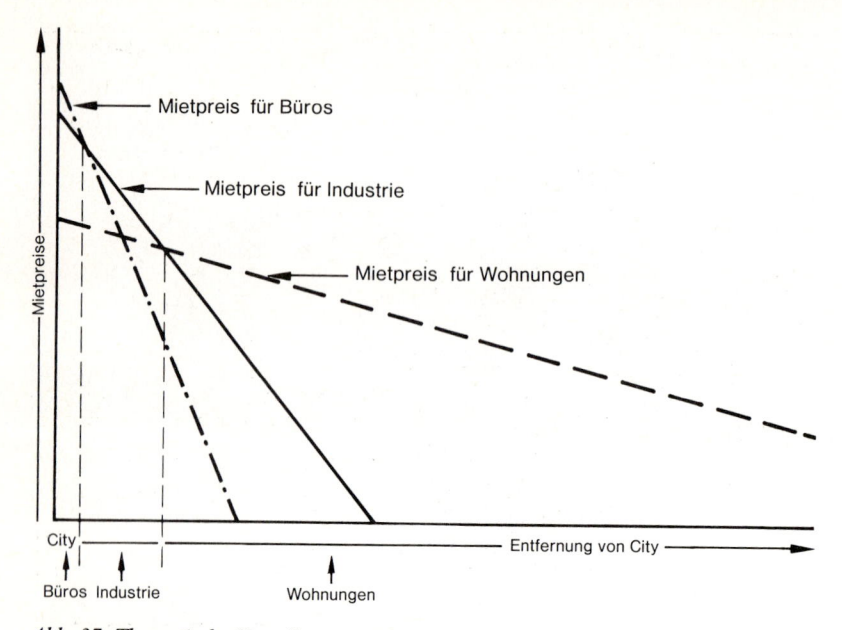

Abb. 37: Theoretische Verteilung von Büros, Industrie und Wohnvierteln in einem monozentrischen Ballungsraum in Abhängigkeit von den Mietpreiskurven (nach BALE *1976 u. a.)*
Entsprechen der Bereitschaft, Mieten bis zu einer bestimmten Höhe zu bezahlen. In der City verdrängen deshalb die Büros die Industrie und die Wohnungen. Gegen die Peripherie können wegen günstiger Lage und Verkehrsanbindung erneut Vorzugszonen für die Industrie auftreten.

die Einnahmen. Folglich fällt auch die Mietpreiskurve für Dienstleistungsbetriebe nach außen steil ab und schneidet bald die der Industrie. Von diesem Schnittpunkt an stellt die Industrie die rentablere Form der Flächennutzung dar und kann höhere Mieten zahlen. Für solche Industrien, die Interesse an Kontakten, also an der Nähe zum Zentrum behalten, klingt der Bedarf an Industrieflächen in den Randgebieten der Ballung ab. Hier bringen schließlich Wohnungen die höchsten Mieten; sie können sich allerdings mit Industrien überschneiden, für die an der Peripherie das billige Flächenangebot und gute Verkehrsanbindungen Priorität genießen. In diesem stark vereinfachten Schema spiegeln die Bodenpreise die Flächenintensität wider, es herrscht hier eine eindeutige Intensitätsgesetzmäßigkeit im Sinne von THÜNEN (OTREMBA 1963, S. 37).

Stellt man dies unter den Aspekt der sog. „Push-and-Pull"-Faktoren, so wirkt sich die extreme Höhe der Bodenpreise (und der davon abhängigen Grundsteuer bzw. der Mieten) in der City und citynahen Zone als ein die Industrie verdrängender („Push"-)Faktor aus, während umgekehrt die

zentral-periphere Standortverlagerungen 141

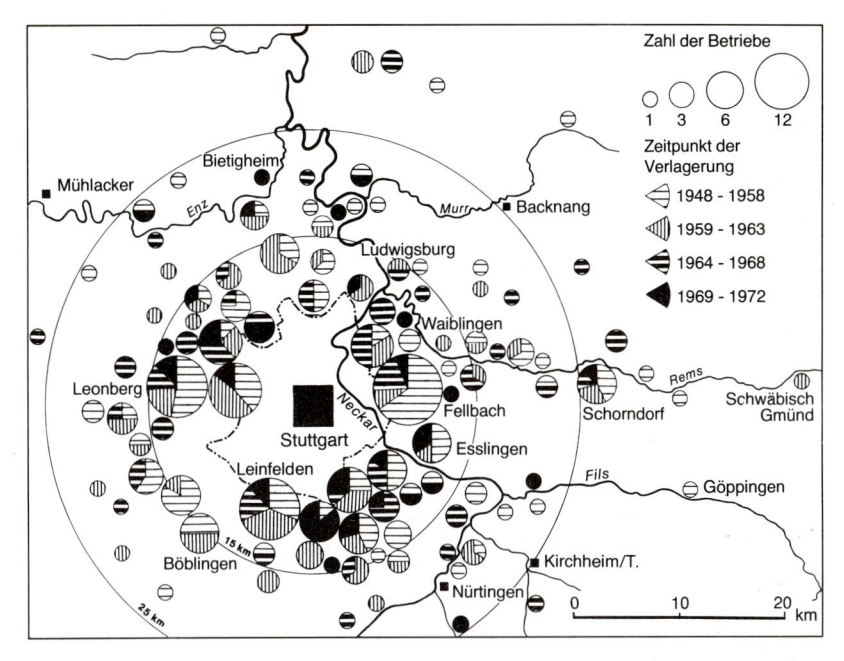

Abb. 38: Verlagerungen Stuttgarter Industriebetriebe 1948–1972 (nach GROTZ *1976)*
Auffällig ist der Trend, so dicht wie möglich an der Innenstadt bzw. am alten Standort zu bleiben. Diese Bindung wird zusätzlich unterstützt durch nahegelegene Trabantenstädte wie Esslingen, Böblingen, Sindelfingen usw. Die meisten Auslagerungen fallen in die Hochkonjunktur der fünfziger Jahre.

niedrigeren Kosten an der Peripherie anziehende („Pull"-)Faktoren sind. Dies um so mehr, als florierende Industriebetriebe expandieren wollen, also zusätzliche Flächen benötigen für Produktionsstätten, Lager und als Reserve. Der Wille der Absicherung mit Reserveflächen hat offensichtlich mit den Erfahrungen aus der Entwicklung der Industrie zugenommen, da diese zu wachsenden durchschnittlichen Betriebsgrößen, zu ebenerdiger Produktion und folglich zu bedrohlicher Raumverknappung geführt hat. Außerdem werden Verlagerungen vom Zentrum an die Peripherie (Abb. 38) angeregt durch zunehmende Beengung, Verkehrsprobleme und Umweltauflagen in der Innenstadt, während die Randlage bessere Transportmöglichkeiten und großzügigere Produktionsbedingungen anbietet.

In der Regel wird der Kontrast zwischen Standortnachteilen im Zentrum und -vorteilen am Stadtrand durch Fördermaßnahmen der öffentlichen Hand zusätzlich unterstützt (Subventionen, Reservierung billigen Baulandes, Anlage von Industrieparks, Übernahme von Erschließungskosten usw.). Sie will dadurch das Zentrum von der Industrie entlasten und dort Bauflächen für soziale, kulturelle und administrative Institutionen gewinnen, auf der anderen Seite die Industrieansiedlung an der Peripherie stärker konzentrieren und damit den Flächennutzungsplänen entsprechen.

Für die Unternehmen hängt, abgesehen von anderen Standortbedingungen, eine Verlagerungsentscheidung von der Gegenüberstellung der Kosten ab: Grundstückskauf am Ballungsrand, Neubau der Fabrik, Erschließungs- und Umzugskosten auf der einen Seite, auf der anderen die sehr hohen Erlöse aus dem Verkauf des zentrumsnahen Grundstücks und gegebenenfalls öffentliche Subventionen. Beschleunigt werden solche Entscheidungen, wenn die innerstädtischen Fabrikationsanlagen ohnehin überaltert, also abbruchreif sind. Bei Großunternehmen werden häufig intern die Produktionsstätten durch die eigene Verwaltung verdrängt. Abb. 36 zeigt die Zusammenhänge zwischen Bodenpreisgefälle und zentralperipherer Industrieverlagerung am Beispiel von Sydney. Im Stadtgebiet von Mailand sank die Industriefläche von 1 140 ha (1936) auf 602 ha (1974), während sie an der Peripherie 1961-71 von 1 700 ha auf 4 000 ha anstieg (MIKUS 1979, S. 55).

Eine solche zentral-periphere Verlagerungstendenz der Industrie ist keine einmalige Erscheinung, sondern verläuft in mehreren Phasen (Abb. 39), ohne daß diese immer scharf gegeneinander abzugrenzen wären. So kam es in vielen Ballungsräumen in der zweiten Hälfte des 19. Jh. zur Bildung eines inneren „Gewerberings" (vgl. HOFMEISTER 1969, S. 98 ff.), geprägt durch starke Verdichtung und störende Nachbarschaft von Fabriken und Wohnungen. Jenseits dieses „Ringes" bildeten sich mittlere und gehobene Wohnviertel. Jüngere Industriegründungen und -expansionen im 20. Jh., die teilweise bereits im Zusammenhang mit Verlagerungen aus dem cityanhen Gewerbering standen, erstreckten sich auf die peripheren Freiflächen, d.h. sie mußten die äußeren Wohnviertel überspringen und schlossen sie dann teilweise ein, bzw. es kam zu einer großflächigen Mischung von Wohnvierteln und Industriezonen. Dieser Prozeß konnte sich im Prinzip weiter außen erneut wiederholen.

Dieses konzentrische Schema eignet sich primär zum theoretischen Verständnis der Zusammenhänge von Bodenpreisgefälle, Bodennutzung und zentral-peripherer Entwicklungen. Es wird jedoch in der Realität modifiziert durch Relief, Bodenqualität, Flußläufe und die Hauptverkehrsadern, an denen sich die Betriebe orientieren, sowie durch ältere Formen der Bodennutzung (Paläste, Parks usw.), die die Industrie aus bestimmten Vierteln fernhalten.

Auch die trendwidrige Beharrung mancher Betriebe im Stadtinnern verändert die tatsächliche Verteilung oft erheblich. Häufig handelt es sich da-

Verlagerungsprobleme 143

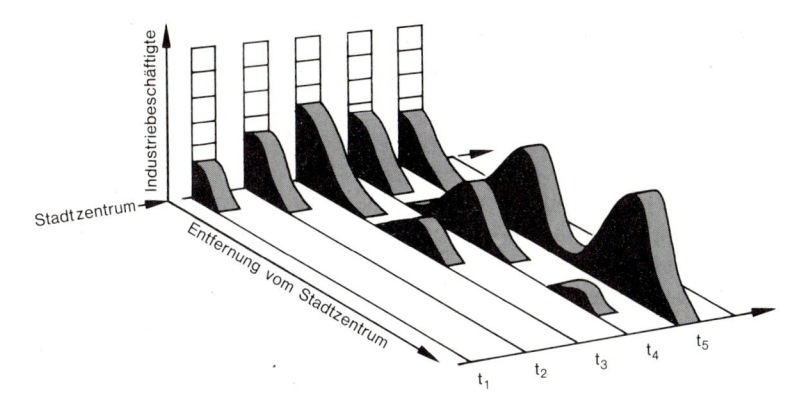

Abb. 39: Die räumliche Entwicklung der Industrie in monozentrischen Ballungsräumen in verschiedenen Zeitabschnitten t_1–t_5 (nach FIELDING *1974)*

t_1 bezeichnet die erste, t_5 die jüngste Industrialisierungsphase. t_1–t_5 spiegeln den typischen Verlauf der Industrieentwicklung in einkernigen Ballungsräumen wider, deren Phasen nicht an fixe Zeiträume gebunden sind. In t_1 und t_2 wachsen die Betriebe im Zentrum; das Wachstum hält in t_3 noch an, allerdings bei ersten Gründungen an der Peripherie. In t_4 schrumpft die Industrie im Kern, der in t_3 noch periphere Kern nimmt weitere Industrien auf, und gleichzeitig beginnt die Betriebsansiedlung in der nun weiter vorgeschobenen Peripherie. Dieser Trend setzt sich in t_5 verstärkt fort. Die dazwischen liegenden industrieleeren oder -schwachen Räume sind meist Wohngebiete, die bei erneuter Ausdehnung der Industrie von dieser übersprungen werden mußten.

bei um Großbetriebe, die von ihrer Gründung an ein außergewöhnliches räumliches und funktionales Gewicht in der Stadt behalten. An eine Verlagerung ist später kaum noch zu denken: zum einen wegen der zu hohen Investitionen, exzessiver Umzugskosten und fehlenden Geländes an der Peripherie, zum andern aber auch, weil das zentrale Grundstück für Nachkäufer inzwischen kaum noch erschwinglich wäre. GEBHARDT (1979, S. 216 ff.) schildert dies am Beispiel des ältesten der drei Magirus-Werke in Ulm, das immer noch nahe der Altstadt produziert.

Großbetriebe im Stadtkern bleiben aber die Ausnahme. Dagegen sind kleine Einheiten durch funktionale Beziehungen, Absatz und Arbeitskräfte stärker an das Zentrum gebunden. Da sie nur geringen Raum einnehmen, in der Regel zur wenig belästigenden Leichtindustrie gehören und auch in mehreren Stockwerken produzieren können, ist ihnen die Beharrung am alten Standort eher möglich und heute stadtplanerisch wieder erwünscht (LOGAN 1966). So erklärt sich die von MARTIN (1969) beschriebene Konzentration von Kleinbetrieben im Zentrum von London, speziell die Persistenz im East End. Allgemein gilt, daß die Beharrung von Kleinbetrieben im Stadtkern besonders ausgeprägt ist in Städten mit starker handwerklicher Tradition (z. B. Birmingham, vgl. BALE 1976, S. 64).

Die Industrie in einem monozentrischen Ballungsraum soll am *Beispiel München* näher gekennzeichnet werden. München (vgl. POURTIER 1967; THÜRAUF 1975; KRESSE 1977) wurde gewählt, weil es sich um den typischen Fall eines monozentrischen Ballungsraumes handelt, der sich aufgrund seiner überragenden zentralörtlichen Bedeutung (Verkehrslage, Residenz bzw. Landeshauptstadt) entwickelt hat, ohne je ein überragendes Handwerk besessen zu haben noch von der Nähe von Rohstoff- oder Energievorkommen zu profitieren. Wenn München nach dem II. Weltkrieg Nürnberg mit seiner ausgeprägten gewerblichen Tradition industriell überholen und sich als eine der führenden Industriestädte der Bundesrepublik Deutschland entwickeln konnte, dann fast ausschließlich wegen seiner Größe als Ballungsraum und wegen seiner zentralörtlichen Stellung. Diese wird nur noch von Frankfurt/M., Köln und Hamburg erreicht. 1978 zählte der Ballungsraum 1,3 Mill. Einwohner und 265 000 Industriebeschäftigte (München, Stat. Jahresbericht 1978).

1505 wählten die WITTELSBACHER München zu ihrer einzigen Residenzstadt, und bis zu Beginn der Industrialisierung wurde sie vorwiegend durch den Hof geprägt. Das Handwerk hatte zwar eine gewisse Bedeutung, doch gab es weder Manufakturen noch große Handelshäuser. Die im 19. Jh. erfolgende Industrialisierung stützte sich auf das Handwerk, wurde intensiv durch das Königshaus gefördert und expandierte vor allem nach dem Anschluß an das Eisenbahnnetz. Es entstanden vor allem Betriebe der Optik, Feinmechanik, Metallverarbeitung und Maschinenbau auf der Basis des alten Handwerks. Hinzu kamen Nahrungsmittelindustrien (Brauereien) und Druckereien für den Nahbedarf. Mitte des 19. Jh. ließen sich die (danach zusammengelegten) Lokomotivfabriken von Maffei und Krauss aufgrund königlicher Förderung nieder. Sie produzierten später auch Turbinen, Motoren, Waffen usw. In dieser Tradition wurden 1916 die Bayerischen Motorenwerke (BMW) gegründet, die viele Zulieferbetriebe ins Leben riefen.

Um 1900 hatte aber noch kein Betrieb mehr als 1 000 Beschäftigte. Eine neue Dimension erhielt München erst 1945, als die Siemenswerke und -hauptverwaltung von Berlin hierher verlagert wurden. Sie stellten ca. 40 000 Beschäftigte ein – München wurde zur größten Industriestadt Bayerns und außerdem zu einer bedeutenden Steuerungszentrale für Konzerne. Damit blieb auch die Branchenstruktur eindeutig auf Veredelungs- und Leichtindustrien beschränkt: 1968 arbeiteten 35% der Industriebeschäftigten in Maschinenbau – Metallverarbeitung – Fahrzeugbau, 32% in Elektrotechnik – Feinmechanik – Optik (THÜRAUF 1975, S. 84).

Lagen zu Beginn der Industrialisierung Handwerk und Kleinindustrien noch z. T. in der Altstadt und an ihrem Rand, so siedelte sich die eigentliche Industrie erst in einiger Distanz zur Altstadt an, über die die Stadt bereits hinausgewachsen war (DIERCKE Weltatlas S. 23/II). Es erfolgte dann ein im Prinzip konzentrisches Wachstum der Industrie um den Stadtkern, das sich am Hauptbahnhof (W), am Ost- und Südbahnhof sowie an der diese verbindenden Bahnlinie im Süden orientierte. Dagegen wurde eine Industrieansiedlung im Norden und Nordosten durch vornehme Wohnviertel und tertiäre Einrichtungen (Universität, Museen, Englischer Garten usw.) blockiert. Die zweite, größere Industrialisierungswelle übersprang sozusagen diese Zone und machte den Norden – z. T. unter Nutzung ehemaligen Exerziergeländes – zum wichtigsten Industriegebiet der Stadt (BMW, Krauss-Maffei u. a.). Ähnliches Gewicht erlangte der Süden, vor allem nach der Gründung der Siemenswerke in Obersendling.

Im Prinzip erfolgte also in München eine zentral-periphere Industrialisierung, die allerdings modifiziert wurde wegen einer Unterbrechung durch andere funktionale Viertel und infolge der Konzentration auf die Bahnlinien, später auch auf die Hauptstraßen. In Richtung Peripherie erfährt die Industriefunktion dann einen „zentrifugalen Wertabfall" (THÜRAUF 1975, S. 100), die Wohnfunktion nimmt zu. Die Randgemeinden wurden zu Auspendlersiedlungen in Richtung München. Gleichzeitig nahm die Zahl der in der Produktion Beschäftigten im Zentrum ab, während dort die Gesamtzahl der Industriebeschäftigten wegen des Wachstums der zentral gelegenen Hauptverwaltungen sich halten bzw. steigern konnte (vgl. Karte 4 in THÜRAUF 1975).

8.2 Die mehrkernigen großen Bergbau- und Industriereviere

Von den monozentrischen Ballungsräumen unterscheiden sich die großen Bergbau- und Industriereviere in der Lage, in der Entstehung, in den Wechselwirkungen mit dem Siedlungsraum, in ihren chaotisch anmutenden Strukturen, in Industriezweigen und Organisationsformen der Unternehmen, schließlich auch in den Umstrukturierungen und in den durch all dies hervorgerufenen Problemen der Raumordnung und Umwelt. Solche Reviere sind jedoch nicht prinzipiell größer als monozentrische Ballungsräume, so werden z. B. das nordfranzösische Revier und das Ruhrgebiet von den Agglomerationen von London und Paris an Einwohnerzahl erheblich übertroffen.

Die meisten großen Bergbau- und Industriereviere sind aufgrund natürlicher Voraussetzungen entstanden, vorwiegend auf Bodenschätzen. In Europa hat Steinkohle die bedeutendsten dieser Reviere entstehen lassen. Zusätzliche natürliche Gunstfaktoren für diese Entwicklung waren eine

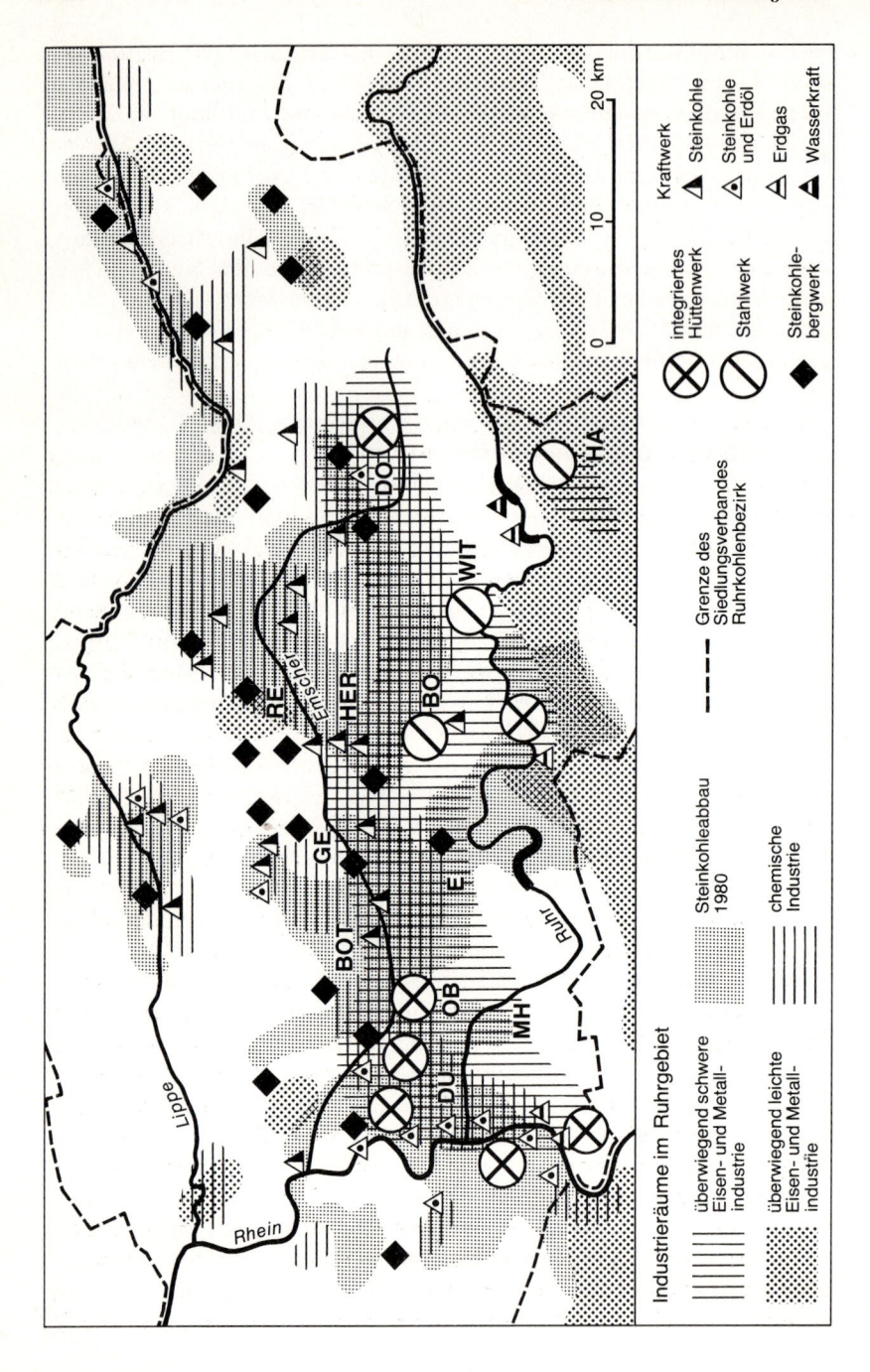

Industrierevier Ruhrgebiet

◄ *Abb. 40: Industrieräume im Ruhrgebiet (nach Ruhrkohle AG; Siedlungsverband Ruhrkohlenbezirk u. a.)*
Im Kontrast zu der traditionell gewachsenen leichten Metallindustrie im Rhein. Schiefergebirge steht die Großindustrie im Ruhrrevier. Bedingt durch die Struktur der Kohlelagerstätten und die historische „Wanderung" von Bergbau und Industrie nach N haben sich charakteristische Bereiche herausgebildet: schwere Metallindustrie in der „Hellweg-Zone"; die Zahl der Hüttenwerke hat sich dort drastisch verringert, wobei sich die Roheisenproduktion vorwiegend auf die „Rheinschiene" konzentriert. Schwerchemie findet sich vor allem in der „Emscher-Zone". Der Kohlebergbau gleitet nach N und wurde im S weitgehend aufgegeben. Die Kraftwerke zeigen eine klare Standortorientierung an der Kohleförderung.

ausreichende Wasserversorgung und oft auch die Nähe schiffbarer Flüsse bzw. einer Küste. Es waren vor der Erschließung durch die Montanindustrien meist dünn besiedelte Agrarräume, in denen städtische Strukturen kaum Einfluß auf Standortentscheidungen hatten.

Die Unternehmen, oft vertikal aufgebaut, sicherten sich die geologisch, relief- und verkehrslagemäßig günstigsten Konzessionen und errichteten dort Zechen und Hüttenwerke. Um die von außerhalb angezogenen Arbeitskräfte unterzubringen, wurden Siedlungskolonien für diese gebaut (Ruhr, Frankreich, England) oder man förderte den Eigenheimbau (Saar) (Abb. 43). Dies geschah im Prinzip ohne Berücksichtigung und Einplanung der bestehenden Siedlungsstrukturen. Rohstofforientierte und Halbfertigprodukte erzeugende Industrien (Stahl, Textilien) haben zudem auch kein spezifisches Bedürfnis, einen zentrumsnahen Standort einzunehmen, da sie keine Endverbraucher beliefern und weniger auf Fühlungsvorteile angewiesen sind. Es kam folglich zu einem geradezu chaotischen Gemenge von Bergwerken, Industrieanlagen, Verkehrsadern und Siedlungen, wobei historisch gewachsene Städte von diesem Siedlungsnetz regelrecht überwuchert wurden (Dortmund, Essen, Lille), alte Dörfer und Kleinstadtkerne zusammenwuchsen (Saarbrücken) und auch neue Städte aus dem Nichts entstanden (Oberhausen, Gelsenkirchen) (Abb. 41).

Das Beharren großer Werkskomplexe und Zechen dicht neben alten Stadtkernen (Essen, Dortmund) ist hier folglich leichter zu erklären als in monozentrischen Ballungen. Selbst wenn vergleichbare zentrifugale Entwicklungsimpulse von den Kernen der bedeutenden zentralen Orte ausgehen, so sind die Möglichkeiten der Verlagerung nach außen kaum gegeben: Eine Peripherie im eigentlichen Sinne existiert nicht, denn dort „beginnt" bereits die nächste „Stadt" bzw. sind oft gar keine Übergangszonen ausgebildet (Mülheim, Oberhausen). Die Reviere sind gerade dadurch gekennzeichnet, daß sie in kurzer Zeit eine flächendeckende Bebauung erlebten (Abb. 41). Freie Flächen für Neugründungen und Verlagerungen größeren Ausmaßes blieben dann oft nur in den Übergangszonen zum ländlichen Raum, wo aber die spezifischen Standortanforderungen gerade für Grundstoffindustrien, also erschließbare Kohlevorkommen, ausreichende Wasserversorgung, Kanäle, Bahnlinien usw. fehlten.

Generell unterscheiden sich die Reviere von den monozentrischen Ballungen auch in ihren Industriezweigen und Unternehmensstrukturen. Es dominieren *Rohstofförderung (Bergbau) und Grundstoffindustrien* (Eisen- und Stahlgewinnung, Verhüttung von Buntmetallerzen) sowie ihre Nachfolgeindustrien (Kokereien, Kohlechemie, Glaserzeugung usw.), die ebenfalls vorwiegend Grundstoffe liefern. Es kam so – vereinfacht gesagt – zu einer *räumlich-funktionalen Ergänzung,* indem die großen Reviere Lieferanten von Grundstoffen und Halbfertigwaren für die Veredelungsindustrien der großen zentralen Orte wurden – z.B. die Regionen Nord und Lothringen (Kohle, Stahl, Textilien) für Paris – und letztere umgekehrt bestimmte Konsum- und Investitionsgüter für die Bevölkerung der Reviere produzieren, was dort wiederum die Niederlassung jener Branchen verhindert hat.

In untrennbarem Zusammenhang damit steht die *Betriebs- und Unternehmensstruktur* der Reviere, in der große, in den vertikalen Aufbau bedeutender Unternehmen und Konzerne integrierte Anlagen vorherrschen (vgl. HOLZ 1977). Für diese bestanden in den einst dünnbesiedelten Räumen entschieden bessere Expansionsmöglichkeiten als innerhalb feststrukturierter Ballungsräume. Das Ruhrgebiet wurde folglich zur Heimat der traditionell beherrschenden Konzerne in Deutschland (Krupp, Thyssen, Stinnes usw.), die hier auch mehr politischen Einfluß entfalten konnten als dies in den etablierten Machtstrukturen historisch gewachsener Zentren möglich gewesen wäre. Dabei fällt allerdings auf, daß Betriebe in solchen Revieren, in denen Infrastruktur und Fühlungsvorteile gerade am Anfang schwach entwickelt waren, häufig von außen gesteuert werden: Lothringen und der französische Norden werden von Paris aus gesteuert, Düsseldorf galt lange als der „Schreibtisch des Ruhrgebiets".

Infrastrukturell wurden die neuen Reviere erst im nachhinein durch den Bau von Bahnlinien und Kanälen, Wasserversorgungs- und Aufbereitungsanlagen, Abwasserentsorgung, Stromerzeugung usw. voll erschlossen. Die ungeregelte Entwicklung von Bergbau, Industrie und Siedlungen wurde dadurch noch verstärkt, da oft nur die direkte Anbindung bestimmter Betriebe, nicht aber der Versorgungsbedarf des ganzen Raumes bezweckt wurde.

Für die meisten Reviere wurde die einseitige Wirtschaftsstruktur zum Kernproblem, als die großen Krisen in den einzelnen Branchen einbrachen. Man versuchte nun durch Rationalisierung, Modernisierung und zusätzliche Neuansiedlung bisher nicht vorhandener Industriezweige (Automobil-, Elektroindustrie usw.) eine breitere, solidere Industriestruktur zu schaffen und auch über die Veredelung eine höhere Produktivität zu erreichen. Ältere Werksanlagen wurden aufgegeben, zusammengelegt und auf die günstigsten Standorte konzentriert, am ausgeprägtesten bei der Hüttenindustrie (Abb. 35) und beim Bergbau. Gleichzeitig entstanden – z. T. auf aufgegebenen Flächen („Industriewüstungen") – neue Betriebe.

Neben der einseitigen Branchenstruktur war auch ein *schwach entwickelter tertiärer Sektor* für die großen Reviere stets typisch. Er drückte sich aus in der geringen Bedeutung der zentralen Orte sowie in einer unscharfen, unvollständigen Hierarchie der Zentralität (vgl. Karte im Anhang von KLUCZKA 1970). Essens City beispielsweise ist diesbezüglich nicht annähernd mit der des etwa gleich großen Frankfurt vergleichbar. Mit der allgemeinen Expansion des tertiären Sektors jedoch, nicht zuletzt infolge gesteigerter Produktivität in Bergbau und Industrie, gewannen auch einzelne Städte innerhalb der Reviere an zentralörtlichem Gewicht, und es bildete sich eine merkliche Hierarchie heraus. Dadurch nahmen die Fühlungsvorteile zu, aus den einst einseitigen Industrie- und Bergbaustädten wurden Zentren mit überregionalen Beziehungen. Das bedeutete jedoch nicht eine Tendenz zur Abkehr von der Industriewirtschaft, sondern die Städte wurden nun attraktiv auch für Unternehmensleitungen und für neue Veredelungsindustrien. In dieser Entwicklung liegt die Chance der alten Reviere, eine breitere, solidere wirtschaftliche Grundlage zu erhalten.

Trotz der immer wieder betonten, fast chaotisch wirkenden Regellosigkeit in der Entwicklung solcher Reviere lassen sich in diesen gewisse *Ordnungsprinzipien* herausschälen. Dies zeigt sich gerade am Beispiel *Ruhrgebiet*, das auf den Unvorbereiteten besonders unübersichtlich wirken muß (vgl. u.a. DEGE 1976; FUCHS 1977; DIERCKE Weltatlas S. 38, 40, 44). Es soll hier behandelt werden in der allgemein anerkannten Abgrenzung des Siedlungsverbandes Ruhrkohlenbezirk (SVR)[1], einer in den zwanziger Jahren gegründeten Planungsgemeinschaft, also als reines „Ruhrgebiet" mit seinen Merkmalen eines klassischen Montanreviers. In dieser Definition umschließt es alle vom Ballungsprozeß erfaßten Gemeinden und bedeckte 4432 km^2 mit 5,4 Mill. Einwohnern (1979 = 2% der Fläche und 9% der Bevölkerung der Bundesrepublik Deutschland). 67% der Bewohner waren in den elf kreisfreien Städten der Kernzone ansässig, deren Einwohnerzahl zwischen 653000 (Essen) und 115000 (Bottrop) lag. In Bergbau und Industrie waren 727000 Personen (12% der Bundesrepublik Deutschland) beschäftigt (LDV/KVR 1980).

Der Name des Reviers läßt sich nur noch historisch erklären, denn das Ruhrtal, wo einst die Kohle in Löchern („Pütts") und kurzen Stollen ge-

---

[1] heute: „Kommunalverband Ruhrgebiet"

graben wurde, ist weitgehend zum idyllischen Erholungsgebiet und zur Wasseraufbereitungszone für den Ballungsraum geworden, der sich heute von der Linie Duisburg–Dortmund bis über die Lippe erstreckt.

Diese Verschiebung spiegelt auch die historische Entwicklung des Ruhrgebietes wider, die sich letztlich als Konsequenz der Lagerungsverhältnisse der Kohleflöze und ihrer unterschiedlichen Qualität ergab. Das am Rand des Rheinischen Schiefergebirges und im Ruhrtal ausstreichende produktive Karbon taucht von dort nach Norden unter immer mächtigere Schichten des Deckgebirges ab. Die für die Verkokung besonders geeigneten Fettkohleflöze liegen jedoch nördlich der Ruhr unter diesem Deckgebirge, das wegen seiner stark wasserführenden Schichten erst kurz vor 1840, dank einer neuen Gefriertechnik, durchteuft werden konnte. Diese schwierigen Lagerstättenverhältnisse haben erheblich zum verspäteten Einsetzen der Industriellen Revolution in Deutschland beigetragen. 1849 wurde in Mülheim/Ruhr das erste Roheisen mit Koks aus Ruhrkohle abgestochen.

Die erste Zone mit Bergbau in Tiefschächten konsolidierte sich folglich im Norden des Ruhrtales im Raum der alten Handelsstraße „Hellweg", die ihr den Namen gegeben hat. Hier konzentrierte sich gleichzeitig auch die rasch expandierende Eisen- und Stahlindustrie. Bei einem damaligen Verhältnis von 4t Koks und 2t Erz pro 1t Roheisen suchte sie zwangsläufig ihre Standorte „auf der Kohle". Es bestand hier auch bereits eine gewisse industrielle Tradition, besonders im Maschinenbau, was – bei aller immer wieder zu betonenden Einseitigkeit der Montanindustrie – in der Hellweg-Zone das frühe Aufkommen von Folgeindustrien förderte. Hier entstanden auch bahnbrechende Großunternehmen wie Krupp oder Thyssen. Zu den lokalen Zentren wurden die mittelalterlichen Etappenstädte des Hellwegs – Duisburg, Essen, Bochum, Dortmund – sowie Mülheim, der wichtigste Hafen. Sie gaben der aufstrebenden Zone einen Vorsprung in der Zentralität im gesamten Ruhrgebiet. Aus all diesen Gründen ist sie die führende Zone mit den dominierenden Städten geblieben, allen voran Essen und Dortmund.

Von der Ruhrtalzone an drang der Bergbau kontinuierlich nach Norden vor. Um 1900 erreichte er jenseits der Lippe seinen nördlichsten Punkt, da die Flöze dort in Tiefen absinken, die keinen rentablen Abbau

---

Abb. 41: Dortmund. Vom mittelalterlichen Kern zur Industrieballung (Quelle: Kommunalverband Ruhrgebiet, Essen; freig. durch Reg.Präs. Darmstadt, Nr. 345/74) ▶

In der unteren Bildmitte der ovale mittelalterliche Stadtkern (vgl. DIERCKE Karte 17). Auffällige Dichte von Bahnanlagen, im W in Kombination mit dem Hafen des Dortmund-Ems-Kanals, der zum Ansatzpunkt eines großen Industrieviertels wurde. Im NW der Altstadt die Hoesch-Hüttenwerke. Die Industrieflächen sind allseitig von Wohn- und Naherholungsgebieten eingeschlossen.

Dortmund

mehr erlauben (DIERCKE Weltatlas S. 40/II). Nördlich der Hellwegzone wurden schnell die versumpften, kaum besiedelten Niederungen der Emscher erschlossen. Vor allem in der südlichen *Emscherzone* kam es nun zu jener chaotischen Entwicklung: Völlig planlos, geradezu hektisch wurden Großschachtanlagen mitten in den Raum gesetzt, umgeben von aus dem Boden gestampften Bergmannskolonien. Eine orientierende ältere Siedlungsstruktur war kaum ausgeprägt. Noch um die Jahrhundertmitte Flekken mit wenigen hundert Einwohnern, expandierten Städte wie Oberhausen und Gelsenkirchen dank einer Massenzuwanderung vor allem aus dem Osten zu gewaltigen Ballungsräumen, ohne irgendwelche gewachsenen Stadtzentren zu haben. Sie erlangten auch nie die gerade heute für die Verflechtung von Industrie und tertiärem Sektor wichtige Zentralität der Hellweg-Städte. In der nördlichen Emscherzone ließ diese Hektik – auch aus der Erkenntnis offenkundiger Fehler – langsam nach. In der nördlichsten, der Lippe-Zone ebbte der Verdichtungsprozeß dann ab, und die Verzahnung von alten Landstädten, großräumiger Agrarlandschaft sowie isolierten Großzechen und Industriekomplexen ist hier bis heute charakteristisch geblieben.

Dieser vom Bergbau vorgeprägten Gliederung paßten sich die mit ihm verbundenen Industrien weitgehend an (Abb. 40): Die Eisen- und Stahlgewinnung fixierte sich von Anfang an auf die Hellweg-Zone, mit Schwergewichten um Dortmund und, besonders, an der *„Rheinschiene"*. Die Kapazität der bestehenden Hüttenwerke wurde ständig vergrößert, der nach Norden wandernde Bergbau zog jedoch kaum neue Hüttengründungen nach sich. So wurde die Hellweg-Zone zum eigentlichen Stahlrevier und damit zur Kernzone des Ruhrgebietes. In der Emscherzone dagegen dominiert die Kohle. Hier werden neben der Fettkohle vor allem Gas- und Gasflammkohle gefördert. Diese eignen sich nicht zur Verkokung, sondern zur Verwendung in der Kohlechemie, also für eine Kohlenstoffindustrie, außerdem für die Energiegewinnung in großen Kraftwerken. Auf der Energiebasis entstand eine weitere Grundstoffbranche, die Glasindustrie. Seit den fünfziger Jahren ist die Kohlechemie in starkem Maße von der Mineralölindustrie verdrängt worden. Die Anlagen der Kohle- und Petrochemie zogen auch andere Bereiche der chemischen Industrie an, die heute insgesamt durch riesige Werke (Chemische Werke Hüls u. a.) und ausgeprägte Verbundsysteme über Pipelines gekennzeichnet ist (vgl. Abb. 33 in DEGE 1976). In Emscher- und Lippe-Zone findet sich ihre stärkste Konzentration.

Entsprechend den Großunternehmen und Konzernen sind ausgedehnte Produktionsanlagen typisch und prägen den Raum funktional und physiognomisch. So lag die durchschnittliche Betriebsgröße in Bergbau und Industrie 1979 im Ruhrgebiet bei 280 Beschäftigten (Industrie allein 233),

*Abb. 42: Die „Rheinschiene". Hüttenwerk im N von Duisburg
(Quelle: W. BRÜCHER)*

Beispiel eines rein von der Industrie und von der auf sie ausgerichteten Infrastruktur geprägten Raumes. Rechts im Hintergrund das größte Hüttenwerk der Bundesrepublik Deutschland mit Verbundleitungen (Gas usw.). Am linken Bildrand ein Hafenbecken des Rheins mit Verladeeinrichtungen. Der Rhein hat hier die Funktion der „verlängerten Küste".

im restlichen Nordrhein-Westfalen nur bei 162 (LDV/SVR 1980). Die Großbetriebe konnten sich fast ungehemmt im dünnbesiedelten Raum entfalten: Zechen, Großkokereien, Stahlbau und Maschinenfabriken, Chemiekomplexe, Raffinerien, Glashütten. Aus der gleichen Struktur heraus entstanden bedeutende Werke, die auf die technische Ausstattung der Grundstoffindustrien ausgerichtet sind (Grubenausstattung, Schwermaschinen, Stahlbau usw.) oder die sich auch auf die Lieferung komplett montierbarer Werksanlagen spezialisiert haben.

Seit den fünfziger Jahren haben sich tiefgreifende *Wandlungen in der Wirtschaft* und an ihren Standorten vollzogen (vgl. u. a. HOTTES 1967, JARECKI 1967, DEGE 1976). 1957 setzte die *Kohlekrise* ein, da die teure Ruhrkohle der Konkurrenz von Importkohle und Erdöl nicht mehr gewachsen war. Es kam zu einer Schrumpfung des Bergbaus mit Zechenstillegungen und -zusammenschlüssen, die 1968 in die Fusion fast aller Bergwerksunternehmen in der Ruhrkohle AG mündeten, sowie zu ausgeprägter Rationalisierung und technischer Modernisierung. Die soziale Folge war der

Rückgang der Bergbaubeschäftigten um 260 000 1950-1974. Außerdem wurde die angestammte Kohlechemie weitgehend durch die Mineralölindustrie ersetzt, im Ruhrgebiet entstanden die größten Raffinerien der Bundesrepublik Deutschland (Gelsenkirchen – Scholven: 10 Mill. t Durchsatz/Jahr, vgl. Abb. 19 und 20) mit einem Anteil von 18% am nationalen Durchsatz (Mineralölwirtschaftsverband 1979).

Parallel dazu mußte die Stahlindustrie erhebliche Rationalisierungsmaßnahmen durchführen, um auf dem Weltmarkt wettbewerbsfähig zu bleiben. 1963-72 wurden allein fünf Hüttenwerke stillgelegt. Gleichzeitig verschärfte sich die Gewichtung der Standortverteilung eindeutig zugunsten der „Rheinschiene" (Abb. 42) mit ihren erheblichen Transportkostenvorteilen gegenüber dem mittleren und östlichen Ruhrgebiet. Dagegen existieren die Hütten in Dortmund mit großen Schwierigkeiten nur noch aufgrund ihrer zentralen Absatzlage. Vom mittleren Ruhrgebiet wurde die Roheisenphase an den Rhein verlagert zugunsten einer Spezialisierung der verbliebenen Stahlwerke, die nun aus den Rhein-Hochöfen mit Torpedowaggons direkt beliefert werden (vgl. Kap. 7.4.4 und Abb. 35).

Diese Strukturkrise an der Ruhr erzwang die Ansiedlung neuer Industriebetriebe, um die einseitige Branchenpalette vielseitiger zu gestalten. Es wurden hohe staatliche Fördermittel zur Verfügung gestellt. Ebenso boten die Gemeinden vorteilhafte Bedingungen, z. B. die Übernahme der Kosten für Bergschäden bei Werksgründungen auf aufgegebenem Zechengelände. So siedelten sich seitdem u. a. Betriebe der Elektrotechnik, der Elektronik, der Bekleidungsindustrie und des Fahrzeugbaus (Opel in Bochum) an, die vorher kaum vertreten waren. Hinzu kam auch eine Expansion der Metallverarbeitung. Im Kohlebergbau selbst findet eine zunehmende Tendenz zur Kohleveredelung statt (Kraftwerke, Kohlehydrierung, Kohledruckvergasung). Neue Großbetriebe sind jedoch die Ausnahme geblieben, und gegenüber rund 300 000 verlorenen Arbeitsplätzen ist die Zahl von 76 000 neugeschaffenen Stellen (1956-73, nach DEGE 1976, S. 147) gering geblieben. Immerhin konnte die krisenanfällige Dominanz der Montanindustrie erheblich abgebaut werden. So sank ihr Anteil am Umsatz aller Industrien 1957-77 von 61% auf 31%, an den Beschäftigten von 68% auf 40% (LDV/SVR 1978). Unterscheidet man jedoch räumlich, so stehen auf der einen Seite aktive Wachstumszonen, vor allem um Unna und beiderseits des Niederrheins, während in den Kerngebieten der Montanindustrie die Krise nach wie vor nicht behoben ist.

Daß die Montankrise an der Ruhr in eine Epoche anhaltender Hochkonjunktur fiel – ein Zufall – hat eine Katastrophe verhindert. Doch überrascht die insgesamt bescheidene Zahl neugegründeter Arbeitsplätze, denn die materiellen Standortbedingungen im Ruhrgebiet sind sehr gut: ausreichendes Angebot an qualifizierten Arbeitskräften und – teilweise auf aufgegebenem Zechengelände – an Baugrund; gut organisierte Wasserversorgung; ständig weiterentwickeltes Verkehrsnetz (gitterförmiges Autobahnnetz) und moderne öffentliche Nahverbindungen (S-Bahn- und U-Bahnnetz); Lage inmitten eines riesigen Marktes; Fühlungsvorteile zu etablierten Unternehmen und nicht zuletzt auch beachtliche Fördermittel der öffentlichen Hand. Sicherlich stehen dem objektive Standortnachteile gegenüber, wie die örtlich erhebliche Umweltverschmutzung, Beeinträchtigungen der Lebensqualität, industrielle und Infrastrukturen, die für neue Branchen fremd sind, Bergschäden usw. Das entscheidende Problem liegt aber wohl im traditionell *negativen Image des Ruhrgebietes („Kohlenpott"),* in dem die genannten Standortnachteile verzerrt werden und die schlechten Existenzbedingungen von einst weiterleben, obwohl sie erheblich verbessert wurden. Speziell für den Unternehmer gehört zu diesem landläufigen Ruf auch der Makel des Krisengebietes (vgl. Kap. 5.3.9), der von vornherein abschreckend wirkt. Es ist deshalb bezeichnend, daß im Ruhrgebiet extreme Anstrengungen gemacht werden – Förderung des tertiären Sektors, Reinhaltung von Luft und Gewässern, Freizeit- und Erholungseinrichtungen, Verbesserung und Verschönerung der Bausubstanz, Kulturelle Einrichtungen und Veranstaltungen, Denkmalpflege usw. – und daß man intensive Werbekampagnen startet, um endlich dieses Negativbild aus den „mental maps" der Bevölkerung und der Unternehmer zu tilgen.

9 Die Wechselwirkungen zwischen Industrie, Mensch und Raum

Bisher sind von der Geographie allzu einseitig die Auswirkungen der Industrie auf den Raum untersucht worden. *Es geht vielmehr um die Herausstellung von raumrelevanten Wechselwirkungen zwischen der Industrie, dem Raum und den Menschen* (QUASTEN und SOYEZ 1975; SOYEZ 1981, S. 28, 541). Denn bereits über bestimmte Standortvoraussetzungen beeinflußt der Raum die Industrie, die wiederum den Raum mit seiner Bevölkerung und ihren Aktivitäten prägt. Diese Prägung verändert sich mit jedem Wandel der Industrie, was neue Standortbedingungen hervorruft. Es kommt also zu ständig variierenden Wechselwirkungen, die den zentralen Forschungsgegenstand der Industriegeographie als Raumwissenschaft bilden. Jene Wechselwirkungen sind multilateral und polykausal. Sie gelten auch – unter indirektem Einfluß der Industrie – für die Beziehungen der einzelnen Bereiche untereinander, z. B. in den Einflußzonen von Industriestädten zwischen der Agrarstruktur, den ländlichen Siedlungen und der Bevölkerung. Das Geflecht dieser Beziehungen ist so vielschichtig und unübersehbar, daß es hier nur angedeutet und in Beispielen behandelt werden kann. Letztlich ist auch – wie das Schema in Abb. 1 verdeutlicht – die Industrielle Revolution in England aus solchen Wechselwirkungen entstanden.

Es muß hier darauf hingewiesen werden, daß in den verschiedenen zu behandelnden Wechselwirkungsbereichen *die Industrie meist nicht der alleinige auslösende Faktor ist,* z. B. beim Urbanisierungsprozeß der Dörfer oder beim Übergang vom Vollerwerbs- zum Nebenerwerbslandwirt. Hier ist vielmehr zeitlich zu differenzieren: Wenn die Industrie anfangs tatsächlich der alleinige Motor solcher Veränderungen war, so werden diese in zunehmendem Maße auch durch den tertiären Sektor bewirkt. Letztlich verlaufen diese Änderungen parallel zur Tertialisierung der gesamten Wirtschaft. Eine rein industriegeographische Betrachtungsweise ist folglich nicht immer möglich. Diese Einschränkung muß im folgenden Kapitel immer berücksichtigt werden.

9.1 Die Wechselwirkungen zwischen Industrie und Siedlungen

Voraussetzung für eine Industrialisierung ist immer ein räumlicher Konzentrationsprozeß der Bevölkerung als Folge von demographischem Wachstum und/oder starken Abwanderungsbewegungen aus ländlichen Regionen. Ansatzpunkte wurden deshalb alte Stadtkerne, aus dem Boden gestampfte Industriestädte, aber auch große Dörfer in übervölkerten ländlichen Räumen. Mit der Expansion der Industrie an diesen Standorten nahm auch deren Anziehungskraft zu. Dies steigerte die Bereitschaft der ländlichen Bevölkerung zur sozialen (beruflichen) und horizontalen (räumlichen) Mobilität – es kam zur Abwanderung in Richtung Industriegebiete.

Das Siedlungsgefüge wurde nun entscheidend von der Industrie geprägt, die neu entstandenen wurzellosen Städte, die zunächst keine Städte im funktionalen Sinne waren, bestanden im Grunde nur aus den Industrieanlagen, den Wohngebieten ihrer Beschäftigten und einer noch schwachen Infrastruktur (Kap. 8.2). Dörfer wurden zu Standorten von Industriebetrieben oder zu Arbeiterwohnsiedlungen, wodurch sich ihre Sozialstruktur und Physiognomie grundlegend veränderten, sie verstädterten: Die Landwirte wurden zur Minderheit, und die Orte übernahmen für die rasch wachsende Bevölkerung Versorgerfunktionen, die vorher ausschließlich den Städten vorbehalten waren. Auch Struktur und Funktionen der historischen Städte wurden weitgehend modifiziert und umgeformt (Kap. 8.1): Neben die gewachsenen zentralörtlichen Funktionen trat die der Industrie, beide ergänzten und beeinflußten sich wechselseitig. Durch die Industrie wurde das Gewicht des Stadtkerns verstärkt, konnte sich erst eine eigentliche City als Zentrum des tertiären Sektors entwickeln (vgl. Abb. 36, 37 und 39 sowie Kap. 8.1).

Damit setzte eine im Vergleich zur mittelalterlichen Stadt stärker ausgeprägte Trennung in funktionale Viertel ein. Zudem führte die Agglomerationstendenz der Betriebe und ihr Drang nahe an günstige Verkehrsadern zur Bildung ausgesprochener *Industrieviertel*. Später hat die Planung diesen Segregationsprozeß unterstützt, um die industriespezifische Infrastruktur optimal ausnutzen zu können und um die Umweltbelastung auf eine minimale Fläche zu beschränken. Es kam zur Abgrenzung reiner Gewerbegebiete und schließlich auch zur Anlage voll eingerichteter „Industrieparks" (Kap. 10.2). Damit wiederum sollen bessere Standortbedingungen geschaffen werden, um Industrieunternehmen zur Niederlassung zu bewegen.

Während sich in den jungen Revieren die Bevölkerung zu Beginn nur aus Arbeitern, Bergleuten und noch wenigen Angestellten zusammensetzte, formten die Arbeiter in den alten gewachsenen Städten ein neues soziales Element, was gegenüber früher zu einer schärferen Polarisierung der Schichten in „Klassen" führte. Da die Ansiedlung großer Industriebetriebe gleichzeitig eine *Trennung von Wohn- und Arbeitsstätte* erzwang, bildeten sich schichtenspezifische Viertel, was jene Polarisierung noch verschärfte.

In der Frühzeit der Industrialisierung wurden die Fabriken wegen mangelnder Transportmittel zu Fuß erreicht, und die tägliche Arbeitszeit war sehr lang; folglich mußte die Distanz zwischen Wohnung und Betrieb möglichst gering sein. Dies kam auch der paternalistischen Haltung der Unternehmer entgegen, die die Arbeiter unter Kuratel halten wollten. Zunächst ergab sich daraus eine extreme Verdichtung im bestehenden Stadtkern: Die Arbeiter der unmittelbar am Standtrand oder im Kern errichteten Betriebe zogen in Neubauten auf freien Altstadtflächen, in Dachgeschosse, in Kellerräume – Anfang des 19. Jh. hauste jeder siebte Einwohner von Liverpool im Keller. LEISTER (1970, S. 25) spricht von „menschenmörderischer Überfüllung". Unter dem Druck immer rarer werdender Baugrundstücke kam es in England schon früh zur Entwicklung der „back-to-back-houses", jener in langen Reihen gebauten Einfamilienhäuser, die an der Firstlinie mit einer gemeinsamen Rückwand aneinanderstoßen und deren Zugangsfronten direkt an die Straße grenzen. Es gab folglich keinen Hofraum, Querlüftung war nicht möglich. Diese Wohnblocks bzw. -viertel waren auf maximale Raumausnutzung ausgerichtet und wurden zum beherrschenden Typ der Arbeiterunterkunft (LEISTER 1970). Wegen ihrer unzureichenden Wohnbedingungen wurde der Bau dieser Häuser 1872 gesetzlich untersagt. Seit ca. 1835 waren sie bereits auf die freien Flächen am Stadtrand vorgedrungen und wurden dort nun durch die ebenfalls monotone Einheitlichkeit der sog. „bye-law-houses" ersetzt: größere, geräumigere, quergelüftete Reihenhäuser mit Hintereingang und kleinem Hof, an deren äußerer Ausstattung und Flächenbeanspruchung man genau die soziale Stellung der Bewohner ablesen konnte. Da die Wohndichte im Vergleich zu den back-to-back-Häusern um ein Drittel bis die Hälfte gesenkt wurde, setzte nun ein extrem flächenfressendes Wachstum des urbanen Raumes ein. Unterstützt wurde dieses Wachstum durch die Ansiedlung großer Industriebetriebe ebenfalls am Stadtrand sowie durch die Möglichkeit des Pendelns mit dem neuen Transportmittel Eisenbahn. Im Gegensatz zu der anfänglichen Verdichtung der Innenstadt war die Folge dieser Flächenurbanisierung mit geringerem Einwohnerbesatz eine verstärkte räumliche Trennung der Daseinsgrundfunktionen Wohnen – Arbeiten – Sich-Versorgen. Bis heute prägen noch erhaltene back-to-back-Häuser ausgedehnte Viertel britischer Großstädte. Mit den ältesten, inneren bye-law-Bebauungszonen bilden sie als Slums Sanie-

Abb. 43: *Wohnsiedlungstypen von Bergarbeitern im saarländisch-lothringischen Grenzbereich (Grundlage: Topographische Karte 1:25 000, Blatt 6807 Emmersweiler; Hrsg.: Landesvermessungsamt Saarbrücken, Kontroll-Nr. 58/1970/81)*

Auf französischer Seite Ansiedlung in geplanten Siedlungskolonien („Cités") der lothringischen Bergwerksgesellschaften, auf deutscher Seite Bau von individuellen Eigenheimen, die ab Mitte des 19. Jh. von den preußischen Bergwerksverwaltungen mit Prämien und Anleihen gefördert wurden („Prämienhäuser"). Diese Unterschiede bestanden auch, als Lothringen 1871–1918 zum Deutschen Reich gehörte, was das Vorkommen von Prämienhäusern auf französischer Seite erklärt.

rungsgebiete Probleme erster Ordnung für die Stadt- und Industrieplanung.

Zum großen Teil wurde dieser Wohnungsbau von Bergbau- und Industrieunternehmen getragen. Auch in den aufstrebenden Industriegebieten auf dem Kontinent verfolgten diese eine gezielte Politik des Werkswohnungsbaus. Daraus erwuchsen jedoch unterschiedliche Siedlungstypen, ja

Siedlungslandschaften, je nachdem, ob geschlossene Werkssiedlungen gegründet oder der Eigenheimbau gefördert wurde. Typisch für das Ruhrgebiet wurde die *Zechenkolonie* (vgl. MERTINS 1964, Karte 2): Sie wurde oft dicht neben dem zugehörigen Bergwerk, aber in größerer Entfernung zu den bestehenden Siedlungen angelegt. Die Häuser reihten sich an einem rechtwinkligen Straßennetz. Manchmal ließ man einen zentralen Platz frei, mit der Schule, dem „Konsum"-Laden und einer Fläche für den Markt. Sonstige Dienstleistungsbetriebe fehlten, die Anbindung an die zentralen Orte war unzureichend – der Lebensraum der Bewohner beschränkte sich auf Zeche und Kolonie. Entstanden solche Kolonien am Rand von Städten, so wurden sie in das bestehende Verkehrsnetz integriert. Häufig wuchsen sie auch flächenhaft zu regelrechten *Werkssiedlungsstädten* zusammen, wie sie MERTINS (1964, S. 188f.) am Beispiel des Nordens von Duisburg-Walsum beschreibt. Hatte man die Siedlungen in der Frühphase ohne Grünflächen angelegt, so kam es seit Beginn des 20. Jh. zur Anlage sog. *Arbeitergartenstädte*. Man legte Wert auf Grün und Abwechslung und *„... Gartenland sollte den Bergleuten ... zugleich den Eindruck eines kleinen Eigentums vermitteln, sie bodenständig machen und Tendenzen zu politischem Radikalismus verhindern"* (MAYR 1968, S. 448).

Im Gegensatz dazu fehlt die große geplante Werkssiedlung in Räumen mit vorherrschenden kleinen und mittleren Industrieunternehmen, die solche Vorhaben nicht hätten finanzieren können. Typisch ist der Mittlere Neckarraum. Hier wurden zwar überall billige Werkswohnungen errichtet, aber nicht in geschlossenen Siedlungen. Beherrschend blieb vielmehr der traditionelle, sehr flächenwirksame Bau des eigenen „Häusle", den die Firmen finanziell unterstützten, worin gerade das Großunternehmen Bosch zum Vorbild wurde.

Der wohl auffälligste Kontrast zwischen den Formen unternehmerischer Wohnungsbaupolitik auf engstem Raum (Abb. 43) zeigt sich heute noch beim Vergleich des Saarlandes mit dem angrenzenden Lothringen: Im *Saarland* gab die staatliche Grubenverwaltung seit Mitte des 19. Jh. den Bergleuten für den Bau von kleinen Eigenheimen langfristige Darlehen sowie Prämien (*„Prämienhäuser"*). Sie wurden in Baulücken und zeilenartig längs den Ausfallstraßen errichtet, was im weiteren Umkreis der Bergbauzone zu einer netzartigen Zersiedlung führte (vgl. PAULY 1975; REITZ 1975). Auf diese Weise konnten die Bewohner größtenteils in ihren angestammten Dörfern bleiben, von dort zur Arbeit pendeln und Nebenerwerbslandwirtschaft betreiben. Die geschilderte Wohnungsbaupolitik hat daher erheblich zur sozioökonomischen Stabilisierung des Raumes beigetragen – in der Tat hatte die Politik der preußischen Grubenverwaltung die Bindung an die Bergwerke und den sozialen Frieden zum Ziel.

Industrie und ländliche Siedlungen 161

In *Lothringen* dagegen gehörten die Gruben Privatunternehmen. Bei diesen bestand Interesse am raschen, dauerhaften Aufbau der Betriebe, und sie mußten sich dafür eine stabile Belegschaft sichern. Eigenheimbau war wegen mangelnder Mittel der Arbeiter und einer fehlenden öffentlichen Förderung ausgeschlossen. So war die planmäßige Anlage größerer Siedlungen auf der grünen Wiese der schnellste Weg zur Unterbringung der Arbeiter. Diese wurden dadurch – ähnlich wie im Saarland – für die Dauer ihrer Arbeitsfähigkeit an den Unternehmer gebunden, zumal es in den Montanrevieren so gut wie keine Beschäftigungsalternativen gab (MOLL 1970, S. 106). Die Unterbringung, unabhängig vom Lohn, war mietfrei, und die schlechten Verkehrsverbindungen erlaubten keine Pendelbewegung. Aus diesen Gründen verloren die umliegenden Dörfer beachtliche Teile ihrer Bevölkerung an die Cités und konnten infolgedessen keinen entsprechenden Funktionswandel erfahren. So blieb die Siedlungs- und Agrarstruktur weiter Bereiche jenseits der Grenze entschieden rückständiger als im Saarland.

Unter dem Einfluß der Industrialisierung und der von ihr hervorgerufenen Urbanisierung haben sich Strukturen, Physiognomie und Funktionen der ländlichen Siedlungen in unterschiedlichem Maße gewandelt. Man kann seitdem nicht mehr allein von „städtischen" und „ländlichen" Siedlungen sprechen, sondern es entstanden Zwischen- bzw. Übergangstypen.

Allgemein gilt, daß Industrialisierung und Urbanisierung von führenden Industriezentren auf das ländliche Umland ausstrahlten. Im Einflußbereich liegende Dörfer wuchsen zu sog. *Stadtdörfern* (WEINREUTER 1969) an, sei es vorwiegend durch den Zuzug von Wohnbevölkerung, die in nahegelegene Industriezentren auspendelte (Wohngemeinden), sei es durch die Ansiedlung von Betrieben am Ort selbst, die deshalb ebenfalls die Einwohnerzahl ansteigen ließen (Betriebsgemeinden). Besonders begünstigt für diesen Umstrukturierungsprozeß waren Gemeinden in dicht besiedelten Gebieten, deren Agrarstruktur die Bevölkerung nicht mehr zu tragen vermochte. Immer wieder zitiertes Beispiel sind die württembergischen *Realteilungsgebiete,* wo ein großer Teil des Bevölkerungsüberschusses trotz unzureichender Existenzgrundlage dem eigenen Boden verhaftet, also im ländlichen Bereich wohnen blieb und sich eine Industriearbeit suchte, als Pendler in eine Stadt oder im heimischen Dorf. Das Angebot an Arbeitskräften im ländlichen Raum ließ umgekehrt viele Unternehmer dort einen Standort auswählen. Diese Situation erklärt z. B. die starke Ausstrahlung des Stuttgarter Raumes auf sein Umland, in dem zahlreiche Stadtdörfer entstanden. In den Anerbengebieten dagegen mußten die Nichterben in die Städte abwandern, die wie Ulm folglich scharf gegen das Umland abgegrenzt blieben. Unter 158 erfaßten Stadtdörfern zählte WEINREUTER (1969, S. 87) nur elf in Anerbengebieten. Nach der Einwohnerzahl liegen die südwestdeutschen Stadtdörfer etwa zwischen ca. 4500 und 13000-15000 (S. 51). Eindeutigere Unterscheidungskriterien für die Position zwischen Dorf und Stadt sind jedoch strukturelle, funktionale und physiognomische Erscheinungen. Die Erwerbstätigen haben in ihrer Mehrzahl nichtlandwirtschaftliche Berufe, die einen, weil sie aus den überfüllten Städten hierher gezogen sind, die andern nach Aufgabe der Landwirtschaft. Häufig vollzog sich diese Aufgabe schrittweise über die vorübergehende Bewirtschaftung des Hofes im Nebenerwerb nach Annahme eines Arbeitsplatzes in der Industrie (vgl. Kap. 9.2). Meist äußerte sich der Berufswechsel in der Umgestaltung des Bauernhauses in ein reines Wohnhaus, die mit dem Fabriklohn finanziert werden konnte. Verbleibende Vollerwerbslandwirte konnten infolge dieser Entwicklung ihre Besitzflächen vergrößern und ihre Höfe modernisieren bzw. im Zusammenhang mit der Flurbereinigung in neue Höfe aussiedeln, d. h. auch das Bild der landwirtschaftlichen Siedlungen wurde infolge dieser Umstrukturierungen in den Stadtdörfern verändert. Schließlich führten steigender Lebensstandard und das Eindringen städtischer Konsumgewohnheiten auch zur Ansiedlung von Einzelhandelsgeschäften und anderen Dienstleistungsbetrieben. Der alte Dorfkern erfuhr dadurch eine totale Umwandlung. Längst ist er, umgeben von den ausgedehnten Neubaugebieten der Zugezogenen, nur noch ein kleiner Teil des Ortes.

Ob das einstige Dorf nun vor allem Auspendlersiedlung oder selbst Industriestandort ist, zeigt sich auch in Ausstattung und Physiognomie: Orte mit eigener Industrie behalten den größten Teil der Gewerbesteuer und verzeichnen durch den Einpendlerüberschuß meist auch noch zusätzliche Einnahmen im Einzelhandel. Sie sind also in der Regel reicher als reine Wohngemeinden, was sich häufig in sichtbaren Investitionen äußert, wie Schwimmbad, Kulturzentrum, modernes Rathaus usw. So konnten stark industrialisierte ehemalige Dörfer schließlich zu Städten mit ausgeprägten zentralen Funktionen anwachsen und Dimensionen erreichen, die diese Entwicklung heute nicht mehr vermuten lassen (vgl. u.a. WEINREUTER 1969, HAAS 1970, GROTZ 1971).

Mehrfach hat es Versuche gegeben, die neuen *Übergangsformen* zu schematisieren und zu *typisieren,* u.a. die von HESSE (1957): Er teilte die Gemeinden Baden-Württembergs von 1950 ein (von E bis A) in *mittelbäuerliche* Gemeinden (E) mit vorherrschender Landwirtschaft; in *kleinbäuerliche* Gemeinden (D), wo die Landwirtschaft überwiegt, aber nicht mehr ausreicht und das Gewerbe noch zurücktritt; in *Arbeiter-Bauern*-Gemeinden (C), in denen sich ansässige gewerbliche und agrarische Erwerbstätige die Waage halten, Pendler aber noch gering an Zahl sind; in *Arbeiterwohngemeinden* (B) mit ausgeprägtem Pendlerwesen und starker Nebenerwerbslandwirtschaft und schließlich in *Industriegemeinden und Städte* (A). Heute ist dieses Schema aufgrund der inzwischen erfolgten Veränderungen, vor allem der fortgeschrittenen Industrialisierung der ländlichen Räume und ihrer Einbeziehung in die Pendlereinzugsbereiche, nicht mehr zutreffend.

Die Prozesse Industrialisierung, Städtewachstum und Zersiedlung des ländlichen Raumes spiegeln sich in einem ausgeprägten *Pendlerwesen* wider. Im Zeitraum 1950-67 hat sich die Zahl der Pendler in der Bundesrepublik Deutschland verdoppelt. (Daß sie seitdem in manchen Gebieten zurückgegangen ist, kann eine konkrete Folge von Industrieansiedlungen im ländlichen Raum, aber auch rein statistisch bedingt sein, wenn nämlich Auspendlergemeinden durch Kommunalreform an das Einpendlerzentrum angeschlossen wurden.) Im allgemeinen sind männliche Arbeitskräfte mobiler als weibliche, da letztere durchschnittlich weniger verdienen und mehr an die Nähe der Wohnung gebunden sind. Erheblichen Einfluß auf die Pendlerquote hat die Siedlungsstruktur: Sie liegt in polyzentrischen Ballungsräumen mit betriebsnahen Werkssiedlungen (Ruhrgebiet) selbstredend niedrig, hoch dagegen um bedeutende zentrale Orte wie München oder in Räumen, wo mit dem verbreiteten Eigenheimbau ein extremer Zersiedlungsprozeß stattgefunden hat (Saarland, Württemberg). Auffällig ist, daß bei großen, renommierten Unternehmen die Pendlerquoten überdurchschnittlich hoch und die Einzugsbereiche auch größer sind. Wenn man bedenkt, daß heute die Radien von Werksbussen großer Firmen bis zu 80 km reichen, so kann in den Industriestaaten nahezu der gesamte ländliche Raum abgedeckt werden, er wurde eingeengt und funktional verändert. Zur Abschwächung der einst scharfen Trennung von Stadt und ländlichem Raum hat die individuelle Massenmotorisierung noch erheblich beigetragen. In Wechselwirkung damit profitierte wiederum die Automobilindustrie von dieser Entwicklung, die sie selbst erst ermöglicht hat. Nicht zuletzt deshalb ist sie in den meisten Industriestaaten zur Schlüsselindustrie geworden (vgl. Kap. 7.3).

9.2 Die Wechselwirkungen zwischen Industrie und Landwirtschaft

Die Wechselwirkungen zwischen Industrie und Landwirtschaft beziehen sich vor allem auf die Belieferung der Agrarbetriebe mit Industrieprodukten, auf die Verarbeitung von Rohstoffen in Industriebetrieben sowie auf Veränderungen in der Agrarstruktur und in der Bodennutzung, natürlich wiederum verbunden mit ausgeprägten sozialen Folgeerscheinungen. So können Modernisierung der Landwirtschaft und Industrialisierung im 19. und 20. Jh. nicht getrennt werden: Letztere bekommt sämtliche Ausstattungen von der Industrie geliefert – Maschinen, Nutzfahrzeuge, Nutzbauten, Draht, Werkzeuge, Geräte usw. – die früher im Eigenbau oder vom Handwerk hergestellt wurden. Ohne chemisch erzeugte Schädlingsbekämpfungs- und Düngemittel ist die heutige intensive Bodennutzung nicht mehr denkbar. Umgekehrt haben die Technisierung der Landwirtschaft und die Innovation von Kulturpflanzen zu einer erheblichen Steigerung der Agrarproduktion geführt (z. B. von Nahrungsmitteln oder sog. Industriepflanzen wie Sisal, Baumwolle, Raps usw.), was wiederum eine Kapazitätssteigerung der industriellen Verarbeitung ermöglichte.

Die Agrarstruktur wurde innerhalb oder in Nähe der Industriegebiete am raschesten umgewandelt. Dort bot die Industrie während ihrer Hauptwachstumsphasen attraktive Arbeitsplätze für landwirtschaftliche Erwerbstätige ohne ausreichende Existenzbasis. Erst in den sechziger Jahren, als der Schrumpfungsprozeß der Landwirtschaft schon sehr weit fortgeschritten war, stieg das Angebot an Stellen im tertiären Sektor steil an. Die Industrie war es also, die die Masse der ehemaligen Landwirte und Landarbeiter aufgenommen hat.

Blieben die Räume mit vorherrschendem Großbauerntum meist wenig berührt, so nahmen in Gebieten mit zu kleinen Vollerwerbsbetrieben zunächst die *Nebenerwerbsbetriebe* stark zu, die am Feierabend, am Wochenende und während des Jahresurlaubs bewirtschaftet werden. Wegen der begrenzten Arbeitszeit ließ man nun häufig Flächenanteile unbearbeitet. Es kam entweder zur Bildung von *Sozialbrache,* wenn man das unbestellte Land aus Spekulationsgründen (Bauerwartungsland) oder für unsichere Zeiten behielt (Saarland, Rhein-Main, vgl. FUCHS 1977, S. 171), oder man verpachtete bzw. verkaufte das Land. Folglich vereinfachte und beschleunigte das Überwechseln der Landwirte in die Industrie über die Landabgabe die *Flurbereinigung* und die *Vergrößerung der verbleibenden Vollerwerbsbetriebe*. Gerade in den einst durch Schrumpfen der Hofflächen und Zersplitterung der Fluren existentiell bedrohten Realteilungsgebieten kam es seit den fünfziger Jahren zur Bildung eines modernen, existenzfähigen Vollerwerbsbauerntums mit neuen Blockfluren, die auf einstigen Gewannfluren zusammengelegt worden waren. Althofsanierung und Hofaussiedlung förderten diesen Prozeß zusätzlich.

Allen Anzeichen nach ist die Nebenerwerbslandwirtschaft eine regional unterschiedlich lange Übergangsform, die die kleinen Höfe verschwinden läßt und schließlich zu einer reduzierten Zahl größerer existenzfähiger

Wandlungen der Agrarstruktur 165

Betriebe führt, einer „Entmischung zu reinem Arbeiter- bzw. Bauerntum" (GROTZ 1971, S. 48). Dabei kann dieser Übergang auch in Stufen verlaufen. So unterschied TISOWSKI (1961) im Rhein-Main-Gebiet zwischen *„Arbeiterbauern"*, die einen Betrieb mit eigenem Gespannvieh besaßen, und *„Freizeitlandwirten"*, die auf wesentlich kleineren Flächen Gespannarbeiten gegen Bezahlung durchführen ließen, kein Großvieh, sondern meist Schweine hielten und neben Selbstversorgungsanbau Gemüse und/oder Obst für den nahen Markt erzeugten. Die Arbeiterbauern, als stabileres Element, traten erst in größerer Entfernung zum Rhein-Main-Ballungsraum stärker in Erscheinung, dagegen dominierten die Freizeitlandwirte eindeutig in seiner näheren Umgebung. Sie hatten dort seit Ende des 19. Jh. zugenommen, befanden sich aber nun im Rückgang. Die ausschließliche Beschäftigung in der Industrie gewann die Oberhand, besonders mit dem kräftigen Anstieg der Löhne Ende der fünfziger Jahre.

Parallel zu solchen betriebsstrukturellen Entwicklungen ergaben sich Auswirkungen auf die Bodennutzungsformen. Infolge von Berufswechsel und Abwanderung wurden die Arbeitskräfte in der Landwirtschaft extrem knapp, was zu Extensivierungsprozessen führte. Diese äußern sich vor allem in der *Vergrünlandung* von Ackerland mit entsprechender Zunahme der Viehhaltung. Dabei muß unterschieden werden, ob ein Wechsel vom Anbau zur weitaus arbeitsaufwendigeren Milchviehhaltung stattfindet – z. B. für die Versorgung von in der Nähe expandierenden Industriezentren – oder zur Fleischrindhaltung bzw. zu der noch arbeitsextensiveren Schafzucht. Ähnlich kann auch der intensivere Hackfruchtbau durch den Getreideanbau ersetzt werden (vgl. u. a. KÖNIG 1958, TISOWSKI 1961, HAAS 1970, GROTZ 1971, SOFI 1973).

Wenn einerseits die Industrialisierung zur Entvölkerung ländlicher Gebiete geführt hat, wie besonders auf den Britischen Inseln, so haben die Auswirkungen in jüngerer Zeit, vor allem nach dem II. Weltkrieg, durchaus positive Effekte auf Modernisierung und Rationalisierung der Agrarwirtschaft gehabt, wie HAAS (1970, S. 242) für das Beispiel Nordost-Württemberg betont. Umgekehrt brachten diese Effekte bedeutende indirekte Wachstumsimpulse für die Industrie, denn sie erhöhten den Lebensstandard der bäuerlichen Bevölkerung, die folglich ihre Selbstversorgungswirtschaft aufgeben konnte und seitdem am allgemeinen Konsum der Industrieprodukte teilnimmt. Diese Gesamtentwicklung führte zur Freisetzung landwirtschaftlicher Arbeitskräfte, ohne die wiederum der rasche Anstieg der Beschäftigtenzahlen in der Industrie nicht denkbar gewesen wäre.

9.3 Industrie und tertiärer Sektor

Von der Industriellen Revolution an konnte eine Steigerung der Industrialisierung nur mit einer parallelen, dann immer schnelleren Entwicklung der Dienstleistungen ermöglicht werden. Nach unterschiedlichen Berechnungen zieht die Gründung eines industriellen Arbeitsplatzes Erwerbsmöglichkeiten für ein bis zwei Personen in Dienstleistungsberufen nach sich, die die Industriebeschäftigten und ihre Angehörigen versorgen. In einem Selbstverstärkungseffekt führt dies zu einer regionalen Bevölkerungszunahme und damit wiederum zur Vergrößerung des Absatzmarktes und des Arbeitskräfteangebotes für die Industrie.

Das Handwerk wurde durch die Industrialisierung teilweise verdrängt, in Zulieferer umfunktioniert oder es bekam neue Möglichkeiten im Bereich der Dienstleistungen für die Industrie in Form von Service- und Reparaturbetrieben. Ganze Industriebranchen sind ohne solche wohlorganisierten Systeme (vor allem Kfz-Vertragswerkstätten und -händler) nicht mehr existenzfähig.

Da Industrie stets an Transportmöglichkeiten gebunden ist, sind Industrialisierung und „Verkehrsrevolution" untrennbar. Die Industrie entwickelte neue Transportmittel und Verkehrssysteme – Eisenbahn, Dampfschiff, Automobil, Flugzeug, Stromverbundnetz, Pipeline usw. –, die selbst als Produkte zu Trägern neuer Branchen, ja zu Schlüsselindustrien wurden. Diese Branchen stehen wie die anhaltende Modernisierung der Transportmittel in ständiger Wechselwirkung mit der Entwicklung der gesamten Industrie und deren Standortdynamik: So führte z.B. die Konstruktion von Supertankschiffen für Erdöl und die Verlegung von Pipelines zu den geschilderten Konzentrationen der Raffinerien in den Hauptabsatzmärkten (Kap. 7.1.1); der Trend der Hüttenwerke an die Küsten ist u.a. eine Folge der Revolutionierung des Seeverkehrs; das elektrische Verbundnetz machte Strom zu einer Ubiquität.

Mit wachsender Produktivität und Rationalisierung benötigt die Industrie selbst immer mehr und verfeinerte Dienstleistungen. Zunächst äußert sich dies (Kap. 6.2) industrieintern in einer „Tertialisierung": Immer weniger Menschen sind eigentlich materiell-produktiv tätig, immer mehr arbeiten als Angestellte in Verwaltung, Organisation, Marktforschung, Planung, sozialen Bereichen usw. An den Standorten der Industrie nimmt folglich generell das Gewicht des tertiären Sektors zu. Aus den diffusen Agglomerationen von Wohnsiedlungen und Betrieben formieren sich zentrale Orte mit Cities. Diese werden nun auch für andere Dienstleistungsbetriebe attraktiv, die die Entwicklungsmöglichkeiten der Industrie fördern: Banken, Marktforschungsbüros, Rechtsberater, Werbeorganisatio-

Informatik 167

nen, Großhandel, Massenmedien usw. Damit wiederum erweitern sich die Fühlungsvorteile für Unternehmensverwaltungen.

Heute hat der tertiäre Sektor ein Ausmaß und eine Wachstumsgeschwindigkeit erreicht, die nur durch die Industrialisierung erklärt werden können. Hatte die Industrielle Revolution einst die agrarische Produktivität beschleunigt und damit Arbeitskräfte für ihre eigene Entwicklung freigesetzt, so bewirkt der anhaltende Modernisierungs- und Rationalisierungsprozeß innerhalb der Industrie eine Verlagerung von Arbeitskräften aus dem produktiven in den Dienstleistungsbereich. Die vielleicht aktuellsten, äußerst dynamischen Wechselwirkungen spielen sich gerade in diesem Bereich ab: Die moderne *Informatik* wurde zur unentbehrlichen Grundlage industrieller Rationalisierung und auch der Expansion des tertiären Sektors. Gleichzeitig wurde damit die heute modernste Wachstumsindustrie, die Elektronik, ins Leben gerufen, die eben diese Entwicklung steuert und beschleunigt.

9.4 Wechselwirkungen zwischen Industrie und Sozialstruktur

Der Übergang des arbeitenden Menschen aus der agrarischen in die industrielle Tätigkeit führte zu einer völligen Umstrukturierung der Gesellschaft und ihrer Lebensweise. Der Wechsel in die Fabrik bedeutete die Umstellung der Arbeit von einem jahreszeitlich geprägten Rhythmus auf einen regelmäßigen Tagesgang über das ganze Jahr, der nur an den Sonn- und Feiertagen unterbrochen wurde. Hinzu kamen die neuen urbanen Wohn- und Lebensformen. Bis ins 20. Jh. mußten die Arbeiter und ihre Familien häufig die Misere des ländlichen Lebens gegen das Elend in überfüllten Städten eintauschen – die sozialen Mißstände der Industriellen Revolution gerade in England sind hinlänglich durch die Schriften von CHARLES DICKENS, DANIEL DEFOE, KARL MARX, FRIEDRICH ENGELS und anderen bekannt geworden.

Seitdem haben Maschinisierung und Automatisierung erhebliche Erleichterungen im Arbeitsprozeß ermöglicht. Die Schwerarbeit ist stark reduziert worden. Dagegen ist die psychische und nervliche Belastung häufig gestiegen. Dies gilt u.a. für die Schicht- und Nachtarbeit, mit der eine optimale Nutzung installierter Produktionskapazitäten erreicht werden soll. Während einerseits die reine Arbeitszeit verkürzt wurde, kam es infolge des Wachstums und der räumlichen Konzentration der Industrie zu einer zunehmenden Distanz zwischen Wohn- und Arbeitsstätte mit entsprechender Verlängerung der Pendelzeiten. Diese wirken sich bei Überschreiten zumutbarer Wegzeiten sowie durch den Streß während der Verkehrsstauungen negativ auf Gesundheit und Produktivität aus.

An dieser Stelle muß auch auf die Massenarbeitslosigkeit in den Industrieländern hingewiesen werden, die zum einen auf Wachstumsprobleme, zum anderen auch zum großen Teil auf Rationalisierung und Automatisierung zurückzuführen ist. Ihre schädlichen psychischen und sozialen Folgen sind noch nicht voll abzusehen, zumal erst die Anfangsphase dieses Phänomens herrscht, das offensichtlich Bestandteil der Umstrukturierungsprozesse zwischen industrieller und postindustrieller Epoche ist.

Mit zunehmender Industrialisierung konnten die materiellen und physischen Existenzbedingungen der Bevölkerung anhaltend verbessert werden. Erreicht wurde dies aus einem Zusammenwirken des Drucks von Gewerkschaftsbewegungen, rationalisierter und verbesserter Produktionsbedingungen sowie der wachsenden Einsicht führender Unternehmer, daß die Produktivität ihrer Arbeitskräfte letztlich von deren Gesundheitszustand und Zufriedenheit abhing. Zu den wichtigsten sozialen Errungenschaften wurden: Abschaffung der Kinderarbeit, Kranken- und Sozialversicherung, Sicherheitsmaßnahmen am Arbeitsplatz, Verkürzung der wöchentlichen Arbeitszeit, Einführung des Urlaubs, steigende Entlohnung. Beispielsweise sank die Arbeitszeit in Deutschland von 60–90 h/Woche um 1900 auf heute 40 h und weniger, die reale Kaufkraft der Löhne (Reallöhne) stieg 1950–71 um 192% (SOFI 1973, S. 61, 112).

Zwar stiegen die Löhne in den einzelnen Branchen unterschiedlich schnell und führten zu beachtlichen Unterschieden in der Lohnskala: So lag 1971 z. B. der mittlere Lohn in der Bekleidungsindustrie bei 69,5% des bundesdeutschen Schnitts gegenüber 116,6% im Metallbau. Dagegen sind die Abstände im Ländervergleich wesentlich geringer, und der Trend zielt langfristig auf den Abbau regionaler Lohnunterschiede.

Die wachsende Produktion pro Arbeitskraft ermöglichte gleichzeitig eine Hebung der Reallöhne und eine Verlängerung der Freizeit, was bekanntlich die Wechselwirkung zwischen Produktion und Konsum beflügelt. Dabei wächst der Verbrauch von Grundbedarfsgütern zunächst absolut wie relativ zu den Gesamtausgaben eines Haushalts; bei steigendem Lebensstandard gewinnen dann Ausgaben für langfristige Gebrauchsgüter und Luxusartikel das Übergewicht: In der Bundesrepublik Deutschland verwendeten die Arbeitnehmerhaushalte mit mittleren Einkommen 1950 bzw. 1971 52% bzw. 34% für Nahrungs- und Genußmittel, 14% bzw. 11% für Bekleidung, 21% bzw. 30% für Wohnung und Hausrat sowie 2% bzw. 11% für Verkehr und Nachrichtenübermittlung (SOFI 1973, S. 138). Raumrelevant wurde diese Entwicklung in der sprunghaften Zunahme des Eigenheimbaus, in der Massenmotorisierung, in der wachsenden Reiselust und in den sich konsequent ergebenden Ausweitungen und Verbesserungen der Infrastruktur (Verkehrsnetz, Freizeitanlagen usw.). Die Effekte des höheren Lebensstandards und der längeren Freizeit beeinflussen sich

Die Entwicklung der Erwerbstätigkeit in Deutschland (in %)

	Selbständige	mithelfende Familienangehörige	Beamte und Angestellte	Arbeiter
1882	25,6	10,0	7,0	57,4
1907	18,8	15,0	10,7	56,9
1933	16,4	16,4	17,1	50,1
1950	14,5	13,8	20,6	51,0
1971	10,2	6,3	36,8	46,7

1882–1933 Deutsches Reich, ab 1950 Bundesrepublik Deutschland (nach SOFI 1973, S. 26).

dabei gegenseitig, ohne klar voneinander getrennt werden zu können. Gerade die Kürzung der Arbeitszeit hat vielschichtige Auswirkungen, zumal sie in verschiedenen Formen erfolgte: tägliche Zahl der Arbeitsstunden, Fünftagewoche bzw. über Feiertage verlängerte Wochenenden, Ausdehnung des Jahresurlaubs bzw. dessen Spaltung in Sommer- und Winterferien. Die Reduzierung der täglichen und wöchentlichen Arbeitszeit begünstigte Überstunden und Schwarzarbeit, also eine zusätzliche Einkommenssteigerung. Offensichtlich wurde dadurch ebenso die „Do-it-yourself-Bewegung" gefördert, die allerdings auch eine Reaktion auf den Rückgang und die Verteuerung des Angebots an Handwerkerdienstleistungen ist. In der Industrie hat sie ein wachsendes, ausgeklügeltes Angebot an Baustoffen und modernstem Werkzeug hervorgerufen.

Überdies führten die langen Wochenenden und die Massenmotorisierung zu einer erheblichen Ausweitung der Radien des Naherholungsverkehrs. Zusammen mit der Entstehung des *Massenferntourismus* gab dies entsprechende Impulse auf Branchen wie Automobil-, Mineralöl- und Baustoffindustrie sowie auf das Baugewerbe. Die Wachstumseffekte großer, wie aus der Retorte geschaffener Fremdenverkehrsgebiete (Languedoc-Küste, Wintersportzentren usw.) auf die Industrie liegen auf der Hand. Hinzu kommt das Aufblühen ganzer Branchen, die sich auf Sportartikel sowie Freizeitgeräte und -ausstattungen spezialisieren (Ski, Boote, Camping, Wohnwagen usw.).

Rationalisierung und Produktivitätssteigerung haben einen stetig wachsenden Anteil der Beschäftigten dem Produktionsprozeß entzogen und in den Dienstleistungsbereich der Industrie integriert. Ursprünglich spiegelte sich diese Trennung in der Unterscheidung zwischen *Arbeitern und Angestellten* wider (vgl. Tab.). Die Unterschiede zwischen beiden Gruppen haben sich jedoch mehr und mehr verwischt, denn heute haben Facharbeiter häufig den Angestelltenstatus, und viele Arbeiter verdienen wesentlich mehr als Angestellte. Vor allem in Räumen mit verbreitetem Hauseigentum zeigen sich innerhalb der Wohnviertel keine nennenswerten Unterschiede zwischen beiden Gruppen. Ja, der Anteil der Arbeiter (29% 1968) an allen Hausbesitzern liegt sogar höher als der der Beamten und Angestellten (19%) (SOFI 1973, S. 168). Dies erklärt sich aus der stärkeren Verwurzelung der Arbeiter im ländlichen bzw. randstädtischen Bereich.

An diesen Beispielen zeigte sich, daß der Dualismus Arbeiter-Angestellte *sozial*geographisch kaum noch relevant ist, wohl aber, wie GROTZ (1971, S. 60) betont, *industrie*geographisch. Denn die Anteile beider in der Beschäftigtenstruktur bestimmter Branchen oder Industrieräume spiegeln sehr deutlich den Konzentrationsgrad von Verwaltungen, aber auch Produktionsniveau, technologischen Stand und Dynamik der Industrien wider. Stuttgart ist ein gutes Beispiel für eine Kombination der Standorte von Hauptverwaltungen (Abb. 14) und von Betrieben, die eine hohe Fertigungsspezialisierung entwickelt haben und durchweg zu den Wachstumsindustrien zu rechnen sind. Hier lag der Angestelltenanteil 1969 bei 35% gegenüber 25% in ganz Baden-Württemberg, Stuttgart einbegriffen. Wenn umgekehrt Räume außerhalb der Ballungen einen niedrigen Angestelltenanteil haben, so liegt dies folglich nicht nur an der fehlenden Verwaltung, sondern eben auch an dem Gefälle in Technologie und Spezialisierung.

Die anhaltende „Verschiebung von der ‚Handarbeit' zur ‚Kopfarbeit'" ist innerhalb der Industrieländer im Grunde noch ausgeprägter als die Statistiken angeben, denn eine große Zahl der Stellen einheimischer Hilfs- und angelernter Arbeiter wurde von ausländischen Arbeitskräften übernommen. Die Mehrheit von ihnen bildet heute eine neue „Unterschicht". Sie sind sozusagen „nachgerückt", weil sie die schlechtest bezahlten Stellen übernehmen, aber auch, weil sie einen beachtlichen Teil ihrer Löhne in die Heimatländer überweisen. Vor allem nach dem Bau der Berliner Mauer 1961 wäre der Industrieboom in der Bundesrepublik Deutschland ohne die ausländischen Arbeitnehmer nicht möglich gewesen. Von den 2,35 Mill. „Gastarbeitern" 1973 war ihre Zahl 1980 auf 2,04 Mill. gesunken (FWA 1981), es arbeiteten 79% im sekundären Sektor, allein 36% in der Metallindustrie (SCHRETTENBRUNNER 1976, S. 40). Sie konzentrierten sich folglich auf die Industrieballungen, vor allem auf wachstumsstarke wie München, Stuttgart und Frankfurt/M. 1972 waren 80% von allen und 97% der Frauen Ungelernte.

Die 4,5 Mill. Ausländer in der Bundesrepublik Deutschland (1980, nach FWA 1981) bilden wegen der Sprachbarriere, der menschlichen und kulturellen Integrationsschwierigkeiten (vor allem bei Muslims) sowie wegen des niedrigeren Lebensstandards erhebliche soziale und wirtschaftliche Probleme. Unter anderem äußern sich diese durch eine regelrechte Ghettobildung in älteren Stadtvierteln (vgl. SCHRETTENBRUNNER 1976).

9.5 Konflikte zwischen Industrie und Umwelt

Fast jede Industrieansiedlung oder -expansion bedeutet Belastung, teilweise gar Zerstörung der Umwelt und zusätzliche Nutzung ihrer Ressourcen. Letztlich kann industrielle Produktion direkt und indirekt an allen Formen der Umweltschädigung beteiligt sein: Zersiedlung und exzessive Ausbeutung von Ressourcen und damit Zerstörung des Landschaftsbildes; Reduzierung von Waldgebieten und landwirtschaftlichen Nutzflächen, also auch von Erholungszonen; Lärmbelästigung; Belastung des Menschen und des Naturhaushaltes durch flüssige, feste, gas- und staubförmige Emissionen (zu denen auch Abfälle zählen); Fremdstoffe in Nahrungsmitteln; Produktion von Herbiziden, Pestiziden und Düngemitteln für die Landwirtschaft.

Das Problem der Umweltbelastung bzw. -zerstörung durch die Industrie ist heute allgegenwärtig, und trotz wachsender Schutzmaßnahmen scheinen die Gefahren zuzunehmen. Obwohl ihnen erst seit relativ kurzer Zeit intensive Aufmerksamkeit gewidmet wird, ist die Literatur über die Auswirkungen der Industrie auf die Umwelt bereits unüberschaubar. Hier einen zusammenfassenden Überblick zu geben, erscheint im Rahmen dieses Buches wenig sinnvoll.

Hier sollen vielmehr die raumrelevanten Wechselwirkungen zwischen der Industrie, der betroffenen Umwelt und den ausgelösten Konflikten betrachtet werden. Solche Wechselwirkungen sind ein spezifisch geographisches Forschungsobjekt, wurden aber in der Fachliteratur kaum beachtet, da die negativen Einflüsse der Industrie zu sehr im Vordergrund stehen. Dabei gehören solche Wechselwirkungen zum täglichen und allgemeinen Diskussionsstoff: Die Opposition gegen den Bau von Kernkraftwerken, gestärkt durch Reaktorunfälle (Harrisburg), verzögert oder verhindert Bauprojekte. Entscheidend und entsprechend räumlich wirksam ist nicht (vgl. Kap. 5.3.9), wer recht hat, Gegner oder Befürworter, sondern wessen Meinung sich durchsetzt. Davon hängt letztlich ab, ob die Energieversorgung garantiert ist, ob die Kohlekraftwerke eine boomartige Renaissance erleben, ob statt – echter oder eingebildeter – Nukleargefahren neue Probleme mit emittiertem Schwefeldioxid und Kohlendioxid entstehen, ob die Kraftwerkbaubranche existenzfähig bleibt usw. Dies kann sich auch, unter dem Druck öffentlicher Meinung, gesetzlicher Auflagen, gefährdeter Rohstoff- und Energieversorgung sowie steigender Kosten, dahingehend auswirken, daß neue technische Verfahren entwickelt werden, die wiederum andersartige räumliche Auswirkungen nach sich ziehen können.

Entsprechende Wechselwirkungen können also zu Veränderungen der Standortfaktoren, zu Standortverlagerungen und zu technisch-technologischen Neuerungen führen. So mögen die Standortfaktoren durch umweltschädigende Einflüsse verschlechtert werden, was die Ansiedlung weiterer Industrien verhindert oder auch Abwanderung der Wohnbevölkerung hervorruft. Umgekehrt findet bei entsprechenden Gegenmaßnahmen eine allgemeine Aufwertung von Räumen statt, nicht zuletzt aus politischen Zielen („Blauer Himmel über der Ruhr!").

Es kann dabei zu sehr komplexen Verfahren der Standortwahl kommen, wie das von SEDLACEK (1976) geschilderte Vorhaben der VEBA, eine neue Raffinerie bei Rheinberg am Niederrhein anzusiedeln. Der Standort war von dem Unternehmen gewählt worden, weil eine Erweiterung der 10 Mill.-t-Raffinerie in Gelsenkirchen wegen der dann zu erwartenden Immissionsüberlastung ausgeschlossen war. Bei Rheinberg standen ausgedehnte Agrarflächen außerhalb des Rhein-Ruhr-Ballungsgebietes und in günstiger Lage am Schiffahrtsweg zur Verfügung. Dort rief das Projekt jedoch massive Widerstände hervor, ebenfalls aus Gründen des Umweltschutzes, und wurde schließlich nicht verwirklicht.

Bei Neuansiedlungen oder Verlagerungen können durchaus Standorte eingenommen werden, die erhebliche Nachteile haben, insgesamt jedoch kostengünstiger sind als solche, wo durch Umweltschutzmaßnahmen und Konflikte mit anderen Interessengruppen höhere, teilweise auch unkalkulierbare finanzielle Belastungen zu erwarten sind. Bei einem derartigen Ausweichen spricht SOYEZ (1981) – in Anspielung auf WEBERS „Transportkostenminimierung" – von „Konfliktkostenminimierung". Dies ist häufig der Grund für die Standortwahl in peripheren oder dünn besiedelten Räumen. Besonders ausgeprägt ist jene Tendenz bei Betriebsgründungen durch Firmen aus Industrieländern in der Dritten Welt (chemische Werke, Aluminiumverhüttung usw.), da man dort eher bereit ist, die Industrialisierung auch zum Preis massiver Umweltverschmutzung zu forcieren – dies nicht nur, weil es noch seltener zu den kumulativen Effekten verschiedener Umweltbelastungen gekommen ist, sondern auch, weil ein „Umweltbewußtsein" überhaupt fehlt bzw. von einer einseitig wachstumsorientierten Politik erstickt wird.

Häufig haben industriell verursachte Umweltbelastungen zu *neuen technischen Produktionsprozessen* geführt. Hier interessieren nicht nur die aufwendigen Schutzmaßnahmen (Filter, Kläranlagen usw., Abb. 44), sondern auch die industrielle Verwertung von Abfallstoffen und nicht verbrauchter Energie. Zum einen geschieht dies, wenn sich die Nutzbarkeit von Reststoffen infolge neuer technischer Prozesse erweist: Im chemischen Verbund versorgen sich verschiedene Werke gegenseitig mit Stoffen, die für den Ausgangsbetrieb „Abfall", für den Aufnahmebetrieb jedoch Grundstoffe sind: So liefert z. B. eine Soda-Fabrik als „Abfall" Chlor an eine PVC-Fabrik, die ihre Produktion nur deshalb auf Dichloräthan ausdeh-

Recycling 173

Abb. 44: BASF-Werke in Ludwigshafen (Quelle: BASF/L. Kaster, Haan Rhld.)
Im Hintergrund Ausschnitt der Chemiewerke, die als „größte Fabrik Europas" gelten. Im Vordergrund Teile der ausgedehnten Kläranlagen, in die sämtliche Abwässer laufen, bevor sie in den Rhein geleitet werden.

nen kann, weil wiederum die Soda-Fabrik die dabei anfallende Hydrochlorsäure verwerten kann. Ganze Produktionszweige beruhen weitgehend auf solchen „Abfällen": Papier wurde früher aus Lumpen hergestellt, heute aus Zellulose, Altpapier, Holzschliff und Holzabfällen anderer Industrien. Insgesamt werden 30–40% aller in der Industrie anfallenden Rückstände wieder- oder weiterverwertet (SANDER 1977).

Im Gefolge steigender Rohstoff- und Energiepreise erfährt die Wiedergewinnung von Stoffen aus Abfällen, seit 1970 unter dem Begriff „Recycling" bekannt, zunehmende Bedeutung. Es handelt sich dabei um simple Verfahren wie Einschmelzen von Glas, Stahl, Aluminium usw. bis zu äußerst komplizierten Sortier-, Trenn- oder chemischen Prozessen. Der Umfang des Recycling in einzelnen Branchen beeinflußt entscheidend die Rohstoffwirtschaft und die Standortpräferenzen. Außerdem hat die Innovation der Recycling-Verfahren in der jüngsten Zeit zur Entwicklung einer großen Zahl neuer Einrichtungen und Produktionsmittel geführt, von den gewaltigen Kläranlagen der großen Chemiekonzerne (Abb. 44) bis zu mechanischen Sortier- und Trennmaschinen.

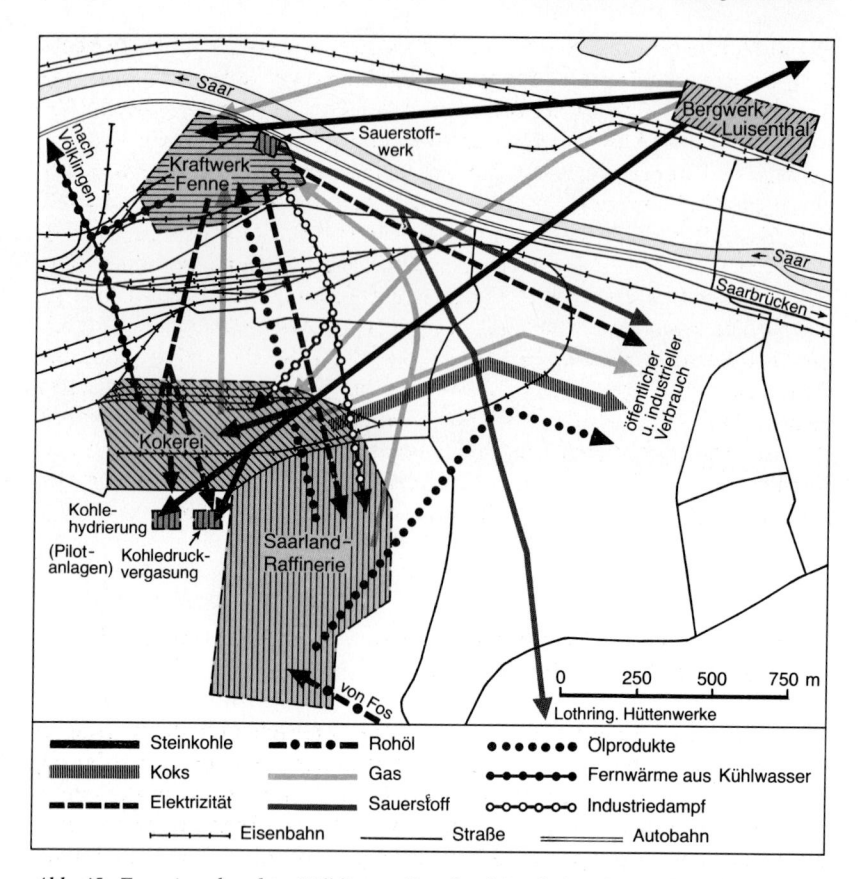

Abb. 45: Energieverbund in Völklingen/Saarland (nach Saarberg AG)

Seltenes Beispiel einer intensiven gegenseitigen Energiebelieferung und -verflechtung auf engstem Raum. Nur die Lage im Kern der saarländischen Verdichtungsachse erlaubt den kostspieligen Bau eines Fernwärmenetzes für Völklingen. Der Verbund benötigt außerdem ein dichtes öffentliches Transportnetz.

Ein interessantes Beispiel positiver Wechselwirkung zwischen Umweltschutz, technologischem Fortschritt und Rationalisierung bietet der *Energieverbund in Völklingen*/Saar (Abb. 45), an den ein Steinkohlenbergwerk, eine Kokerei, eine Erdölraffinerie, ein Kohlekraftwerk und ein Fernwärmenetz angeschlossen sind. Letzteres liefert Kühlwasser aus Kokerei und Kraftwerk für die Raumheizung nach Völklingen. Diese Konzentration von Energieerzeugung auf engstem Raum ist wegen der Umweltbelastung äußerst problematisch und hat bereits die Erweiterung des Kraftwerks um

Energieverbund

650 MW scheitern lassen. Der umweltbedingte Zwang, Kraftwerke heute fern der Ballungsräume zu bauen, steht jedoch einer rationellen Nutzung der Energie aus Kühlwasser für die Fernheizung entgegen, da die Entfernungen zu hohe Investitionen für Rohrleitungen erfordern würden; außerdem sind wegen der hohen Transmissionskosten nach wie vor verbrauchernahe Kraftwerksstandorte erwünscht. Zur Zeit ist deshalb ein Modellkraftwerk (220 MW) neben dem bestehenden Kraftwerk im Bau. Es soll über die neue Form der Wirbelschichtbefeuerung einen höheren Wirkungsgrad (44%) und eine Rauchgasentschwefelung erhalten. Außerdem werden die Rauchgase nicht mehr über einen Schornstein, sondern durch den Kühlturm in größere Höhen emittiert. Ein solches relativ umweltfreundliches Kraftwerk kann daher wieder inmitten eines Ballungsraumes stehen. Außerdem wird es ein kurzes, rentables Fernwärmenetz speisen, das die Schademissionen von Tausenden von Privatheizungen vermeidet. Darüber hinaus läßt sich in dem Kraftwerk stark schwefelhaltige, energiearme Ballastkohle verwerten, die sonst kaum absetzbar wäre.

9.6 Die gestörten Wechselwirkungen zwischen Industrie, Mensch und Raum in den Entwicklungsländern

Die Wechselwirkungen zwischen Industrie, Mensch und Raum sind in den Industriestaaten letztlich eine der Triebfedern von Industrialisierung und technischem Fortschritt gewesen. Betrachtet man unter denselben Aspekten die industrielle Entwicklung in der Dritten Welt, so lassen sich – oft übersehene – fundamentale Unterschiede feststellen. *Ein Vergleich der Industriellen Revolution und der Industrialisierung der Entwicklungsländer ist unzulässig!*

Bei der Industriellen Revolution handelte es sich nicht allein um eine Innovation des Phänomens „Industrie" im Raum, sondern um einen Prozeß, der eng mit der Entwicklung von Bevölkerung, Landwirtschaft und tertiärem Sektor verflochten war, sozusagen spiralförmig. Daß dieses Beziehungsgefüge in der Dritten Welt gestört ist bzw. sich gar nicht entwickeln konnte, muß als eine entscheidende Ursache für das Ausbleiben oder den schleppenden Gang der Industrialisierung angesehen werden. Mit der folgenden Begründung dieser These soll auch die Problematik aktueller Industrialisierungsbestrebungen erhellt werden.

Das Bevölkerungswachstum in der Dritten Welt beruht auf importierten Verbesserungen in Medizin und Hygiene und verlief deshalb noch schneller als in den Industriestaaten im 18. und 19. Jh., zumal auch das „Ventil" der Auswanderung fast immer fehlte. Parallel zu dieser Bevölkerungsexplosion stagnierte die Landwirtschaft jedoch, denn es dominierte Selbstversorgung, während der moderne Agrarsektor sich vorwiegend auf Exportgüter beschränkte (Kaffee, Kakao, Zucker usw.). Daß es zu anhaltender Landflucht in die Städte kam, beruhte nicht etwa auf einer Freisetzung von Arbeitskräften infolge zunehmender Produktivität, sondern auf extremer Übervölkerung durch natürlichen Zuwachs. So stieg die Einwohnerzahl der Städte steil an, während die Agrarproduktion nicht entsprechend mithalten konnte.

Folglich kann eine weitgehend außerhalb der Marktwirtschaft funktionierende Selbstversorgungswirtschaft auch nicht die notwendige Massenproduktion von Rohstoffen für die industrielle Weiterverarbeitung liefern. Umgekehrt stellt die Masse der ländlichen Bevölkerung in diesem System keinen aufnahmefähigen Markt für industriell erzeugte landwirtschaftliche Produktionsmittel (Maschinen, Düngemittel, Herbizide, Pestizide usw.); für die wenigen modern erwirtschafteten Großbetriebe lohnt keine inländische Produktion. Nur die einfachsten, ständig benötigten Konsumgüter können von den eigenen Industrien in ausreichenden Mengen im ländlichen Bereich abgesetzt werden.

Ähnlich bilden auch die großen Städte nur ein schwaches Marktpotential: Die Masse der Bevölkerung ist ohne Habe vom Land zugewandert und behält noch lange die den Konsum nicht fördernden ländlichen Lebensgewohnheiten bei; die Arbeitslosenziffern liegen hoch; die durchschnittlichen Familieneinkommen bewegen sich am oder unter dem Existenzminimum. Hinzu kommt, daß eine Reihe von Industrieerzeugnissen überhaupt nicht eingesetzt werden kann, wenn infrastrukturelle Voraussetzungen wie Wasserleitungen, Kanalisation und Elektrizität fehlen. Negativ auf den Konsum wirken auch das Bildungsniveau und der hohe Anteil an Kindern. Da die rückständige Agrarsozialstruktur und der niedrige Lebensstandard in den Ballungsräumen den Industrialisierungsprozeß erheblich bremsen, kann auch nicht nur annähernd die erforderliche Zahl an industriellen Arbeitsplätzen geschaffen werden, um die Zuwanderer in die städtische Wirtschaft zu integrieren. Als Attraktion für die Zuwanderer spielt die Industrie in den Städten denn auch nur eine bescheidene Rolle. Weit mehr Möglichkeiten „sich durchzuschlagen" bietet hier die

Abb. 46: Medellín, Kolumbien (Quelle: W. BRÜCHER*)* ▶

Der zweitgrößte Ballungsraum Kolumbiens mit über 2 Mill. Einw. inmitten der schwer zugänglichen Zentralkordillere (1500 m NN) verdankt seine Entwicklung vor allem dem Aufbau einer bedeutenden Textilindustrie seit Beginn des 20. Jh. Diese zog später Folgeindustrien nach sich. Die Unternehmerinitiative wie auch das Kapital (aus Goldbergbau, Tabak- und Kaffeehandel) kamen hier von Kolumbianern.

Industriestadt Medellín/Kolumbien

breite Skala von Berufen und Gelegenheitsarbeit im tertiären Sektor. Hier wiederum liegt der markante Unterschied zur Industriellen Revolution darin, daß sich die städtischen Dienstleistungen nicht parallel oder gar im Gefolge der Industrialisierung entwickelt haben, sondern dieser größtenteils vorangingen: Die Städte waren als koloniale Herrschafts- und Verwaltungssitze und als zentrale Orte entstanden, nicht zuletzt auch als Brückenköpfe der Mutterländer. Beim Einsetzen der Massenzuwanderung vom Land fehlte es an Industriebetrieben, und es kam, allein um die Menschen minimal zu beschäftigen, zu einer künstlichen Aufblähung des tertiären Sektors, von überdimensionierten Bürokratien über einen unrationell zersplitterten Einzelhandel (fliegende Händler usw.) bis hin zu Sozialjobs wie Schuhputzer, Losverkäufer oder Liftboys. Eine solche Berufsstruktur ist ebensowenig als Grundlage eines aufnahmefähigen Marktes für Industrieprodukte geeignet. Nur in Ausnahmefällen haben sich in der Dritten Welt Großstädte auf der Basis bedeutender Industrien entwickelt, so u. a. Stahlstädte in Indien (Jamshedpur, vgl. STANG 1970), São Paulo oder Medellín/Kolumbien (Abb. 46, vgl. BRÜCHER 1975).

Gegenüber diesem überdimensionierten tertiären Sektor in den Städten ist die infrastrukturelle Basis unzureichend entwickelt. Dies betrifft sowohl die innerstädtischen Ver- und Entsorgungseinrichtungen und Verkehrsmittel als auch die Transportmöglichkeiten zwischen den Städten. Allgemein sind die Verkehrsnetze unzureichend ausgebaut – zumal in Ländern mit wasserkopfartigen, alle anderen Zentren erdrückenden Hauptstädten („primate cities") – was wiederum in Wechselwirkung Ursache und Folge der geringen Industrialisierung ist: Schlechte Straßen, desolate Eisenbahnnetze, veraltete Häfen mit zu geringer Kapazität, fehlende Umladeeinrichtungen für Container usw. behindern Rohstoffversorgung, Absatz und Kontakte der Industrien. Funktionierende Verkehrssysteme sind jedoch nicht nur Voraussetzung für die industrielle Produktion, sondern auch Absatzmärkte: Man bedenke, daß die modernen Verkehrsmittel fast alle in die Entwicklungsländer importiert wurden, daß sich also nicht ein vergleichbarer Beschleunigungseffekt ergab, wie ihn der Bau von Eisenbahnen und Dampfschiffen mit allen Folgekonstruktionen auf die Industrialisierung Europas hatte. Bei der scharfen Trennung zwischen dem städtischen und ländlichen Wirtschaftsraum sowie dem in beiden niedrigen Lebensstandard konnte es auch nicht zu jener Wechselbeziehung Pendlerverkehr – Massenmotorisierung – Automobilindustrie kommen, die in den Industriestaaten im 20. Jh. eine Schlüsselfunktion erhielt. Entsprechend ist eine eigene Automobilindustrie in den Entwicklungsländern problematisch und hat überhaupt nur in Staaten wie Brasilien mit ausreichendem Marktpotential Erfolgsaussichten. Im Industriali-

Entwicklungsstrategien 179

sierungsprozeß der Dritten Welt spielen die Investitionsgüterindustrien eine wesentlich größere Rolle als zu Beginn der Industriellen Revolution. Die Beispiele der Produktion von infrastrukturellen Einrichtungen und Fahrzeugen zeigt jedoch, daß auch der Entfaltung der Investitionsgüterindustrie erhebliche Barrieren im Wege stehen.

Mit umfangreichen Investitionen in Industrie- und Energiewirtschaft allein kann folglich in der Dritten Welt keine Industrialisierung forciert werden. *Es geht vielmehr – und primär – darum, Verbesserungen in den einzelnen Bereichen Bevölkerungs-, Agrarsozialstruktur und tertiärem Sektor zu bewirken und gleichzeitig ein allseitiges Beziehungsgefüge zwischen diesen und der Industrie aufzubauen.* Ansätze dazu zeigen sich z. B. in Entwicklungsstrategien, die sich nach jahrelanger einseitiger Förderung der Industrialisierung wieder auf die Basisfunktion der Landwirtschaft besinnen und dieser den Vorrang in der Unterstützung geben.

10 Industrie und Planung

Die Industrie wird von Planungsmaßnahmen erfaßt, wenn die öffentliche Hand, Institutionen oder die Unternehmen selbst steuernd in die Wechselwirkungen zwischen Wirtschaft, Mensch und Raum eingreifen. Dabei kann die Industrie ein zu förderndes oder einzuschränkendes Objekt sein, ein Faktor innerhalb von Flächennutzungskonkurrenzen, oder man will durch ihren Einsatz Impulse für die Gesamtentwicklung geben.

Von einigen Ausnahmen abgesehen (u. a. Tennessee Valley Projekt) hing die Standortverteilung der Betriebe in den marktwirtschaftlichen Industriestaaten bis zum II. Weltkrieg fast ausschließlich vom Unternehmerentscheid ab. Folglich wurden seit der Industriellen Revolution völlig einseitig die Räume mit einer Bündelung von Standortvorteilen bevorzugt: Es kam so zu dem charakteristischen Gegensatz zwischen wachstumsstarken Ballungsräumen (z. B. München) einerseits und strukturschwachen ländlichen Räumen (z. B. Bayerischer Wald) sowie industriellen Krisengebieten (z. B. Saarland) andererseits. Dies führte konsequent zu räumlichen Ungleichgewichten und Spannungen und machte eine Planung unumgänglich, die den Ausgleich anstrebt. Die Notwendigkeit einer Industrieplanung zeigt sich aber auch in expansiven Ballungsräumen (z. B. Paris, Los Angeles) mit ihren spezifischen Verdichtungsproblemen sowie in den Ländern der Dritten Welt ohne jede industrielle Tradition.

Da die Industrie bis heute allgemein als der entscheidende Motor und Multiplikator für die sozioökonomische Entwicklung betrachtet wird, kommt ihr in der nationalen und regionalen Wirtschaftspolitik stets die zentrale Funktion zu: *„Die Regionalpolitik in der Bundesrepublik Deutschland bedient sich primär des Mediums der Industrieförderung"* (FREUND und ZABEL 1978, S. 99). Dies gilt für marktwirtschaftliche Systeme ebenso wie für dirigistische Planwirtschaften oder für Misch- und Übergangsformen zwischen beiden, wie man sie in den Entwicklungsländern häufig zu praktizieren versucht.

Hier sollen nun (vgl. Kap. 5.4) Ziele, Instrumentarium, Formen und Ergebnisse staatlicher Planung in bezug auf die Industrie geschildert werden. Dabei erfolgt eine Beschränkung auf die marktwirtschaftlichen Systeme. Dort muß sich die Planung über Empfehlungen und ankurbelnde

Flächenbedarf 181

Maßnahmen, aber auch durch Restriktionen in das Wechselwirkungsgefüge einpassen, dieses beeinflussen, seine Gesetzmäßigkeiten benutzen und gezielt als Faktoren einsetzen sowie in Konkurrenz zu anderen Standortfaktoren treten. *In marktwirtschaftlichen Systemen ist die industriebezogene Planung in ihrer Effizienz also begrenzt und bildet nur ein Faktorenbündel im Kräftespiel aller raumwirksamen Einflüsse.* In dirigistischen Planwirtschaften dagegen, vor allem in den sozialistischen Staaten, sind letztlich jede Industrieansiedlung, -förderung, -verlagerung, rückwärtige und vorwärtige Auswirkungen auf andere Industrien usw. Ergebnis von Planung. Folglich wird dort die Planung für die Industrie zu einem alles umfassenden Komplex, unvergleichbar im Grunde mit der Planung in Marktwirtschaften. Eine Behandlung dirigistisch-planwirtschaftlicher Industrieplanung innerhalb dieses Kapitels würde dessen Rahmen sprengen. Hingewiesen sei hier u. a. auf KLITZSCH (1953), SCHMIDT-RENNER (1967), CROSFIELD (1963) und TISMER (1968).

10.1 Flächenbedarf und Flächennutzungskonkurrenzen

Bei der Planung neuer Industrieansiedlungen oder einer Umstrukturierung in industriellen Krisengebieten müssen primär der zu erwartende Flächenbedarf sowie die unumgänglichen Standortbedingungen (Versorgungseinrichtungen, materielle Absatzmöglichkeiten usw.) berücksichtigt werden, bevor eine Entscheidung über den neuen Standort bzw. über Standorttausch oder -verschiebung gefällt werden kann.

Der *Flächenbedarf* ist von besonderer Problematik, da er sich im Zuge der allgemeinen technischen, technologischen und quantitativen Entwicklung der Industrie äußerst dynamisch verhält. Dabei ist eine generelle Zunahme der durchschnittlichen Betriebsfläche pro Arbeitskraft festzustellen; sie stieg z. B. in New York von $95 m^2$ (1922) auf $410 m^2$ nach 1945 (KLITZSCH 1967, S. 109). Dies erklärt der Trend zur ebenerdigen Produktion, der zunehmende Ersatz der Arbeitskräfte durch Produktionsmittel sowie der Bedarf an Reserveflächen (vgl. Kap. 8.1). Natürlich ergeben sich in den einzelnen Branchen unterschiedliche Bedarfsgrößen. Infolge Mechanisierung mit linear geschalteten Produktionsprozessen (z. B. in der Automobilindustrie, vgl. Abb. 28) und bei erhöhtem Einsatz von Transportmitteln steigt der Flächenbedarf. Er sinkt dagegen mit zunehmender Automation und mit der Verwendung des Fließbandes, was sich bei manchen Werken in aufgegebenen, ungenutzten Flächen widerspiegelt (HOTTES 1978). Wenn es auch widersprüchlich erscheint, so kommt es trotzdem zu großen Werksgründungen, denn Automation und Fließbandanlagen sind nur bei hohem Produktionsumfang rentabel, und dieser wiederum macht große Anlagen mit entsprechenden Flächen für Lager und Bereitstellung erforderlich (KLITZSCH 1967, S. 109).

Zu dem durchschnittlich stark angestiegenen Flächenbedarf kommt bei Umstrukturierungsmaßnahmen in den alten Industriegebieten als weiteres Problem hinzu, daß die dort nach Betriebsaufgabe frei gewordenen Flächen den neuen Ansprüchen häufig nicht mehr genügen: Sie sind zu klein und eingeengt, sind (potentielle) Bergschädenzonen oder haben in den Mittelgebirgen für die moderne ebenerdige, flächenintensive Bauweise ein zu ausgeprägtes Relief, das einst, bei der Nutzung der Wasserkraft, gerade einen Standortvorteil bedeutet hatte (HOTTES 1978). So führt heute der Drang auf flache, große Grundstücke zu einer Ausweitung vorwiegend auf Kosten von Agrarflächen (vgl. HENNIQUAU 1972 und Abb. 15).

Darüber hinaus benötigt die Industrie all jene infrastrukturellen Einrichtungen, die ebenso für den tertiären Sektor wie für die Ballungsräume schlechthin existenznotwendig sind. Werden solche Einrichtungen nicht speziell für anzusiedelnde Industriebetriebe neu geschaffen, dann konzentrieren sich die Standortentscheidungen auf die bestausgestatteten Standräume oder ihre unmittelbare Nähe. Zwangsläufig kommt es in solchen Räumen, die von verschiedenen Interessengruppen begehrt werden, zu Konflikten, zu *Flächennutzungskonkurrenzen* (QUASTEN und SOYEZ 1976). Da die Gruppen versuchen, eine bestimmte Fläche unterschiedlich zu nutzen bzw. eine Änderung der bestehenden Nutzungsform zu betreiben oder zu verhindern, werden sie zu Konkurrenten: Landwirte wehren sich gegen den Unternehmer, der eine Fabrik auf bestem Ackerland anlegen will; alteingesessene Handwerker und kleine Fabrikanten am Cityrand wollen einem Großkaufhaus nicht weichen; eine Stadtverwaltung und die betroffene Wohnbevölkerung stellen sich gegen die Vergrößerung eines Kraftwerkes. Gerade mit der zunehmenden Verdichtung und dem wachsenden Umweltbewußtsein ist die Zahl solcher Konflikte rasch gestiegen und in jüngerer Zeit entsprechend untersucht worden (vgl. QUASTEN und SOYEZ 1976; SEDLACEK 1976; SOYEZ 1981).

Sollen Konflikte um den Raum nicht allein durch das „Recht des Stärkeren" gelöst werden, so muß nicht nur die Justiz (Kernkraftwerke), sondern auch die Planung eingreifen. Ihre Aufgabe ist es, die unterschiedlichen Interessen weitestgehend zu berücksichtigen und gleichzeitig mit optimalen Standortvorschlägen einen aktzeptablen Ausgleich anzustreben: den Unternehmer bewegen, seine Fabrik auf weniger guten Böden zu bauen; einer kleinen alten Fabrik im Ausdehnungsbereich der City modern ausgestattete Industriefläche am Stadtrand anbieten; für ein neues Kraftwerk einen Standort außerhalb des Ballungsraumes auswählen oder aber am alten Standort neue, umweltfreundliche Technologien vorschlagen.

Anreize der Planung

10.2 Das Instrumentarium der Planung

Die Planung muß bestrebt sein, solche Detaillösungen lokaler oder regionaler Konflikte in eine Gesamtkonzeption zu integrieren. Diese soll im gesamten Staatsgebiet auf einen optimalen Ausgleich zwischen wachstumsstarken und strukturschwachen Räumen abzielen und in ersteren außerdem Überlastungseffekte infolge exzessiver industrieller Konzentration verhindern. Zur Verwirklichung ihrer Ziele darf die Planung keine dirigistischen Bestimmungen erlassen. Als Mittel bleiben ihr einerseits Verbote, Einschränkungen (z. B. in Paris, Kap. 10.3.1), Auflagen und langwierige Genehmigungsverfahren (Kernkraftwerke). Dadurch kann wiederum die regionale Standortverteilung neuer Betriebe durchaus beeinflußt werden. Andererseits hat die Planung empfehlenden und ankurbelnden Charakter, d. h. sie gibt ansiedlungswilligen Unternehmern Ratschläge für zu wählende Standorte und darüber hinaus materielle Anreize, sich dort niederzulassen. Die Planung benötigt also ein bestimmtes, breit gefächertes Instrumentarium an Fördermethoden und -mitteln, um in förderungswürdigen Räumen Betriebsgründungen anzuregen.

Die eigentlichen materiellen Anreize lassen sich grob in *finanzielle Fördermittel* und den gezielten *Ausbau der Infrastruktur* gliedern. Erstere werden von BRÖSSE (1974) in vier Gruppen unterteilt:

1. räumliche Differenzierung steuerlicher Lasten (Nachlaß, Stundung, vergünstigte Abschreibung, Tarife usw.);
2. räumlich gezielte, direkte Finanzhilfen (Investitionszuschüsse; Kredite; Kredithilfen; Übernahme von Bürgschaften; niedrige Zinsen; Anlernzuschüsse; billige Grundstücke);
3. räumlich gestufte Tarife („Als-Ob-Tarife" der Bahn als Ersatz für fehlende Schiffahrtswege; fiktive Tarife in den Grenzgebieten, die Umwege erzwingen (Zonenrandgebiet); Ausnahmetarife für Strom an Aluminiumhütten usw.);
4. bevorzugte Vergabe öffentlicher Aufträge an Firmen in Fördergebieten.

„Ziel einer effizienten Förderpolitik muß es dabei theoretisch sein, die Höhe der gezahlten Kompensationen an dem Maß der Benachteiligung eines Investors in dem regionalpolitisch gewünschten Investitionsgebiet auszurichten" (FREUND und ZABEL 1978, S. 103). Aus der Erkenntnis heraus, daß solche Fördermittel, die zudem meist nur Starthilfen darstellen und langfristige Standortnachteile nicht wettmachen können, bemühen sich viele Staaten um einen *vorausgehenden Ausbau der Infrastruktur* zur dauerhaften Verbesserung der Standortbedingungen. Hinzu kommen auch in-

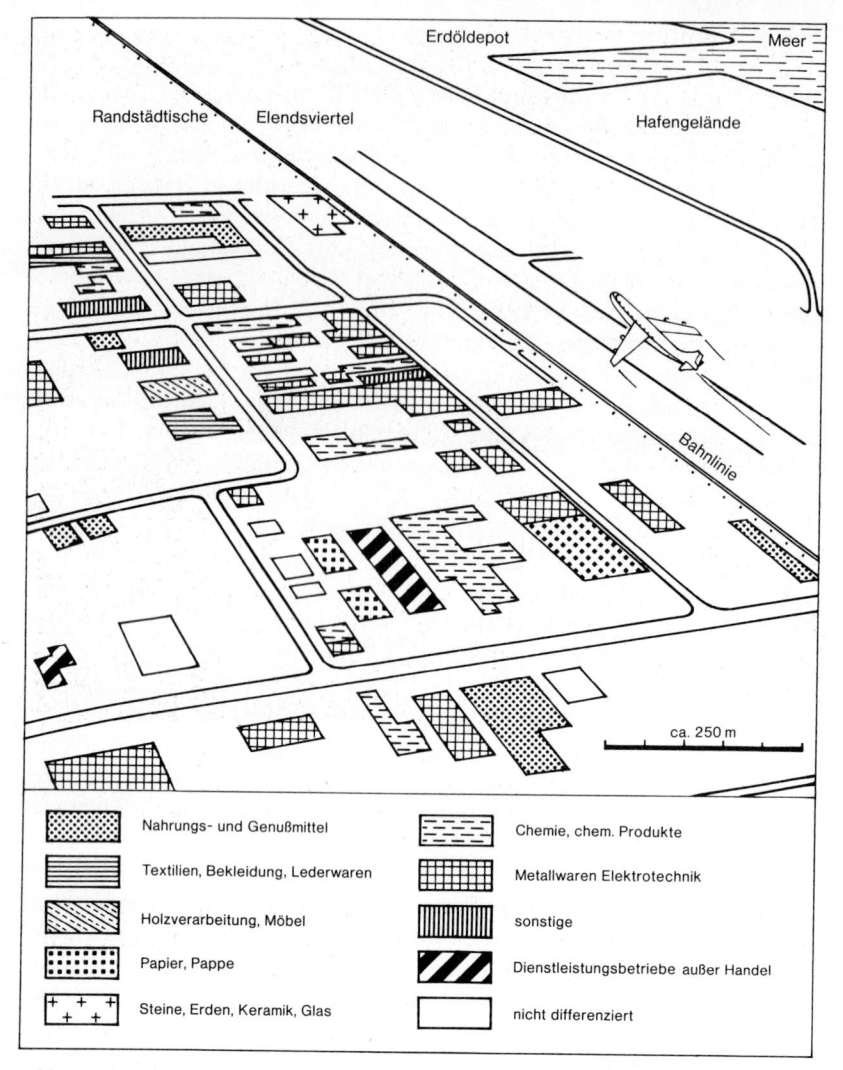

Abb. 47: Kingston Industrial Estate, Jamaika (nach HAAS *1976, Abb. 51)*

direkte Anreize, die allein der Verbesserung der Lebensqualität dienen, wie kulturelle Einrichtungen, Sportstätten oder Erschließung von Erholungsgebieten.

Eine Kombination lokaler raumplanerischer Ziele mit der Attraktion auf neue Industrien von außen wird über die Anlage sog. *Industrieparks*

Industriepark, Definition

Abb. 47: Kingston Industrial Estate, Jamaika (Quelle: Tyndale-Biscoe, Kingston)
Der Industriepark wurde bewußt in der Nähe von Bahnlinie, Flughafen und Hafen geplant. Damit liegt er direkt an der Importquelle und erleichtert auch die erwünschten Exporte. In den Elendsvierteln wohnt ein Teil der schlechtbezahlten Arbeitskräfte.

(„industrial estates") angestrebt (Abb. 47; vgl. u. a. HOTTES 1976, HÜTTERMANN 1977/78). Diese organisierte Form der gruppierten Industrieansiedlung reicht auf den 1896 in Manchester gegründeten „Trafford Industrial Estate" zurück. Auch wenn sie sich in der Bundesrepublik Deutschland kaum durchsetzen konnten, haben sich Industrieparks seitdem über die ganze Welt verbreitet, auch in den Entwicklungsländern. HÜTTERMANN (1977/78, S. 234) definiert den Industriepark: *„Ein Industriepark ist ein zusammenhängendes und in sich geschlossenes Areal, das speziell zur Förderung der Ansiedlung von Industriebetrieben durch einen öffentlichen oder privaten Planungsträger mit Straßen, evtl. Anschlußgleisen und Kanälen, Energie, Wasser, Entwässerung und Fernsprechleitungen ausgestattet und das mit vorwiegend klein- bis mittelgroßen Betrieben unterschiedlicher Branchen besiedelt ist. Zusätzliche Einrichtungen zur gemeinsamen Nutzung als Anreize zur Ansiedlung von Industriebetrieben sind in der Regel vorhanden,*

wodurch die Industrieparks zu einem über andere Industrieansiedlungen hinausgehenden besonderen raumordnungspolitischen Instrument werden."
Mit HOTTES (1976, S. 484) ist zu ergänzen, daß auf den Flächen häufig auch die Fabrikationsgebäude zur gestellten Infrastruktur gehören. Dies trifft z. B. in Großbritannien, nicht aber in den französischen „Zones industrielles" zu. Ausführliche Einzelbeschreibungen finden sich u. a. bei HAAS (1976) und HÜTTERMANN (1979).

10.3 Flächenhafte Förderung oder Wachstumspole?

In den einzelnen Ländern spitzen sich die Konzeptionen der Regionalpolitik durch Industrieförderung generell auf zwei entgegengesetzte Typen zu: Flächenförderung und Wachstumspole (Entwicklungspole). Beide lassen sich sowohl in strukturschwachen ländlichen Räumen als auch in umzustrukturierenden industriellen Krisengebieten anwenden.

Wird mit finanziellen Maßnahmen nach dem „Gießkannenprinzip" jede Industrieansiedlung in einem Fördergebiet unterstützt, so spricht man von *Flächenförderung*. Man glaubt, auf diese Weise eine flächengreifende Industrialisierung einleiten zu können, was die Kritiker als „Schornsteinpolitik" bezeichnen. Umgekehrt soll nach der *Entwicklungspoltheorie* innerhalb bestimmter, eng begrenzter Standräume die Industrialisierung schwerpunktmäßig gefördert werden. Dabei geht man von der Annahme aus, daß die Industrie der tragende Bereich der wirtschaftlichen Entwicklung sei, daß sie Multiplikatorwirkung habe. Bezeichnenderweise wurde diese Theorie von dem Franzosen PERROUX (1961) Mitte der fünfziger Jahre aufgestellt, also während eines industriellen Booms in Frankreich. Nach Möglichkeit seien bestimmte Wachstumsbranchen zu fördern, Schlüsselindustrien mit vorwärtigen und rückwärtigen Effekten, die mit einer größeren Zahl von Produktionseinheiten in einem funktionalen (Verflechtungs-) Zusammenhang stehen und *„zusammen einen Impulsüberschuß auf das Umland abgeben"*. Diese Industrien sollen Investitionen in nahegelegene Zulieferindustrien auslösen und über Einkommenseffekte das Wachstum des tertiären Sektors beschleunigen (KLEMMER 1972, S. 103).

Diese gegensätzlichen Konzeptionen versuchte man in verschiedenen Ländern zu verwirklichen, was in der Folge an den Beispielen Frankreich und Bundesrepublik Deutschland geschildert wird. Frankreichs Politik der industriellen Dezentralisierung baute primär auf Flächenförderung in der Provinz – auch wenn einzelne Wachstumspole wie das Hüttenwerk

Fos-sur-Mer oder die Erdgasraffinerie von Lacq eingeplant waren –, während die Bundesrepublik Deutschland von der Flächen- zur Schwerpunktförderung wechselte. Die Beispiele erlauben auch die Gegenüberstellung des Prinzips der Dezentralisierung in einem vom Gegensatz Metropole–Provinz geprägten zentralistischen Staat und der Förderung strukturschwacher Gebiete in einer polyzentrischen Föderation.

10.3.1 Flächenhafte Förderung am Beispiel der industriellen Dezentralisierung in Frankreich

Von „industrieller Dezentralisierung" spricht man, wenn dieser Prozeß von einem Ballungsraum ausgeht. Darunter fallen also Neuanlagen von Zweigwerken, Teil- und Totalverlagerungen aus dem Ballungsraum. Solche Einzelaktionen können zu einem allgemeinen Dezentralisierungsprozeß führen. Dies geschieht, wenn die Deglomerationsvorteile (WEBER) gegenüber den Agglomerationsvorteilen vorherrschen bzw. wenn exzessive Verdichtungserscheinungen eine rentable Industrieproduktion in zunehmendem Maße hemmen und überdies keine räumliche Betriebsausdehnung mehr erlauben.

Mit der industriellen Dezentralisierung glaubt die öffentliche Hand in der Regel die bestechend anmutende Kombination von drei Zielen erreichen zu können: eine *Steigerung der industriellen Produktion,* eine *Entflechtung überlasteter Ballungsräume* sowie eine *Wirtschaftsbelebung bzw. -sanierung strukturschwacher Gebiete.*

Eine kritische Betrachtung einer solchen Politik erlaubt das Beispiel Frankreich (vgl. CLOUT 1970; BRÜCHER 1971, 1974; BASTIÉ 1972, 1980 u. a.). Anfang der fünfziger Jahre konzentrierten sich auf den überdimensionierten Ballungsraum der Hauptstadt Paris 26% der nationalen Industrieproduktion, in vielen Wachstumsbranchen über 50%; außerdem lebten hier rund 20% der Gesamt- und die Hälfte der großstädtischen Bevölkerung. Auf der anderen Seite stand die stagnierende oder sich entleerende Provinz, deren Bewohner von dem raschen Wachstum der Hauptstadt und von deren Prestige angezogen wurden: Bei der damaligen Zuwanderungsrate befürchtete man 16–18 Mill. Einwohner im Jahr 2000. Es kam zu einer extremen Bebauungsdichte, die sogar die der Zentren von London und New York übertraf. Ausbau und Modernisierung der Infrastruktur konnten nicht im entferntesten mit der Zunahme der Arbeitsplätze, der Bevölkerung und der Verkehrsteilnehmer Schritt halten. Immer dringlicher wurden deshalb eine Entlastung des Pariser Ballungsraumes und gleichzeitig eine Förderung der Provinz, wo im Bergbau, in der Landwirtschaft und in verschiedenen Krisenindustrien die Zahl der Arbeitsplätze rasch zurückging. Unter dem Eindruck des Industriebooms der Nachkriegszeit glaubte man, diese doppelte Problematik nur mit einer Industrialisierungspolitik lösen zu können. Ab 1954/55 versuchte deshalb die Regierung, eine Dezentralisierung der Industrie von Paris auf das übrige Frankreich zu steuern. Erleichtert wurde diese Strategie durch ihre Einbeziehung in die seit 1946 aufgestellten indikativen Mehrjahrespläne und über die Lenkbarkeit der in Frankreich relativ zahlreichen staatlichen Industrieunternehmen (Renault u. a.).

In der Région parisienne (heute: Région Ile-de-France) wurde ein Restriktionsgesetz für Betriebsansiedlungen oder -erweiterungen über 500 m^2 erlassen. Umgekehrt sollten in der Provinz die strukturschwachen Zonen gefördert werden. 1964/67 entstand für das gesamte Land ein im Prinzip bis heute gültiges System staatlicher finanzieller Lenkungsmittel: Investitionsprämien, Ersatz für Umzugskosten, Steuervergünstigungen und Fortbildungssubventionen. Entsprechend der jeweiligen regionalen Dringlichkeit der Industrialisierung wurde Frankreich in fünf Zonen eingeteilt, in denen die Förderung von alleinigen Steuervergünstigungen bis zur gesamten Palette der Maßnahmen (bei einer maximalen Investitionsprämie von 25%) ansteigen kann (vgl. BRÜCHER 1971, S. 268, und Abb. 48). Hinzu kommt die finanzielle Unterstützung von Gemeinden bei der Anlage von Industrieparks („Zones industrielles").

1955 –1975 wurden rund 2 500 industrielle Dezentralisierungsoperationen von Paris aus durchgeführt bzw. gesteuert. Sie schufen in der Provinz 462 000 Stellen, das entsprach der Hälfte aller dort gegründeten industriellen Arbeitsplätze. Im Pariser Raum schrumpfte gleichzeitig die Industriefläche um 3 Mill. m^2, die Zahl der Industriebeschäftigten – allerdings auch rezessionsbedingt – nahm dort ebenfalls ab, absolut und relativ zum übrigen Land.

Rein quantitativ wirkt diese Bilanz positiv, und zweifellos hat der Dezentralisierungsprozeß belebend auf die Wirtschaft der Provinz gewirkt. Die Struktur der angesiedelten Betriebe muß jedoch insgesamt als ungünstig bezeichnet werden: Darunter sind viele Klein- und Mittelunternehmen, die in Paris wirtschaftliche Schwierigkeiten hatten und sich durch die Niederlassung in einem Niedrigstlohngebiet sowie mit staatlichen Fördermitteln eine billige Sanierung erhofften, „Prämienjäger" also. Diese unsolide Basis drückt sich auch darin aus, daß einer von zehn dezentralisierten Betrieben schließen mußte (BASTIÉ 1972). Nur einer von fünf wurde von der Hauptverwaltung begleitet, drei Viertel von diesen waren überwiegend kleine Einbetriebsunternehmen; die übrigen werden von Paris aus ferngesteuert: Nur 4% der Unternehmen leiten von dort aus mehr

Dezentralisierung in Frankreich 189

Zonen Investitionsprämien
- von 12% ⎫
- von 15% ⎬ zusätzlich Steuervergünstigungen
- von 25% ⎭
- nur Steuervergünstigungen für Dezentralisierung
- keine Förderung Region Parisienne
- ● von Paris dezentralisiertes Automobilwerk
- 20.000 / 10.000 / 1.000 Zahl der durch Dezentralisierung geschaffenen industriellen Arbeitsplätze
- Departementsgrenze

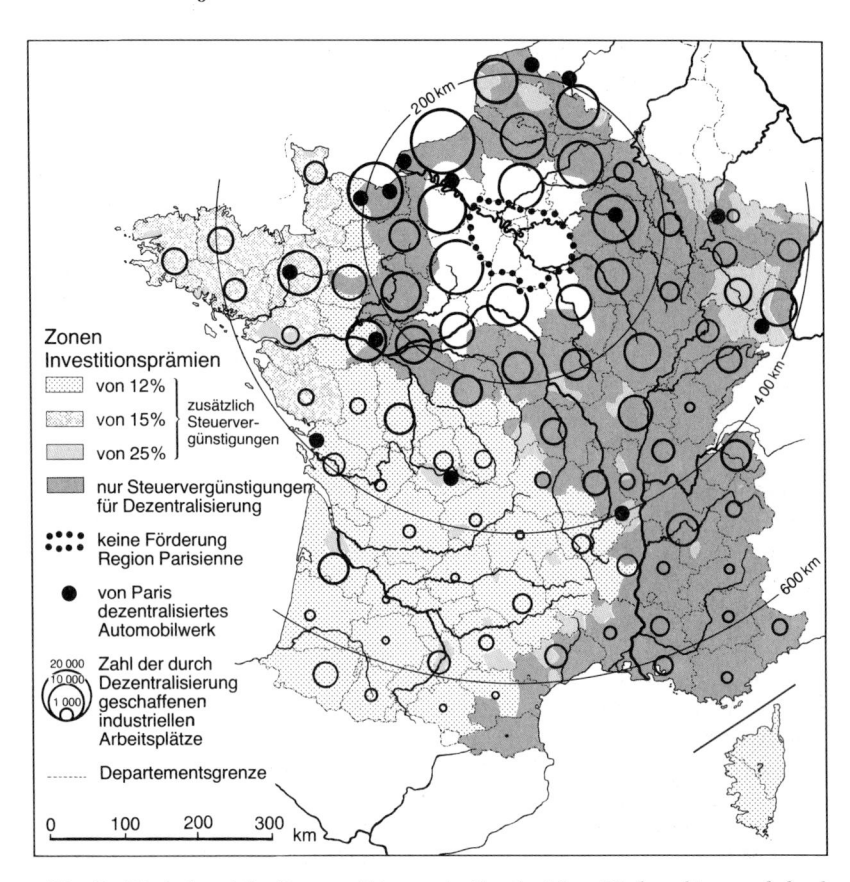

0 100 200 300 km

Abb. 48: Die industrielle Dezentralisierung in Frankreich – Fördergebiete und durch Dezentralisierung geschaffene industrielle Arbeitsplätze (Stand 1969) (nach La Documentation française)

Der Kontrast zwischen Förderzonen höchster Stufe und der stärksten Konzentration neuer Betriebe auf die nicht oder wenig geförderten Räume um Paris zeigen den geringen Effekt der staatlichen Lenkungsmittel. Die aus Paris dezentralisierten Betriebe der Automobilindustrie sollten die Vorreiter dieser Politik bilden und auch Multiplikatoreffekte auf Zulieferer ausüben – auffälligerweise drangen sie nicht weiter als Lyon nach Süden vor.

als die Hälfte der neuen Arbeitsplätze (FERNIOT o. J., BASTIÉ 1972). Bezeichnenderweise sind auch Zulieferbetriebe so gut wie nie abgewanderten Betrieben aus Paris in die neuen Standräume gefolgt. Hinzu kommt, daß ca. 75% der durch Dezentralisierung geschaffenen Betriebe und 60–65% der Arbeitsplätze innerhalb eines Radius von nur 300 km um Paris liegen (BASTIÉ 1972, vgl. Abb. 48), wo sie günstige Standorte in einem infrastrukturell gut erschlossenen Raum und in Kontaktnähe mit den

Hauptverwaltungen, Zulieferern, Kunden usw. in Paris einnehmen. Auffälligerweise werden aber in diesem Raum entweder nur das Minimum der Fördermittel oder überhaupt keine gewährt – die massive Dezentralisierung war also letztlich eine organisatorische Notwendigkeit der Pariser Unternehmen und *hätte auch ohne die staatlichen Programme stattgefunden.* Nachgeholfen haben allerdings die Baurestriktionsgesetze. Dagegen wurden die staatlichen Fördermittel zum großen Teil für unseriöse bzw. kaum existenzfähige Firmen oder aber für „verlängerte Werkbänke" großer Pariser Unternehmen verwandt. Dies mutet geradezu paradox an, denn *mit jener auf Dezentralisierung zielenden Politik wurde der Einfluß von Paris auf die Provinz, also die Zentralisierung der Wirtschaft zusätzlich gefördert.*

Eine prinzipielle Veränderung in der Dezentralisierungspolitik ist nicht mehr zu erwarten, denn seit 1961 hat die Zahl der jährlichen Operationen fast ständig abgenommen und gegen 1975 nahezu den Nullpunkt erreicht. Aus Paris selbst, wo man inzwischen über „désindustrialisation" klagt, kommen wieder massive Forderungen nach Industrialisierungsimpulsen innerhalb der Agglomeration.

Inzwischen ist eindeutig, daß das, wenn auch verlangsamte, Wachstum der Hauptstadt ganz auf die massive Expansion des tertiären Sektors zurückgeht – deshalb hat auch die Politik der Dezentralisierung des tertiären Sektors die der Industrie inzwischen weitgehend abgelöst.

10.3.2 Industrialisierungspolitik in der Bundesrepublik Deutschland

Im Gegensatz zu der Polarisierung Metropole–Provinz im zentralistischen Frankreich äußern sich die räumlichen Ungleichgewichte der Bundesrepublik Deutschland in einer auffälligen Durchmischung von wachstumsstarken Verdichtungsräumen, einigen industriellen Krisengebieten und strukturschwachen ländlichen Räumen. Dies erklärt sich nicht nur durch die föderative Struktur des Staates mit weitgehend eigenständigen Landeshauptstädten. Hinzu kommt die spezifische Entwicklung nach 1945: Die Achse Ruhrgebiet – Berlin wurde zerschnitten zugunsten einer eindeutigen Verstärkung der Nord-Süd-Achse München-Stuttgart-Rheintal und einer sekundären Achse München-Hannover-Hamburg. Der sich entlang der neuen Grenze erstreckende, von seinem Hinterland abgeschnittene Raum, das Zonenrandgebiet, war in eine äußerst ungünstige Lage geraten. Weite ländliche Räume Bayerns, Niedersachsens und Schleswig-Holsteins mußten die Vertriebenen aufnehmen – hier fanden sie keine Arbeit, in den zerstörten Städten gab es keine Unterkünfte. Mit dem Wiederaufbau setzte dann ein verstärkter Zustrom in die Ballungsräume ein, und die räumlichen Gegensätze vergrößerten sich noch.

Andererseits darf nicht übersehen werden, daß Vertriebene und Flüchtlinge viele Industrialisierungsimpulse in bis dahin rein ländliche Räume gebracht haben, daß weite ländliche Bereiche bereits traditionell von Industrien durchsetzt waren und daß die Distanzen – im räumlichen wie sozioökonomischen Sinn – zwischen industrialisierten und nicht-industrialisierten Räumen nie die Ausmaße erreicht hatten wie in Frankreich. Auch sind die Übergänge fließender, und die Pendlereinzugsbereiche decken weite Teile abgelegener Räume ab. Eine auf allgemeine Wohlstandssteigerung und regionalen Ausgleich ausgerichtete Industrialisierungspolitik konnte hier also von ganz anderen Voraussetzungen ausgehen.

Während in Frankreich alles allein von Paris aus bestimmt wird, müssen in der Bundesrepublik Deutschland Ziele und Fördermittel zwischen Bund, Ländern und Gemeinden für eine harmonische Regionalpolitik abgestimmt werden. Dies führt zu komplizierten Verwaltungsaufgaben, erhöhten Kosten und Kompetenzstreitigkeiten. Die Vorteile liegen demgegenüber in der persönlichen Bindung der entscheidenden Politiker an die betroffenen Regionen, in mehr Sach- und Raumkenntnis, in größerer Nähe zwischen Entscheidungszentren und Fördergebieten usw.

Angesichts der sich verschärfenden Disparitäten führte man Anfang der fünfziger Jahre den Finanzausgleich zwischen den Bundesländern ein, zugunsten der wirtschaftsschwächeren Länder. Zunächst ging man nach dem Konzept der Flächenförderung vor, gab dieses aber teilweise auf, als sich zeigte, daß mit dem „Gießkannenprinzip" viele Unternehmen jeweils nur eine geringe, letztlich wirkungslose Unterstützung bekommen konnten. 1959 wurde das Regionale Förderprogramm der Bundesregierung verabschiedet, das als zu fördernde Zonen die sog. Bundesausbaugebiete, das Zonenrandgebiet und innerhalb dieser Bereiche schwerpunktmäßig zu unterstützende Bundesausbauorte festlegte. 1969 wurde von Bund und Ländern zusammen das Gesetz der *„Gemeinschaftsaufgabe für die Verbesserung der regionalen Wirtschaftsstruktur"* verabschiedet, welches die Koordination zwischen Bonn und den Landeshauptstädten ermöglicht. Bezeichnenderweise steht dort ganz zu Anfang das Ziel, die gewerbliche Wirtschaft zu fördern (§ 1(1)1, Text bei SEDLACEK 1975, S. 40-41). Auf dieser Basis wurden 1970 die „hinter der allgemeinen Entwicklung zurückgebliebenen Gebiete" anhand von Grenzwertindikatoren festgelegt (Wanderungssaldo, Bevölkerungsdichte, Industriebesatz, Realsteuerkraft, Bruttoinlandprodukt). Zusätzlich legte man anhand von Veränderungsquoten Gebiete fest, in denen ein „Zurückbleiben zu befürchten ist" (vgl. Details bei FUCHS 1977, S. 230).

„Ökonomisches Ziel der Raumordnungspolitik ist nicht die Schaffung privater betrieblicher Investitionen, sondern die langfristige, dauerhafte Wohlstandssteigerung und Wohlstandsangleichung in wirtschaftlich benachteilig-

ten Regionen" (BRÖSSE, 1974, S. 117). Die Industrieförderung ist also betontermaßen Mittel zum Zweck. Dabei steht immer wieder die Schaffung und Erhaltung von Arbeitsplätzen im Vordergrund, kombiniert mit dem für die Bundesrepublik Deutschland lebenswichtigen Export: Primär sollen Betriebe gefördert werden, die überregional absetzbare, also auch exportierbare Güter herstellen, um damit Einkommen von außen in die Fördergebiete zu ziehen.

Generell lassen sich die Fördermaßnahmen zusammenfassen in ein Bündel finanzieller Investitionshilfen und den gezielten *Ausbau der Infrastruktur*. Letzterem soll laut Bundesraumordnungsgesetz die *„führende Rolle"* zukommen (BRÖSSE 1974, S. 119). Gerade darin unterscheidet sich diese Strategie von der französischen Dezentralisierungspolitik, die einseitig auf finanzielle Anreize gesetzt hat, ohne gezielte infrastrukturelle Verbesserungen damit zu kombinieren. Ausgenommen sind die überall angelegten Industriezonen, die mehr zur lokalen industriellen Umstrukturierung beitragen als überregionale Attraktionseffekte auszuüben.

Im Gegensatz auch zur Flächenförderung in Frankreich wird die Förderung in der Bundesrepublik Deutschland auf die *Schwerpunktorte* gelenkt, die die alleinigen unmittelbaren Zuwendungsempfänger sind. Man wählte überwiegend kleine und Mittelzentren aus. Sie sollen dank ihrer Zentralität auf das Umland ausstrahlen, über einen Einzugsbereich mit Arbeitskräftepotential verfügen, eine günstige Verkehrslage für Pendler einnehmen sowie eine infrastrukturelle Mindestausstattung besitzen (vgl. HAAS 1970). Mitte der siebziger Jahre gab es über 300 solcher Schwerpunkte. Die Höhe der Förderung ist, ähnlich wie in Frankreich, nach dem Bedürfnisgrad gestuft: A-Schwerpunkte (nur Zonenrandgebiet) erhalten max. 25% Investitionszuschüsse, B- und C-Schwerpunkte max. 20% bzw. max. 15%. Die zugehörigen Fördergebiete bedecken insgesamt ca. 60% der Fläche mit ca. 30% der Bevölkerung der Bundesrepublik Deutschland.

Die konkreten Fördermöglichkeiten und ihre Effizienz seien hier kurz am Beispiel des *Saarlandes* erläutert. Der durch die Krisen in den Montanindustrien geschwächte Raum wirbt intensiv um Neuansiedlungen von Betrieben, um die Wirtschaftsstruktur diversifizieren und neue Arbeitsplätze schaffen zu können. Fördergebiet ist das ganze Saarland, davon sind 21 Gemeinden B-Schwerpunkte, sechs C-Schwerpunkte; in 23 Gebieten außerhalb dieser Schwerpunkte können unter bestimmten Bedingungen 10–15% Investitionszuschuß gewährt werden. Die Förderung der neuen Betriebe hängt nicht von der Zahl der geschaffenen Arbeitsplätze ab, dies ist nur bei Erweiterungen Voraussetzung. Hinzu kommen Einstellungshilfen für Arbeitslose, Bürgschaften, zinsgünstige Darlehen und Befreiung von der Grunderwerbssteuer. Bezuschußt werden Neuansiedlun-

Kritik der Fördermaßnahmen

gen, auch Erweiterungen, Umstellungen und Rationalisierungen. In den Schwerpunktorten stehen insgesamt 32 erschlossene Industrieflächen für Neuansiedlungen zur Verfügung (nach Gesellschaft für Wirtschaftsförderung Saar).

Zwar wurden im Saarland von der wirtschaftlichen Rückgliederung in die Bundesrepublik Deutschland (1959) bis 1977 182 neue Industriebetriebe mit rund 36 000 neuen Arbeitsplätzen angesiedelt, davon entfielen jedoch 50% der Werke und 79% der Arbeitsplätze auf von außerhalb gesteuerte Zweigwerke. Die Hälfte von diesen führt Parallelproduktion der Stammwerke in „verlängerten Werkbänken" durch (GEORGI und GIERSCH 1977). Parallel dazu wurden nur sehr wenige Zulieferer angesiedelt – acht für das Ford-Werk in Saarlouis (8 500 Beschäftigte), das selbst infolge der Unternehmenspolitik vom Kölner Stammwerk abhängig ist.

Durchweg reichen die Bewertungen einzelner Autoren über die regionale Effizienz der Industrialisierungspolitik in der Bundesrepublik Deutschland von Skepsis bis zu vernichtender Analyse (vgl. u.a. HAAS 1970, FREUND und ZABEL 1978, WITTENBERG 1978, HÖSCH 1979). In dem von WITTENBERG 1955-71 untersuchten Zeitraum haben die Fördergebiete bei einem Anteil von nur 31,1% an der Gesamtbevölkerung mit Abstand die meisten neuen Betriebe (48,4%) und zusätzliche Arbeitsplätze (44,4%) erhalten, während auf die Ballungsräume mit 43% der Bevölkerung nur 22,8% der neuen Betriebe und 31,5% der Beschäftigten entfielen. Qualitativ gesehen erweisen sich diese Zahlen jedoch als Scheinerfolg: Über die Hälfte der neuen Betriebe und ihrer Arbeitsplätze in den Fördergebieten entfallen auf Zweigwerke, in den Ballungsräumen nur 15,3 bzw. 25,6%. Dagegen liegen letztere mit den Betriebsverlagerungen vorn, und die neuen Betriebe sind dort durchschnittlich größer. Hier bewahrheitet sich (vgl. Kap. 6.2.3), daß die Provinz immer mehr zum Raum der „Zweigwerke" wird, während sich die Hauptwerke mit den Verwaltungen auf die Agglomerationen konzentrieren. Der Dualismus wird noch verschärft im Hinblick auf das Branchenspektrum: Die Wirtschaftspolitik unterstützt die Bildung neuer Arbeitsplätze. Deshalb drängen die lohnintensiven Zweige – sehr häufig identisch mit wachstumsgehemmten Branchen, wie Textil- oder Bekleidungsindustrie – in die Fördergebiete, wo sie niedrigere Lohnkosten aufzubringen haben als in den Ballungen. Diese wiederum werden gerade wegen der benötigten Facharbeiter von den Wachstumsindustrien bevorzugt. *Insgesamt wird die Industriestruktur der Fördergebiete dadurch krisenanfälliger und abhängiger von den Ballungsräumen.*

Überdies stellt sich die grundlegende Frage nach der tatsächlichen Effizienz der staatlichen Lenkungsmittel. Zweifellos haben die infrastrukturellen Verbesserungen die Fördergebiete aufgewertet, stärker an die Verdichtungsräume gebunden und in ihrer Lebensqualität gehoben. Daß hier eine beachtliche Anzahl von Betrieben und Arbeitsplätzen geschaffen wurde, scheint jedoch vorwiegend auf ein „Überschwappen" aus den Ballungsgebieten während der Hochkonjunktur zurückzugehen. Die Fördermittel stellten dabei sehr häufig lediglich *„willkommene Liquiditätshilfen"* für ohnehin ansiedlungswillige Unternehmer dar – FREUND und ZABEL (1978, S. 103) sprechen sogar von einem *„Mitnahmeeffekt"*. Daß die Fördermittel geringe regionale Effizienz haben, folgern GERLACH und LIEPMANN (1972/73, S. 511) aus der Tatsache, daß in Bayern sehr viele Neugründungen in rein ländlichen Gebieten stattgefunden haben, also gerade außerhalb der schwerpunktmäßig geförderten zentralen Orte. Nach BRÖSSE (1974, S. 109) ist auch keineswegs empirisch nachgewiesen, ob die regionale Staffelung der Investitionshilfen entsprechend dem vorausgesetzten Förderbedürfnis tatsächliche Effekte gehabt habe. Schließlich nähert man sich durch die übergroße Zahl der Schwerpunkte mit über 300 faktisch wieder dem „Gießkannenprinzip". Eine nach HÖSCH (1979) wünschenswerte Konzentration, also Erhöhung der Mittel auf wenige Schwerpunkte, scheitert am Widerstand der betroffenen Bundesländer.

10.4 Staatliche Industrieförderung in Marktwirtschaften – Versuch einer Bewertung

Trotz sehr unterschiedlicher Ausgangssituationen, Wirtschaftsstrukturen und Fördermethoden in Frankreich und der Bundesrepublik Deutschland ähneln sich die Ergebnisse überraschend. In den strukturschwachen Gebieten wird das Übergewicht abhängiger, ferngesteuerter Filialbetriebe, die kaum regionalwirtschaftliche Impulse abgeben, verstärkt. Durch die Förderung von neuen Arbeitsplätzen werden vorwiegend arbeitsintensive, also meist wachstumsgehemmte Branchen mit unterdurchschnittlichem Qualitätsniveau in diese Räume gezogen, was deren Krisenanfälligkeit nur noch erhöht. Insgesamt sind die qualitativen Industrialisierungserfolge also bescheiden geblieben. Umgekehrt konsolidieren sich die großen Betriebe, die Hauptverwaltungen und die Wachstumsbranchen in den Ballungen bzw. in ihrem Umland und verstärken deren Einfluß auf die Provinz – *sowohl die Flächenförderung als auch die Schwerpunktförderung der Industrie haben letztlich den Dualismus zwischen Ballungszentren und Problemgebieten eher verstärkt als abgebaut* (vgl. u.a. VON BÖVENTER 1971 und GERLACH und LIEPMANN 1972/73).

Es zeigt sich auch, daß die staatlichen Lenkungsmittel kaum dazu beigetragen haben, bei Betriebsgründungen die Präferenzen für bestimmte Standräume zu beeinflussen. *Offensichtlich sind die Standortvorteile der florierenden Wirtschaftsräume durch Fördermittel in den strukturschwachen Gebieten nicht zu ersetzen.*

Die Kritiken an den verschiedenen Formen der Industrieplanung in Marktwirtschaften sind massiv. Damit wird die Diskussion um Flächenförderung versus Wachstumspole zweitrangig, weil beide Methoden nicht die erwünschten Erfolge gebracht haben. Überhaupt werden die Multiplikatorfunktion der Industrie und folglich die Industrieplanung selbst in Frage gestellt: *„Der industrielle Sektor unserer Wirtschaft vermag deshalb in absehbarer Zukunft kaum einen Beitrag zu leisten, der generell die Strukturgefährdung ländlicher Räume vermindern oder gar beseitigen kann"* (HÖSCH 1979, S. 98).

Die prinzipielle Problematik der Industrieförderung in Marktwirtschaften liegt nicht allein in den kaum zu vereinbarenden Zielsetzungen der volkswirtschaftlich planenden Regierungen und der betriebswirtschaftlich handelnden Unternehmer. Allem Anschein nach *haben sich auch die Methoden der Planung der immer schneller verlaufenden Dynamik industrieller Entwicklung und ihrer Standortgesetze nicht anpassen können.* Nach wie vor haben Reminiszenzen an die statischen Weberschen Standortfaktoren ein zu großes Gewicht. Es wird zu wenig beachtet, daß die Faktoren im Zusammenhang mit den Transportkosten an Bedeutung verloren haben, daß neue Einflußgrößen (Kontakte usw.) oft wichtiger geworden sind, daß Standortfaktoren nicht mehr generell gelten, sondern immer in direkter Verknüpfung mit den spezifischen industriellen Organisationsformen, daß die extreme Beschleunigung und Verbilligung von Transport und Kommunikation *den Faktor Distanz abgewertet* und damit dem Verteilungsmuster der Industriestandorte völlig neue Modalitäten eröffnet haben (vor allem die geschilderte Strategie der Mehrwerksunternehmen, Ausweitung der Pendlereinzugsbereiche usw.). *Der Raum als Faktor hat dadurch seine Funktionen verändert:* Verfügbarkeit von Grundstücken oder Flächennutzungskonkurrenzen z.B. sind heute gewichtigere Probleme als Entfernungen und Transportkosten.

Außerdem kann die einseitige Überbetonung der Multiplikatoreffekte der Industrie heute nicht mehr aufrecht erhalten werden. Diese Erkenntnis ist bereits in die französiche Raumplanung eingegangen, die ebenfalls eine Dezentralisierung des tertiären Sektors fördert. In der Tat muß diesem zunehmende Beachtung geschenkt werden, da heute alles auf eine Expansion der Dienstleistungen und auf einen relativen Bedeutungsschwund der Industrie hinweist. Die Industrie kann deshalb nicht mehr der Nabel der Wirtschaft und alleiniger Entwicklungsmotor sein, und ihr Verhalten im Raum wird sich entsprechend verändern. Zwangsläufig ergeben sich daraus auch entsprechende Konsequenzen für die wirtschaftliche Entwicklung der Dritten Welt.

11 Literatur

Das folgende Verzeichnis gliedert sich in drei Blöcke. Zunächst werden Gesamtdarstellungen und lehrbuchartige Zusammenfassungen der Wirtschaftsgeographie und der Industriegeographie aufgeführt. Der zweite Teil konzentriert sich auf weiterführende Arbeiten über Teil- und Nachbargebiete der Industriegeographie. Die Titel im dritten Teil behandeln Spezialthemen, haben ergänzende Funktion und dienen der Absicherung des Textes. Dieses Verzeichnis ist eine Auswahl und dient dem Beleg von Zitaten. Hingewiesen sei deshalb auf die sehr ausführliche, kommentierte Bibliographie bei MIKUS (1978).

Abkürzungen

AAAG	Annals of the Association of American Geographers	KVR	Kommunalverband Ruhrgebiet
AG	Annales de Géographie	LVA	Landesamt für Datenverarbeitung und Statistik Nordrhein-Westfalen
BAGF	Bulletin de l'Association des Géographes Français		
		SVR	Siedlungsverband Ruhrkohlenbezirk
BDL	Berichte zur Deutschen Landeskunde		
		PM	Petermanns Geographische Mitteilungen
EG	Economic Geography		
FDLVK	Forschungen zur Deutschen Landes- und Volkskunde	RR	Raumforschung und Raumordnung
FSBARL	Forschungs- und Sitzungsberichte der Akademie für Raumforschung und Landesplanung Hannover	TESG	Tijdschrift voor Economische en Sociale Geografie
		TIGR	Travaux de l'Institut de Géographie de Reims
FWA	Fischer Weltalmanach	UN	United Nations
GR	Geographische Rundschau	Verh.DG	Verhandlungen des Deutschen Geographentages
GTB	Geographisches Taschenbuch		
GZ	Geographische Zeitschrift	ZWG	Zeitschrift für Wirtschaftsgeographie
IIR	Informationen aus dem Institut für Raumordnung, Bonn-Bad Godesberg		

Zu den Fotografien

An dieser Stelle sei den Industrieunternehmen gedankt, die freundlicherweise Fotografien für dieses Buch zur Verfügung gestellt haben:
Robert Bosch GmbH, Stuttgart (Abb. 14, 15, 16, 17).
VEBA OEL AG, Gelsenkirchen (Abb. 20)
Neckarwerke Elektrizitätsversorgungs-AG, Esslingen (Abb. 23)
Mosal Aluminium, Mosjøen/Norwegen (Abb. 26)

Ford-Werk, Saarlouis (Abb. 28)
Estel Hoogovens BV, Ijmuiden/Niederlande (Abb. 32)
BASF, Ludwigshafen (Abb. 44)

Gedankt sei auch H.-D. HAAS, München (Abb. 6 und 47) und dem Kommunalverband Ruhrgebiet, Essen (Abb. 41) sowie den zahlreichen Unternehmen, deren Fotos leider nicht aufgenommen werden konnten.

Literatur

11.1 Gesamtdarstellungen (Lehrbücher)

ALEXANDER, J. W., *Economic geography;* Englewood Cliffs, N. J. 1963.
ALEXANDERSSON, G., *Geography of manufacturing;* Englewood Cliffs, N. J. 1967.

BALE, J., *The location of manufacturing industry;* London 1976.
BEHRENS, K. C., *Allgemeine Standortbestimmungslehre;* Köln, 2. Aufl. 1971.
BOESCH, H., *Weltwirtschaftsgeographie;* 4. Aufl., Braunschweig 1977.
BOUSTEDT, O., *Grundriß der empirischen Regionalforschung,* Bd. 1–4; Hannover 1975.
BRÖSSE, U., *Raumordnungspolitik;* Berlin 1974.

CHARDONNET, J., *Géographie industrielle,* Bd. 1: *Les sources d'énergie;* Paris 1962; Bd. 2: *L'industrie;* Paris 1965.

DAHL, S., *Geography of industrial production,* Handelshögskolan, H. 3; Göteborg 1962.
DEZERT, B., und VERLAQUE, C., *L'espace industriel;* Paris 1978.
DIERCKE Weltatlas, 50.–52. Aufl. der Neubearbeitung; Braunschweig 1980.

ESTALL, R. C., und BUCHANAN, R. O., *Industrial activity and economic geography;* London 1966.

GACHELIN, C., *La localisation des industries;* Vendôme 1977.
GEIPEL, R., *Industriegeographie als Einführung in die Arbeitswelt;* Braunschweig 1969, Neubearb. 1982.
GILDEMEISTER, R., *Landesplanung;* Das Geogr. Seminar; Braunschweig 1973.
GROCHLA, E., *Betriebsverbindungen;* Göschen Bd. 1235/1235a; Berlin 1969.

HOTTES, K. (Hrsg.), *Industriegeographie;* Darmstadt 1976 (a).

JARRETT, H. R., *A geography of manufacturing;* 2. Aufl., London 1977.

LÖSCH, A., *Die räumliche Ordnung der Wirtschaft;* 3. Aufl., Stuttgart 1963.

MEYER-LINDEMANN, H. U., *Typologie der Theorien des Industriestandorts;* Bremen 1951.
MIKUS, W., *Industriegeographie;* Darmstadt 1978.

MILLER, E. W., *Manufacturing. A study of industrial location;* London 1977.

OBST, E., *Allgemeine Wirtschafts- und Verkehrsgeographie;* 3. Aufl., Berlin 1965.
OTREMBA, E., *Allgemeine Agrar- und Industriegeographie;* 1. Aufl. 1953, 2. Aufl., Stuttgart 1960.

QUASTEN, H., *Begriffe der Industriegeographie;* in: International Dictionary of Geographical Terminology (in Übers. und Druck), 1979.

RILEY, R. C., *Industrial geography;* London 1973.

SCHÄTZL, L., *Wirtschaftsgeographie 1. Theorie;* UTB-Nr. 782, Paderborn 1978.
SCHMIDT, P. H., *Einführung in die allgemeine Geographie der Wirtschaft;* Jena 1932.
SCHUMANN, H. J. v., *Einführung in die Industriegeographie;* in: Ztschr. f. Erdk. 12 (1944) S. 287–312 und 373–384.
SEDLACEK, P., *Industrialisierung und Raumentwicklung;* westermann-colleg, Raum + Gesellschaft 3; Braunschweig 1975.
SMITH, D. M., *Industrial location. An economic geographical analysis;* New York 1971.

VOPPEL, G., *Wirtschaftsgeographie;* Stuttgart 1970.

WAGNER, H.-G., *Wirtschaftsgeographie;* Das Geographische Seminar; Braunschweig 1981.
WIRTH, E. (Hrsg.), *Wirtschaftsgeographie;* Bd. 219, Wege der Forschung; Darmstadt 1969.

11.2 Wichtige weiterführende Literatur

ALEXANDERSSON, G., *The industrial structure of American cities;* Stockholm 1956.

BAER, A., *Import substitution and industrialization in Latin America: Experiences and interpretations;* in: Latin Amer. Review 7 (1972), S. 95–122.
BAIROCH, P., *Le Tiers-Monde dans l'impasse. Le démarrage économique du 18e et du 20e siècle;* Paris 1971.
BAKIS, H., *La sous-traitance dans l'industrie;* in: AG 84 (1975), S. 297–317.

BÄURLE, P., *Die Entwicklung der Automobilindustrie in der BR Deutschland seit 1945;* Diss., Stuttgart 1966.
BECK, G., *Zur Kritik der bürgerlichen Industriegeographie;* Geogr. Hochschulmanuskripte, hrsg. von einem student. Kollektiv; Göttingen 1973.
BISCHOFF, G., und GOCHT, W., *Das Energiehandbuch;* 3. Aufl., Braunschweig 1979.
BOESLER, K. A., *Kulturlandschaftswandel durch raumwirksame Staatstätigkeit;* Abh. d. 1. Geogr. Instituts d. FU Berlin, Bd. 12; Berlin 1969.
BÖVENTER, E. v., *Die räumlichen Wirkungen von öffentlichen und privaten Investitionen;* in: ARNDT, H., und SWATEK, D., *Grundfragen der Infrastrukturplanung für wachsende Wirtschaften;* Berlin 1971, S. 169f.
BREDE, H., *Bestimmungsfaktoren industrieller Standorte. Eine empirische Untersuchung;* Berlin 1971.
BRONGER, D., *Die Industrie der Philippinen;* Mitt. Inst. Asienkunde Hamburg, Bd. 108; Hamburg 1979.
BROOKE, M. Z., und REMMERS, H. L., *The strategy of multinational enterprise. Organisation and finance;* London 1970.
BRÖSSE, U., *Industrielle Zulieferbeziehungen als Standortfaktor;* FSBARL, Bd. 65; Hannover 1971.
BROWAEYS, X., *Introduction à l'étude des firmes multinationales;* in: AG 83 (1974), S. 141-172.
BRÜCHER, W., *Probleme der Industrialisierung in Kolumbien unter besonderer Berücksichtigung von Bogotá und Medellín;* Tübinger Geographische Studien H. 61; Tübingen 1975.
BUTTLER, F., *Entwicklungspole und räumliches Wirtschaftswachstum;* Tübingen 1973.

CIPOLLA, C. M., und BORCHARDT, K. (Hrsg.), *Europäische Wirtschaftsgeschichte.* Bd. 3: *Die Industrielle Revolution;* Stuttgart 1976.
CLARK, C., *The conditions of economic progress;* 2. Aufl., London 1951.
CLAVAL, P., *La localisation des activités industrielles;* in: Revue Géogr. de l'Est 9 (1969), S. 187-214.
COLLINS, L., und WALKER, D., *Locational dynamics of manufacturing activities;* London 1975.
CREUTZBURG, N., *Das Lokalisationsphänomen der Industrien am Beispiel des nordwestlichen Thüringer Waldes;* FDLVK 23; Stuttgart 1925.
CURRAN, D. W., *Géographie mondiale de l'énergie;* Paris 1973.

DEANE, P., *Die Industrielle Revolution in Großbritannien 1700-1880;* in: CIPOLLA, C. M., und BORCHARDT, K. (Hrsg.) *Die Entwicklung der industriellen Gesellschaften,* Europ. Wirtschaftsgeschichte Bd. 3; Stuttgart 1977, S. 1-42.
DEGE, W., *Das Ruhrgebiet;* Kiel 1976.
DER RAT VON SACHVERSTÄNDIGEN FÜR UMWELTFRAGEN, *Umweltgutachten 1978;* Stuttgart 1978.
DÉZERT, B., *La croissance industrielle et urbaine de la porte d'Alsace;* Paris 1969.
Ders., *Activité industrielle et vie humaine en montagne;* Centre de Documentation Universitaire; Paris 1975.
DICKENSON, J. P., *Brazil - Studies in industrial geography;* Boulder (Colo.) 1978.

EGNER, E., *Die regionale Entwicklung der Industriewirtschaften;* in: *Industrialisierung ländlicher Räume,* FSBARL, Bd. 17; Hannover 1961, S. 47-63.
ESSER, K., *Industrialisierungsstufen und Ländergruppen in Lateinamerika. Ein Aspekt des Differenzierungsprozesses zwischen den Entwicklungsländern;* Schr. d. Dt. Inst. f. Entw. pol., Bd. 28, IV; Berlin 1975.

FLÜCHTER, W., *Neulandgewinnung und Industrieansiedlung vor den japanischen Küsten;* Bochumer Geogr. Arbeiten 21, 1975.
FOUET, R., *Sur l'analyse géographique des établissements industriels;* in: BAGF 52, H. 424-425 (1975), S. 110-120.
FOURASTIÉ, J., *Die große Hoffnung des zwanzigsten Jahrhunderts;* Köln 1954.
FREUND, U., und ZABEL, G., *Zur Effizienz der regionalpolitischen Industrieförderung in der Bundesrepublik Deutschland;* in: RR 36 (1978), S. 99-106.
FUGMANN, E. R., *Der Sonneberger Wirtschaftsraum. Eine Wirtschaftsgeographie des Südthüringer Waldes und seines Vorlandes;* Beih. z. d. Mitt. d. Sächs. Thür. Ver. f. Erdk. zu Halle a.d.S., Nr. 8; Halle 1939.
FÜRST, D., ZIMMERMANN, K., und HANSMEYER, K.-H., *Standortwahl industrieller Unternehmen. Ergebnisse einer Unternehmensbefragung;* Schr.reihe d. Ges. f. Region. Strukturentwicklung, Bd. 1; Bonn 1973.

GÄCHTER, E., *Die Weltindustrieproduktion 1964. Eine statistisch-kartographische Untersuchung des sekundären Sektors;* Diss., Zürich 1969.
GANSÄUER, K. F., *Lagerung und Verflechtung der eisenschaffenden Industrie der Montan-*

unionsländer in räumlicher Sicht; Kölner Forsch. z. Wirtsch.- u. Sozialgeogr. Bd. 1; Wiesbaden 1964.

GEER, S. DE, The American manufacturing belt; in: Geografiska Annaler 9 (1927), S. 233-325.

GEORGE, P., Géographie de l'électricité; Paris 1973.

GERLACH, K., und LIEPMANN, P., Industrialisierung und Siedlungsstruktur - Bemerkungen zum regionalpolitischen Programm einer aktiven Sanierung der bayerischen Rückstandsgebiete; in: Jahrbücher f. Nationalökonomie u. Statistik 187 (1972/73), S. 507-521.

GERLING, W., Technik und Raum. Beziehungen und Probleme; in: Veröff. der Akad. f. Raumforschung u. Landesplanung, Abh. Bd. 28, Mortensen-Festschrift; Bremen-Horn 1954, S. 133-140.

Ders., Grundsätze und Wege industriegeographischer Forschung; in: BDL 23 (1959), S. 29-44.

GILMOUR, J. M., External economics of scale. inter-industrial linkages and decision-making in manufacturing; in: HAMILTON, F. E. I. (Hrsg.), Spatial perspectives on industrial organization and decision-making; London 1974, S. 335-362.

GOLD, J., Introduction to behavioural geography; Oxford 1980.

GORKIN, A. P., und SMIRNYAGIN, L. V., A structural approach to industrial systems in different social and economic systems; in: HAMILTON, F. E. I. und LINGE, G. J. R. (Hrsg.), Spatial analysis, industry and the industrial environment; Chichester 1979, S. 25-36.

GRIMM, K., Theorien der Unterentwicklung und Entwicklungsstrategien. Eine Einführung; Studienbücher zur Sozialwissenschaft, Bd. 38; Opladen 1979.

GROTZ, R., Räumliche Beziehungen industrieller Mehrbetriebsunternehmen. Ein Beitrag zum Verständnis von Verdichtungsprozessen; in: Stuttgarter Geographische Studien Bd. 93, Festschr. f. W. MECKELEIN (1979), S. 225-243.

GRUNDKE, G., Die Bedeutung des Klimas für den industriellen Standort. Eine Studie auf dem Gebiet der technischen Geographie; in: PM, Erg. Heft 255, 1955.

HAAS, H.-D., Die Industrialisierungsbestrebungen auf den Westindischen Inseln unter besonderer Berücksichtigung von Jamaika und Trinidad; Tübinger Geogr. Studien H. 68; Tübingen 1976.

HAMER, A. M., Industrial exodus from central city; Toronto 1973.

HAMILTON, F. E. I., Models of industrial location; in: CHORLEY, R. J., und HAGGETT, P. (Hrsg.), Models in Geography; London 1967, S. 361-424.

Ders. (Hrsg.), Spatial perspectives on industrial organization and decision-making; London 1974.

Ders., The changing milieu of spatial industrial research; in: Ders. (Hrsg.), Contemporary industrialization; London 1978 (a), S. 1-19.

Ders. (Hrsg.), Industrial change. international experience and public policy; London 1978 (b).

Ders. (Hrsg.), Contemporary industrialization. Spatial analysis and regional development; London 1978 (c).

HANSMEYER, K. H., und FÜRST, D., Standortfaktoren industrieller Unternehmen: Eine empirische Untersuchung; in: IIR 20 (1970), S. 481-492.

HARTKE, W., Die Sozialbrache als Phänomen der geographischen Differenzierung der Landschaft; in: Erdkunde 10 (1956), S. 257-269.

HAUSSHERR, H., Wirtschaftsgeschichte der Neuzeit; 3. Aufl.; Köln 1960.

HEMMER, H.-R., Wirtschaftsprobleme der Entwicklungsländer; München 1978.

HILSINGER, H.-H., Das Flughafen-Umland. Eine wirtschaftsgeographische Untersuchung an ausgewählten Beispielen im westlichen Europa; Bochumer Geogr. Arb., H. 23; Paderborn 1976.

HOBSBAWM, E. J., Industrie und Empire. Britische Wirtschaftsgeschichte seit 1750; Übers. von U. MARGETTS, Bd. I, 6. Aufl., 1976, Bd. II, 4. Aufl., 1975.

HOLZ, J.-M., La Ruhr - Du „Kohlenpott" à la région urbaine; Paris 1977.

HÖSCH, F., Industrielle Entwicklungsmöglichkeiten für strukturgefährdete ländliche Räume; in: FSBARL, Bd. 128 (1979), S. 89-104.

HOTTES, K., Industriegeographisch relevante Standortfaktoren; in: Verh. DG 1965; Wiesbaden 1966, S. 371-384.

Ders., Die Naturwerkstein-Industrie und ihre standortprägenden Auswirkungen. Eine vergl. industriegeogr. Untersuchung dargestellt an ausgewählten Beispielen; Giessener Geogr. Schr. H. 12; Giessen 1967.

Ders., Industrial Estate - Industrie- und Gewerbepark. Typ einer neuen Standortgemeinschaft; in: Ders. (Hrsg.), Industriegeographie; Darmstadt 1976 (b), S. 483-515.

Ders. und KERSTING, H., *Der industrielle Flächenbedarf - Grundlagen und Meßzahlen für seine Entwicklung. Neue Konzeptionen der Industrieansiedlung;* Sonderveröff. d. Siedl.verb. Ruhrkohlenbezirk; Essen 1976 (c).

HÜTTERMANN, A., *Untersuchungen zur Industriegeographie Neuseelands;* Tübinger Geogr. Studien, H. 57; Tübingen 1974.

Ders., *Zum Begriff Industriepark;* in: GTB 1977/78, S. 223-240.

Ders., *Standortprobleme der Gegenwart: Grundlagen und Auswirkungen der Aluminiumgewinnung;* Fragenkreise, No. 23 539; Paderborn 1979.

JALABERT, G., *Les industries aérospatiales dans le sud-ouest de la France: industries de pointe et développement régional;* in: Rev. Géogr. des Pyrénées et du Sud-Oust 41; Toulouse 1970, S. 219-254.

JURGONS, R., *Die Hüttenstandorte Dünkirchen, Ijmuiden, Bremen und Lübeck. Eine vergleichende Betrachtung;* Kölner Forsch. z. Wirtsch.- u. Sozialgeogr. Bd. 7; Wiesbaden 1969.

JÜTTNER-KRAMNY, L., *Unternehmungsgröße, Unternehmungskonzentration und technologische Entwicklung. Eine Literaturanalyse;* Schr. d. Kom. f. wirtsch. u. soz. Wandel, 38; Göttingen 1975.

KARASKA, G. J., u. a. (Hrsg.), *Locational analysis for manufacturing.* The Regional Science Studies, Ser. No. 7; Cambridge/Mass. 1969.

KEEBLE, D. E., *Industrial location and planning in the United Kingdom;* London 1976.

KELLER, E. (Hrsg.), *Abfallwirtschaft und Recycling. Probleme und Praxis;* Essen 1977.

KERSTING, H., *Industrie in der Standortgemeinschaft neuer Binnenhäfen;* Bochumer Geogr. Arbeiten 33; Paderborn 1978.

KLATT, S., *Zur Theorie der Industrialisierung;* Köln 1959.

KLEMMER, P., *Die Theorie der Entwicklungspole - Strategisches Konzept für die regionale Wirtschaftspolitik?* in: RR 30 (1972), S. 102-107.

Ders., *Zur qualitativen Differenzierung regionaler Arbeitsmärkte.* in: RR 36 (1978), S. 225-229.

KLITZSCH, F., *Über den Einfluß moderner Technologien auf den Flächenbedarf der Fertigungsindustrie;* in: MOHS, G. (Hrsg.), *Geographie und technische Revolution;* Gotha 1967, S. 108-127.

KLUCZKA, G., *Zentrale Orte und zentralörtliche Bereiche mittlerer und höherer Stufe in der Bundesrepublik Deutschland;* Forschungen z. dt. Landeskunde 194; Bonn-Bad Godesberg 1970.

KOHLHEPP, G., *Industriegeographie des nordöstlichen Santa Catarina, Südbrasiliens;* Heidelberger Geogr. Arbeiten, H. 21; Heidelberg 1968.

KOLB, A., *Aufgaben und System der Industriegeographie;* in: Obst-Festschr.; Remagen 1951, S. 207-219.

Ders., *Die Industrialisierung außereuropäischer Entwicklungsländer;* in: Verh. DG Würzburg 1957; Wiesbaden 1958, S. 288-303.

KORBY, W., *Probleme der industriellen Entwicklung und Konzentration in Iran;* Beihefte zum Tübinger Atlas des Vorderen Orients, Reihe B, Nr. 20; Wiesbaden 1977.

KRAUS, T., *Das Siegerland, ein Industriegebiet im Rheinischen Schiefergebirge;* FDLVK 28, 1931.

KRESSE, J.-M., *Die Industriestandorte in mitteleuropäischen Großstädten;* Berliner Geogr. Studien 3; Berlin 1977.

KRUMME, G., *Anmerkungen zur Relevanz unternehmerischer Verhaltensweisen in der Industriegeographie;* in: ZWG 16 (1972), S. 101-108.

KUZNETS, S., *Underdeveloped countries and the pre-industrial phase in the advanced countries, an attempt at comparison;* in: AGARWALA, A. M., und SINGH, S. P. (Hrsg.), *The economics of underdevelopment;* London 1958, S. 135-153.

Ders., *Die wirtschaftlichen Vorbedingungen der Industrialisierung;* in: R. BRAUN (Hrsg.), *Industrielle Revolution,* Neue Wiss. Bibliothek 50, Berlin; Köln 1972, S. 17-34.

LAMPS, M., *Localisation spontanée et localisation planifiée de l'industrie. Le complexe régional de Halle-Leipzig;* Mosella, Nos. 2 u. 3; Metz 1972.

LAUNHARDT, W., *Die Bestimmung des zweckmäßigsten Standorts einer gewerblichen Anlage;* in: Z. d. Ver. Dt. Ing. 26 (1882), S. 106-115.

LERAT, S., *Géographie de la métallurgie. L'élaboration des métaux;* Paris 1975.

LEVEDAG, R., *Industrialisierungstendenzen in den Kibbuzzim. Wirtschafts- und sozialgeographische Aspekte.* Münchner Studien z. Soz.- und Wirtschaftsgeographie, Bd. 11; Kallmünz, Regensburg 1974.

MANGAZOL, C., *Quelques problèmes de méthode en géographie industrielle: 1. La mesure de la distribution géographique de l'industrie;* in: La Revue de Géogr. de Montréal 28 (1974), S. 85-93.

MAYER, F., *Die Energiewirtschaft der Bundesrepublik Deutschland;* in: GR 26 (1974), S. 257-273.

MÉRENNE-SCHOUMAKER, B., *L'étude des nouvelles localisations industrielles;* in: Bull. Soc. Géogr. de Liège 11 (1975), S. 97-128.

MIKUS, W., *Verkehrszellen. Beiträge zur verkehrsräumlichen Gliederung am Beispiel des Güterverkehrs der Großindustrie ausgewählter EG-Länder;* Bochumer Geogr. Arbeiten, Sonderreihe Bd. 4; Paderborn 1974 (a).

Ders. u. a., *Industrielle Verbundsysteme. Studien zur räumlichen Organisation der Industrie am Beispiel von Mehrwerksunternehmen in Südwestdeutschland, der Schweiz und Oberitalien;* Heidelberger Geogr. Arbeiten H. 57; Heidelberg 1979.

MONHEIM, H., *Die Attraktivität deutscher Städte. Einflüsse von Ortspräferenzen auf die Standortwahl von Bürobetrieben;* WGI.-Berichte zur Regionalforschung, H. 8; München 1972.

MOSER, P., *Die Eisen- und Stahlindustrie in den Entwicklungsländern;* Diss., Köln 1968.

MOUNTJOY, A. B., *Industrialization in underdeveloped countries;* London 1966.

MÜLLER, G., *Industriebesatz - ein Maßstab der regionalen Wirtschaftskraft;* Mainz 1965.

NEITZEL, H., *Industrialisierung als Entwicklungsstrategie in Westafrika (Mali, Obervolta u. Senegal).* Arbeiten a. d. Inst. f. Afrika-Kunde, H. 8; Hamburg 1976.

NIKLAS, K. P., *Singapore. Beispiel einer weltmarktorientierten Industrialisierungspolitik;* Ökonomische Studien Bd. 24; Stuttgart 1977.

NORTHAM, R. M., *The structure of world manufacturing;* in: Assoc. of Pacific Coast Geographers, Yearbook 32 (1970), S. 107-138.

OSBORN, D. G., *Geographical features of the automation of industry;* Chicago 1953.

OTREMBA, E., *Räumliche Ordnung und zeitliche Folge im industriell gestalteten Raum;* in: GZ 51 (1963), S. 30-53.

PALANDER, T., *Beiträge zur Standorttheorie;* Uppsala 1935.

PAULINYI, A., *Industriearchäologie - Neue Aspekte der Wirtschafts- und Technikgeschichte;* Dortmund 1975.

PERROUX, F., *La firme motrice dans une région et la région motrice;* in: Cahiers de l'Institut de Science Econ. Appliquée, Paris, Série AD, Nr. 1 (1961), S. 11-67.

PETZOLD, I., *Die Zulieferindustrie. Eine betriebswirtschaftliche Untersuchung unter besonderer Berücksichtigung der industriellen Zulieferbetriebe zur Automobilindustrie;* Diss., TU Berlin 1968.

PRED, A., *Behavior and location;* Lund Studies in Geography, Ser. B, Nr. 27 u. 28; Lund 1967 und 1969.

PRUSKIL, W., *Die Auswirkungen staatsmonopolistischer Erdölpolitik auf die Standortverteilung der erdölverarbeitenden Industrie Westdeutschlands;* in: PM 114 (1970), S. 195-204.

QUASTEN, H., *Die Wirtschaftsformation der Schwerindustrie im Luxemburger Minett;* Arb. a. d. Geogr. Inst. d. Univ. d. Saarlandes, Bd. 13; Saarbrücken 1970.

Ders. und SOYEZ, D., *Erfassung u. Typisierung industriell bewirkter Flächennutzungskonkurrenzen;* in: Verh. DG Innsbruck 1975, S. 187-204.

RATHJENS, C., *Industriegeographie als Kulturlandschaftsforschung, dargestellt am Beispiel des oberbayerischen Pechkohlengebiets;* in: BDL 6 (1949), S. 65-76.

RAWSTRON, E. M., *Three principles of industrial location;* in: Transactions and Papers, Institute of British Geographers 25 (1958), S. 132-142.

RENNER, G., *Geography of industrial localization;* in: EG 23 (1947), S. 167-189.

REYNAUD, A., *Centres de décision et localisations industrielles. L'exemple de l'Europe occidentale;* in: TIGR 1977, S. 19-34.

RIEDEL, J., *The industrialization of Hong Kong;* Inst. f. Weltwirtschaft a. d. Univ. Kiel, Kieler Studien 124; Tübingen 1974.

RIEKER, K., *Industrieland Bundesrepublik. Grundwissen u. Zahlen zur industriellen Entwicklung;* Köln 1972.

ROHR, H.-G. V., *Industriestandortverlagerungen im Raum Hamburg;* Hamburger Geogr. Studien, Bd. 25; Hamburg 1971.

RÜBBERDT, R., *Geschichte der Industrialisierung;* München 1972.

RÜHL, A., *Über Standortbewegungen der Industrie;* in: Comptes Rendus du Congrès Internat. de Géographie, Bd. 3; Paris 1931, S. 403-411.

SABATHIL, T., *Standortprobleme internationaler Industrieunternehmungen. Ein Problem der internationalen Direktinvestitionen;* Diss., Nürnberg 1969.

SCHAMP, E. W., *Das Instrumentarium zur Beobachtung von wirtschaftlichen Funktionalräumen;* Kölner Forschungen zur Wirtschafts- und Sozialgeographie, Bd. 16; Wiesbaden 1972.

SCHÄTZL, L., *Räumliche Industrialisierungsprozesse in Nigeria. Industriegeographische Analyse eines tropischen Entwicklungslandes;* Giessener Geogr. Schriften, H. 31; Giessen 1973.

SCHEELE, E., *Tarifpolitik und Standortstruktur.* Forsch. a. d. Inst. f. Verkehrswiss. a. d. Univ. Münster, Bd. 13; Göttingen 1959.

SCHMIDT-RENNER, G., *Gesamtterritoriale Standortplanung der sozialistischen Produktion: Grundlagen und Probleme;* in: PM 111 (1967), S. 23-33.

SOFI, *Materialien zur Lebens- und Arbeitssituation der Industriearbeiter in der BRD;* Studienreihe des Soziologischen Forschungsinst. Göttingen; Frankfurt/M. 1973.

SOYEZ, D., *Ressourcenverknappung und Konflikt - Untersuchungen zu ihrer Raumwirksamkeit mit Beispielen aus dem mittelschwedischen Industriegebiet;* Habil.-Arbeit; Saarbrücken 1981, im Druck.

SPEHL, H., TÖPFER, K. und P., *Folgewirkungen von Industrieansiedlungen. Empirische Ermittlung und regional-politische Beurteilung der Einkommens- und Verflechtungswirkungen.* Schriftenr. d. Ges. f. Region. Strukturentwickl., Bd. 3; Bonn 1975.

STADELMAIER, H., *Das Industriegebiet von West Yorkshire;* Tübinger Geogr. Studien, H. 67; Tübingen 1976.

STANG, F., *Die indischen Stahlwerke und ihre Städte;* Kölner Forsch. z. Wirtschafts- und Sozialgeographie, Bd. 8; Wiesbaden 1970.

STAVENHAGEN, G., *Typen ländlicher Neuindustrialisierung in der Bundesrepublik (Deutschland);* in: Industrialisierung ländlicher Räume, FSBARL Bd. 17; Hannover 1961, S. 1-25.

STEWIG, R., *Industrialisierungsprozesse als Forschungs- und Lehrgegenstand der Hochschul- und Schulgeographie;* in: Beiheft GR 3 (1974), S. 15-23.

THOMPSON, J. H., *A method for measuring manufacturing.* in: AAAG 45 (1955), S. 416-436.

Ders., *Some theoretical considerations for manufacturing geography.* in: EG 42 (1966), S. 356-365.

THOUVENOT, C., und WITTMANN, M., *Géographie de la métallurgie de transformation;* Paris 1975.

THÜNEN, J. H., v., *Der isolierte Staat in Beziehung auf Landwirtschaft und Nationalökonomie;* 1842, 4. unv. Aufl.; Stuttgart 1966.

TISMER, J., *Hauptentwicklungslinien des räumlich-arbeitsteiligen Industrialisierungsprozesses im Ostblock;* in: RR 26 (1968), S. 59-68.

TOWNROE, P. M., *Industrial location decisions. A study in management behavior;* Birmingham 1971.

Ders., *Planning industrial location;* London 1976.

TREUE, W., *Wirtschaftsgeschichte der Neuzeit;* Bd. 1 und 2, Stuttgart 1960.

UBBENS, W., *Industrialisierung und Raumentwicklung in der nordspanischen Provinz Alava;* Tübinger Geogr. Studien, H. 76; Tübingen 1979.

UNITED NATIONS, *International Standard Industrial Classification (= ISIC) of all economic activities;* Statistical Papers, Series M, No 4, Rev. 2; New York 1968.

VANHOVE, N. D., *Regionale Industrialisierung in den Niederlanden durch Konzentration in Entwicklungskernen;* in: IIR 13 (1963), S. 421-442.

VEREIN DEUTSCHER EISENHÜTTENLEUTE, *Gemeinfaßliche Darstellung des Eisenhüttenwesens;* 17. Aufl.; Düsseldorf 1971.

WARREN, K., *World steel: An economic geography;* Newton Abbot 1975.

WEBER, A., *Über den Standort der Industrien.* Teil I: *Reine Theorie des Standorts;* Tübingen 1909.

WHITING, L. R. (Hrsg.), *Rural industrialization: Problems and potentials;* Ames/Iowa 1974.

WIEBE, D., *Industrieansiedlungen in ländlichen Gebieten, dargestellt am Beispiel der Gemeinden Wahlstedt und Trappenkamp im Kr. Segeberg;* Schr. d. Geogr. Instituts d. Univ. Kiel Bd. 28, H. 3; Kiel 1968.

WINKLER, E., *Stand und Aufgaben der Industriegeographie;* in: Ztschr. f. Erdk. 9, (1941), S. 585-600.

WIRTH, E., *Theoretische Geographie;* Stuttgart 1979.

WITTENBERG, W., *Neuerrichtete Industriebetriebe in der Bundesrepublik Deutschland 1955-1971;* Giessener Geogr. Schriften H. 44; Giessen 1978.

WITTMANN, M., und THOUVENOT, C., *Les mutations de la sidérurgie;* Paris 1972.

WÖHE, G., *Einführung in die Allgemeine Betriebswirtschaft;* München 1976.

ZIMM, A., *Zu einigen Phänomenen der Herausbildung einer internationalen sozialistischen Standortverteilung;* in: PM 119 (1975), S. 1-6.

11.3 Ergänzende Literatur

ALEXANDER, J. W., *Location of manufacturing, methods of measurement;* in: AAAG 48 (1958), S. 20-26.

ALLIX, A., und GIBERT, A., *Géographie des textiles;* Paris 1957.

ARDANT, G., *Automation in developing countries;* in: Internat. Labour Rev. 90 (1964), S. 432-471.

ARNOLD, A., *Die junge Eisen- und Stahlindustrie im Maghreb;* in: Die Erde 109 (1978), S. 417-444.

BACK, H.-J., *Das Social-Cost-Problem, unter besonderer Berücksichtigung ausgewählter Agglomerationsräume in der Bundesrepublik Deutschland;* Ifo-Institut f. Wirtschaftsforschung; München 1967.

BADE, F. J., *Die Mobilität von Industriebetrieben. Theoret. u. empirische Befunde zu den sektoralen u. räuml. Besonderheiten der Neuansiedlungen in der BR Deutschland;* Schriften des Wissenschaftszentrums Berlin, Bd. 6; Meisenheim/Glan 1979.

BAKIS, H., *I.B.M. Contribution à l'étude du rôle des grandes entreprises internationales dans l'organsiation de l'espace;* in: Mémoires et doc. C.N.R.S. 1973, S. 165-223.

BANSAMIR, G., *Standorttendenzen in der Eisen- und Stahlindustrie;* in: IIR 21 (1971), S. 383-398.

BARLEV, B., *Uncertainty, inter-area tax differentials, and industrial location;* in: Geoforum 19 (1974), S. 37-44.

BASF, *Mensch, Werk, Umwelt;* Offenburg o.J.

BASTIÉ, J., *La décentralisation industrielle en France de 1954 à 1971;* hektogr., Paris ca. 1972.

Ders., *Paris und seine Umgebung;* Geocolleg Bd. 9; Kiel 1980.

BECK, H., und VOIT, F., *Standortverlagerungen von Industriebetrieben aus den Zentren eines Verdichtungsraumes;* in: IIR 23 (1973), S. 257-271.

BESCH, H., und HOCHREUTHER, W., *Fernwärmeschiene Saar - eine regionale Lösung;* in: Fernwärme international 7, Heft 4 (1978), ohne Seitenangaben (9 S.).

BLUME, H., *Die Industrialisierung Puerto Ricos, Leitbild für die Wirtschaftsentwicklung Lateinamerikas;* in: Entwicklungsprobleme Lateinamerikas - wirtschaftliche Aspekte; Bonn 1965, S. 32-62.

BOAS, C. W., *Locational patterns of American automobile assembly plants, 1895 to 1958;* in: EG 37 (1961), S. 218-230.

BORCHERDT, C., *Ciudad Guayana. Venezuelas Industriezentrum am Orinoco;* in: GR 31 (1979), S. 278-284.

Ders. und RUPPERT, K., *Traunreut - ein Beitrag zur Theorie der industriegewerblichen Neusiedlungen;* in: IIR, H. 43-44 (1955), S. 599-617.

BOUSTEDT, O., *Aufgaben und Bedeutung der Industriestatistik für die regionale Wirtschaftsforschung;* in: IIR 7 (1957), S. 387-403.

Ders., *Typisierung der Industriestandorte nach dem Frauenanteil der Beschäftigten;* in: IIR 18 (1968), S. 329-336.

BOYCE, R. R., *The bases of economic geography;* New York 1974.

BREUER, H. D., *Freie und geplante Entwicklung von Ersatzindustrien. Untersuchungen zum industriellen Strukturwandel mit besonderer Berücksichtigung der südl. Neuenglandstaaten und Niederländisch-Südlimburgs;* Habil-Schr., Aachen 1974.

Ders., *Die kleinen Industriestädte in Neuengland in ihren Entwicklungsalternativen;* Deutscher Geographentag Innsbruck 1975; Wiesbaden 1976, S. 134-147.

BRIDGES, B. Jr., *State and local inducements for industry;* in: KARASKA, G. J., und BRAMHALL, D. F. (Hrsg.), *Locational analysis for manufacturing;* Cambridge/Mass. 1973, S. 178-209.

BRINKMANN, M., und SCHLIEBE, K., *Die Standortwahl der Industriebetriebe in der Bundesrepublik Deutschland und Berlin (West). Neuerrichtete, verlagerte und stillgelegte Industriebetriebe in den Jahren 1970 und 1971;* Bundesforschungsanstalt f. Landeskunde und Raumordnung; Bonn 1975.

BRITTON, J. N. H., *A geographical approach to the examination of industrial linkages;* in: The Canadian Geographer 13 (1969), S. 185-198.

Ders., *Environmental adaption of industrial plants: Service linkages, locational environment and organization;* in: F. E. I. HAMILTON (Hrsg.), *Spatial perspectives on indus-*

trial organization and decision-making; London 1974, S. 363-392.

BRÖSSE, U., *Regionalpolitische Konsequenzen aus einer Standortuntersuchung über die Zulieferindustrie;* in: IIR 21 (1971), S. 177-183.

BRÜCHER, W., *Ziele und Ergebnisse der industriellen Dezentralisierung in Frankreich;* in: RR 29 (1971), S. 265-273.

Ders., *Die Industrie im Limousin;* Beihefte zur GZ, Nr. 37; Wiesbaden 1974.

Ders., *Einflüsse räumlicher Strukturen auf den Industrialisierungsprozeß in Kolumbien;* in: Erdkunde 31 (1977), S. 130-137.

Ders. und KORBY, W., *Zur Standortfrage von integrierten Hüttenwerken in außereuropäischen Entwicklungsländern. Die Beispiele Āryāmehr/Iran und Paz del Río/Kolumbien;* in: GZ 67 (1979), S. 77-94.

BRÜHLING, U. C., *Neuere Entwicklungen im Lagerungsbild der europäischen Eisen- und Stahlindustrie;* in: PREDÖHL, A. (Hrsg.), *Probleme der Weltwirtschaft;* Hamburg 1969.

BUCHHOFER, E., *Strukturwandel des Oberschlesischen Industrierevieres unter den Bedingungen einer sozialistischen Wirtschaftsordnung;* Kieler Geogr. Schriften, Bd. 46; Kiel 1976.

BUNDESMINISTERIUM FÜR RAUMORDNUNG, *Anforderungen an Kraftwerksstandorte aus der Sicht der Raumplanung;* Schr. Reihe des Bundesministers für Raumordnung etc., Reihe 06.036; Bonn-Bad Godesberg 1979.

BUSSE, C.-H., *Industriegeographische Wandlungen an der Unterelbe;* in: Geogr. Taschenbuch 1970/72; Wiesbaden 1972, S. 115-133.

CAMPBELL, J., *Growth pole theory, diagraph analysis and interindustry relationships;* in: TESG 63 (1972), S. 79-87.

CHESNAIS, M., *La localisation des opérations de décentralisation industrielle en France (1954-74);* in: Analyse de l'Espace, No 4; Paris Dez. 1975, S. 2ff.

CHRISTEN, H. R., *Struktur, Stoff, Reaktion. Organische Chemie;* Frankfurt am Main 1976.

CHRISTOFF, H.-J., *Das neue Erhebungssystem im Produzierenden Gewerbe. Umstellung aufgrund des Gesetzes über die Statistik im Produzierenden Gewerbe vom 6. Nov. 1975;* in: Stat. Mon.hefte Niedersachsen 10 (1976), S. 268-274.

CLOUT, H. D., *Industrial relocation in France;* in: Geography 55 (1970), S. 48-63.

CORDERO, R., und SERJEANTSON, R. (Hrsg.), *Iron and steel works of the world;* Metal Bulletin Books, 6. Aufl.; London 1974.

CORDES, W., *Wirtschaftliche Lage und Entwicklungstendenzen in der Stahlindustrie;* in: Stahl und Eisen 91 (1971), S. 793-801.

CROSFIELD, J., *The location of communist industry;* Warrington 1963.

DAHLKE, J., *Die Bedeutung des Treforest Industrial Estate für das Bergbaurevier im Hinterland von Cardiff;* in: Erdkunde 21 (1967), S. 286-297.

DALY, M. T., und WEBBER, M. J., *The growth of the firm within the city;* in: Urban Studies 10; Edinburgh 1973, S. 303-317.

DI MEO, G., *Réflexions su la localisation des espaces d'activités pétrolières en France;* in: TIGR Nos. 31-32 (1977), S. 77-93.

DITTRICH, E., *Industrielle Dezentralisation durch die Flüchtlingsindustrien;* in: IIR 8 (1958), S. 499-511.

DUBBER, D., *Die Bedeutung des Markenartikels im Prozeß der industriellen Entwicklung;* Schriftenreihe zur Industrie- und Entwicklungspolitik, Bd. 2; Berlin 1969.

EICHLER, G., *Struktur und Standortveränderungen der US-amerikanischen Industrie 1960-1970;* in: GR 28 (1976), S. 41-49.

FEDESARROLLO, *Las industrias azucarera y panelera en Colombia;* Fundación para la Educación Superior y el Desarrollo; Cali/Kolumbien 1976.

FERNIOT, B., *Quel avenir pour la décentralisation industrielle?;* in: Bull. d'Information de la Région Parisienne, No. 21 (1975?), S. 5-12.

FERRIDAY, A., *The British Isles;* London 1961.

FISCHER, A., und MALEZIEUX, J., *L'enquête industrielle: réflexions méthodologiques;* in: L'Information Géogr. 40 (1976), S. 190-199.

FLEMING, D. K., und KRUMME, G., *The „Royal Hoesch Union": Case analysis of adjustment patterns in the European steel industry;* in: TESG 59 (1968), S. 177-199.

FLÜCHTER, W., *Begriff und räumliche Struktur von Industriekombinaten in Japan;* in: Erdkunde 30 (1976), S. 52-58.

FÖRSTER, H., *Industrialisierungsprozesse in Polen;* in: Erdkunde 28 (1974), S. 217-231.

FUCHS, G., *Die Bundesrepublik Deutschland;* Stuttgart 1977.

GABERT, P., *Turin, ville industrielle;* Paris 1964.
GAEBE, W., *Die Analyse mehrkerniger Verdichtungsräume. Das Beispiel des Rhein-Ruhr-Raumes;* Karlsruher Geogr. Hefte, H. 7; Karlsruhe 1976.
GARENC, P., *L'évolution industrielle du Japon;* in: Acta Geogr.; Paris 1968, S. 9-44.
GARWOOD, J. D., *An analysis of postwar industrial migration to Utah and Colorado;* in: EG 29 (1953), S. 79-88.
GEBHARDT, H., *Die Stadtregion Ulm/Neu-Ulm als Industriestandort;* Tübinger Geogr. Studien H. 78; Tübingen 1979.
GEORGI, H., und GIERSCH, V., *Neue Betriebe an der Saar;* Staatskanzlei und IHK des Saarlandes; Saarbrücken 1977.
GERLACH, E. F., *Wandlungen der Standortstruktur in der Energiewirtschaft der Bundesrepublik und ihre Auswirkungen auf die regionale wirtschaftliche Entwicklung;* Diss. Berlin 1967.
GERLING, W., *Die Bewertung der modernen Technik im geographischen Denken unserer Zeit;* Würzburg 1949.
GESELLSCHAFT FÜR WIRTSCHAFTSFÖRDERUNG SAAR, *Saarland, zukunftssicherer Standort;* Saarbrücken, o.J. (Werbeschrift).
GILMOUR, J. M., *Some considerations of spatial separation between linked industries;* in: The Canadian Geographer 15 (1971), S. 287-294.
GOSSMANN, H., *Umweltgefahren durch Kernkraftwerke;* in: GR 24 (1974), S. 81-92.
GRIEP, A., *Entwicklung, Standorte und Absatzmärkte der westeuropäischen Automobilindustrie;* Kiel 1955.
GROTZ, R., *Entwicklung, Struktur und Dynamik der Industrie im Wirtschaftsraum Stuttgart;* Stuttgarter Geogr. Studien Bd. 82; Stuttgart 1971.
Ders., *Die Wirtschaft im Mittleren Neckarraum und ihre Entwicklungstendenzen;* in: GR 28 (1976), S. 14-26.
GROVES, P. A., *Towards a typology of intrametropolitan manufacturing location;* Univ. of Hull Occasional Papers in Geography 16; Hull 1971.

HAAS, H.-D., *Junge Industrieansiedlung im nordöstlichen Baden-Württemberg;* Tübinger Geogr. Studien H. 35; Tübingen 1970.
HAAS, K., *Wandlungen der wirtschafts- und sozialgeographischen Struktur des Siegerlandes im 2. Viertel des 20. Jahrhunderts.* Forsch. z. dt. Landeskunde Bd. 108; Remagen 1958.

HARBORTH, H.-J., *Neue Industriezentren an der weltwirtschaftlichen Peripherie;* Hamburg 1967.
HARRIS, C. D., *The market as a factor in the localization of industry in the United States;* in: AAAG 44 (1954), S. 315-348.
HAUSMANN, W., *Das oberbayerische Chemiedreieck;* in: GR 18 (1966), S. 211-218.
Ders., *Ingolstadt - Süddeutschlands neues Raffineriezentrum;* in: GR 20 (1968), S. 205-212.
HENNING, F.-W., *Die Industrialisierung in Deutschland 1800-1914;* Paderborn 1973.
Ders., *Das industrialisierte Deutschland 1914-1972;* Paderborn 1974.
HENNIQUAU, T., *L'influence des implantations industrielles sur le parcellaire des exploitations agricoles;* in: BAGF, H. 397-398 (1972), S. 117-123.
HESSE, P., *Die Gemeinde in den Spannungsfeldern der industriellen Durchsetzung von Stadt und Land. Mit Anhang der Gemeindetypen von Baden-Württemberg (Stand 1950);* in: EBNER, E. (Hrsg.), *Das Dorf heute und morgen;* Stuttgart 1957.
HILLEKAMP, K., *Mechanische Verfahren der Abfallwirtschaft: Aufbereiten und Sortieren;* in: KELLER, E. (Hrsg.), *Abfallwirtschaft und Recycling;* Essen 1977, S. 135-172.
HOLZNER, L., *Entwicklung, Verteilung und Charakter der verarbeitenden Industrie in Südafrika;* in: GZ 60 (1972), S. 181-217.
HOPPE, I., *Die Beziehungen zwischen Raumordnung und Kraftwerksstandortplanung unter besonderer Berücksichtigung der technologischen Entwicklungslinie in der Elektrizitätsversorgung;* Diss., Berlin 1980.
HORSTICK, H., *Das Fordwerk in Saarlouis und seine räumlichen Auswirkungen;* Wiss. Hausarbeit; Saarbrücken 1980, unveröff.
HOTTES, K. H., *New technology and organization patterns: their impact on planning industrial areas;* in: F. E. I. HAMILTON (Hrsg.), *Contemporary industrialization;* London 1978, S. 45-52.
Ders., *Gegenwartstendenzen in der Entwicklung der Industriestruktur und der Standortverflechtung;* in: GR 32 (1980), S. 148-155.
HUETZ DE LEMPS, A., *Le rayonnement mondial de Coca-Cola;* in: Cahiers d'Outre-Mer 91 (1970), S. 259-276.
HÜTTERMANN, A., *Industrieparks in Irland;* Wiesbaden 1978.

INSTITUTO COLOMBIANO DE ENERGÍA ELÉCTRICA, *La electrificación en Colombia, 1970-71;* Bogotá 1971; *1978-79,* Bogotá 1979.

JÄCKEL, G., *Berlin - Stadtraumstruktur und Industrie;* in: RR 21 (1963), S. 1-13.
JÄNICKE, M., *Wie das Industriesystem von seinen Mißständen profitiert;* Opladen 1979.
JARECKI, CHR., *Der neuzeitliche Strukturwandel an der Ruhr;* Marburger Geogr. Studien, H. 29, 1967.
JONG, H. W. DE, (Hrsg.), *The structure of European industry. Studies in industrial organization;* Vol. 1; Den Haag 1981.
JUNGHANS, K. H., *Einfluß der Industrialisierung auf die geographische und geistige Mobilität traditioneller Agrargesellschaften in Südasien;* in: GR 20 (1968), S. 424-431.

KARGER, A., *Bratsk als Modell für die moderne Erschließung Sibiriens;* in: GR 18 (1966), S. 287-298.
Ders. (Hrsg.), *Sowjetunion;* Fischer Länderkunde Bd. 9, Frankfurt 1978.
KAWAHITO, K., *The Japanese steel industry;* New York 1972.
KLENNER, W., *Ordnungsprinzipien im Industrialisierungsprozeß der VR China;* Veröff. d. HWWA-Inst. f. Wirtschaftsforschung Hamburg; Hamburg 1979.
KLÖPPER, R., *Junge Industriegroßstädte Ludwigshafen - Leverkusen - Höchst;* in: BDL 23 (1959), S. 201-214.
KOCH, T. P., *Über die optimalen Industriestandortgrößen. Ein Diskussionsbeitrag;* in: IIR 16 (1966), S. 393-398.
KÖNIG, M., *Die bäuerliche Kulturlandschaft der Hohen Schwabenalb und ihr Gestaltswandel unter dem Einfluß der Industrie;* Tübinger Geogr. Stud. H 1; Tübingen 1958.
KOSSMANN, O., *Łódź. Eine historisch-geographische Analyse;* Würzburg 1966.
KRUMME, G., *The interregional corporation and the region: A study of Siemens' growth characteristics and response patterns in Munich, West Germany;* in: TESG 61 (1970), S. 318-333.
KUHLIGK, S., *Standortliche Analyse der monoindustriellen Agglomeration, dargestellt am Beispiel des aktuellen monoindustriellen Pirmasenser Problemgebietes unter bes. Berücksichtigung regionalpolitischer Aspekte;* Diss., FU Berlin 1976.
KÜPPER, U. I., *Neue Kapazitäten und Standorte der Aluminiumindustrie der BR Deutschland;* in: GR 23 (1972), S. 413-422.

LABASSE, J., *L'industrialisation dans la Sud-Est du Mezzogiorno. Le triangle Bari - Brindisi - Tarente;* in: AG 77 (1968), S. 14-36.
LVA/SVR, *Statistische Rundschau Ruhrgebiet 1978;* Düsseldorf 1979, 1980.
LANGNICKEL, J., *Ausarbeitung einer Leitvorstellung über die Standortverteilung der Industrie in der DDR;* in: Wissenschaftliche Abhandlungen der Geogr. Ges. der DDR 7 (1969), S. 49-67.
LEERS, K.-J., *Die räumlichen Folgen der Industrieansiedlung in Süditalien - das Beispiel Tarent (Taranto);* Düsseldorfer Geogr. Schr. 17; Düsseldorf 1981.
LEISTER, I., *Der Begriff der „growth-industries" in Großbritannien;* in: Verh. DG Bochum 1965, S. 385-397.
LESCH, R., *Regionale Industrialisierungspolitik. Theoretische und empirische Untersuchungen der industriellen Entwicklung, dargestellt am Beispiel des Zonenrandgebietes unter besonderer Berücksichtigung ihres unterfränkischen Teils;* Diss., Würzburg 1972.
LINGE, G. J. R., *Governments and the locations of secondary industry in Australia;* in: EG 43 (1967), S. 43-63.
LOGAN, M. J., *Manufacturing decentralization in the Sydney Metropolitan Area;* in: EG 40 (1964), S. 151-165.
Ders., *Locational behaviour of manufacturing firms in urban areas;* in: AAAG 56 (1966), S. 451-460.

MABOGUNJE, A. L., *Manufacturing and the geography of development in Tropical Africa;* in: EG 49 (1973), S. 1-10.
MAERGOIZ, B. M., *Fragen der Typologie in der Ökonomischen Geographie, auf der Grundlage von Materialien über die Industriegeographie der sozialistischen Länder Europas;* in: PM 111 (1967), S. 161-178.
MAHLENDORFF, S., *Die Bedeutung von Standortgegebenheiten für die Entwicklung von Industriebetrieben. Dargestellt am Beispiel BASF Ludwigshafen;* in: KISTLER, H. (Hrsg.), *Der Erdkundeunterricht in der Kollegstufe;* München 1976, S. 2-48.
MARTIN, J. E., *Greater London: an industrial geography;* London 1966.
Ders., *Size of plant and location of industry in Greater London;* in: TESG 60 (1969), S. 369-374.
MAY, H.-D., *Junge Industrialisierungstendenzen im Untermaingebiet unter besonderer Berücksichtigung der Betriebsverlagerung aus Frankfurt am Main;* Rhein-Mainische Forschungen, H. 65; Frankfurt/M. 1968.

Literatur

MAYR, A., *Industrielle Werkssiedlungen;* in: HOTTES, K. (Hrsg.), *Industriegeographie;* Darmstadt 1976, S. 443-455.

MERTINS, G., *Die Kulturlandschaft des westlichen Ruhrgebiets.* Mülheim-Oberhausen-Dinslaken; Giessener Geogr. Schriften, H. 4; Giessen 1964.

MIKUS, W., *Thesen zur Beteiligung der Industriegeographie an der Industrieplanung;* in: Heidelberger Geogr. Arbeiten, H. 40, Festschr. f. H. GRAUL (1974b), S. 489-503.

Ders., *Zeitliche und regionale Variabilität industrieller Standortfaktoren von Mehrwerksunternehmen in Italien;* in: Mannheimer Geogr. Arbeiten H. 7 (1980), S. 67-92.

MINERALÖLWIRTSCHAFTSVERBAND UND ARBEITSGEMEINSCHAFT ERDÖLGEWINNUNG UND -VERARBEITUNG, *Jahresbericht 1979;* Braunschweig 1980.

MOLL, P., *Das lothringische Kohlenrevier;* Veröff. des Instituts für Landeskunde des Saarlandes, Bd. 18; Saarbrücken 1970.

MÜLLER, J., *Die Industrialisierung der deutschen Mittelgebirge;* Jena 1938.

NUHN, H., *Industrie im Hessischen Hinterland. Entwicklung, Standortproblem und Auswirkungen der jüngsten Industrialisierung im ländlichen Mittelgebirgsraum;* Marburger Geogr. Schr., H. 23; Marburg 1965.

PAULY, J., *Völklingen. Studien zur Wirtschafts-, Sozial- und Siedlungsstruktur einer saarländischen Industriestadt;* Arb. aus d. Geogr. Inst. d. Univ. d. Saarlandes, Bd. 20; Saarbrücken 1975.

PODOLSKY, J. P., *Methodik der Ermittlung und Anwendung von Flächenkennzahlen bei der Grobplanung von Fabrikanlagen;* Diss., Hannover 1975.

POURTIER, R., *Munich: croissance démographique et développement industriel;* in: AG 76 (1967), S. 129-151.

PTAK, H.-G., *Die nordwürttembergische Industrie. Ursachen für ihre Entstehung und räumliche Verteilung. Eine industriegeographische Untersuchung;* in: Nürnberger Wirtschaftsgeogr. Arbeiten, Bd. 1 (1957), S. 100-133.

QUASTEN, H., und SOYEZ, D., *Völklingen-Fenne: Probleme industrieller Expansion in Wohnsiedlungsnähe;* in: BDL 50 (1976), S. 254-284.

REITEL, F., *Krise und Zukunft des Montandreiecks Saar-Lor-Lux;* Frankfurt/M. 1980.

REITZ, H.-G., *Sulzbach. Sozialgeographische Struktur einer ehemaligen Bergbaustadt im Saarland;* Veröff. d. Inst. f. Landeskunde d. Saarlandes, Bd. 22; Saarbrücken 1975.

RIFFEL, E., *Die Mineralölindustrie am Oberrhein;* in: GR 25 (1973), S. 64-73.

RODGERS, A., *Industrial inertia - a major factor in the location of the steel industry in the United States;* in: Geogr. Rev. 42 (1952), S. 56-66.

Ders., *The locational dynamics of Soviet industry;* in: AAAG 64 (1974), S. 226-240.

ROSCHER, W., *Über die Naturgesetze, welche den zweckmäßigen Standort der Industriezweige bestimmen;* Ansicht der Volkswirtschaftslehre II, 1861.

RUHL, G., *Das Image von München als Faktor für den Zuzug;* Münchner Geogr. Hefte Nr. 35-37; Kallmünz/Regensburg 1971.

RUPPERT, K., THÜRAUF, G., und ROSENHAUER, G., *Der „Euro-Industriepark" München-Nord, eine neue Form städt. Funktionsentflechtung;* in: IIR 18 (1968), S. 621-636.

SANDER, H. P., *Abfallwirtschaft aus der Sicht der Industrie;* in: KELLER, E. (Hrsg.), *Abfallwirtschaft und Recycling;* Essen 1977, S. 50-55.

SANDNER, G., *Wachstumspole und regionale Polarisierung der Entwicklung im Wirtschaftsraum. Ein Bericht über lateinamerikanische Erfahrungen;* in: Beihefte zur GZ, H. 41, Festschr. für E. OTREMBA; Wiesbaden 1975, S. 78-90.

SCHAMP, E. W., *Industrieansiedlung im ländlichen Mittelzentrum. Das Beispiel Lingen;* in: GR 27 (1975), S. 72-80.

Ders., *Unternehmensinterne Entscheidungsprozesse zur Standortwahl in Übersee am Beispiel eines deutschen chemischen Unternehmens;* in: GZ 66 (1978), S. 38-60.

Ders., *Persistenz der Industrie im Mittelgebirge am Beispiel des Märkischen Sauerlandes;* Kölner Forsch. zur Wirtschafts- und Sozialgeogr. Bd. 29; Wiesbaden 1981.

Ders., *Unternehmenstypen und räumliche Industrialisierung in Entwicklungsländern. Am Beispiel Kameruns;* in: GR 31 (1979), S. 102-108.

SCHÖLLER, P., *Kulturwandel und Industrialisierung in Japan;* in: Verh. DG Bochum 1965, Wiesbaden 1966, S. 55-68.

SCHRETTENBRUNNER, H., *Gastarbeiter;* Frankfurt/M. 1976.

SEDLACEK, P., *Industrieansiedlung und Umweltschutz - das Ansiedlungsvorhaben der*

VEBA-Chemie bei Rheinberg; in: ZWG 6 (1976), S. 173-179.

SIEDLUNGSVERBAND RUHRKOHLEN-BEZIRK, *Gebietsentwicklungsplan 1966;* Köln 1970.

SOBOTSCHINSKI, A., *Die Neuordnung der Statistik des Produzierenden Gewerbes;* in: Wirtsch. u. Stat. 7 (1976), S. 405-412.

SPETHMANN, H., *Dynamische Länderkunde;* Breslau 1928.

SPIEGEL, E., *Standortverhältnisse und Standorttendenzen in einer Großstadt. Zur Untersuchung mittlerer und größerer Betriebe in Hannover;* in: Archiv f. Kommunalwiss. 9 (1970).

SPORCK, J. A., *La réconversion économique des régions industrielles wallonnes;* in: L'Information Géogr. (1970), S. 57-70.

STEWIG, R., *Die Industrialisierung in der Türkei;* in: Die Erde 103 (1972), S. 21-47.

THÜRAUF, G., *Industriestandorte in der Region München. Geographische Aspekte des Wandels industrieller Strukturen;* Münchner Studien zur Sozial- und Wirtschaftsgeographie Bd. 16; Kallmünz/Regensburg 1975.

TISOWSKI, K., *Freizeitlandwirte im Einflußbereich der rhein-mainischen Industriezentren;* in: Rhein-mainische Forschungen, H. 50; Frankfurt/M. 1961, S. 31-44.

TUOMINEN, O., *Regional differentiation in the industrial structure of Japan;* in: Acta Geographica 19; Helsinki 1966-1969, S. 1-60.

UHLIG, H., *Revier über Grenzen: Das Aachen-, Limburg-, Kempen-Kohlefeld;* in: BDL 23 (1959), S. 255-278.

VOPPEL, G., *Wesen und Entwicklung der deutschen Industrielandschaften im 19. und 20. Jahrhundert;* in: GR 11 (1959), S. 93-102.

Ders., *Die Aachener Bergbau- und Industrielandschaft. Eine wirtschaftsgeographische Studie;* Kölner Forsch. z. Wirtsch.- u. Sozialgeogr., Bd. 3; Wiesbaden 1965.

Ders., *Verlagerungstendenzen der Industrie in den Vereinigten Staaten von Amerika;* in: Kölner Forsch. z. Wirtschafts- u. Sozialgeogr. 21 (1975), S. 323-343.

Ders., *Gedanken zur räumlichen Entwicklung der Industrie in der Bundesrepublik Deutschland seit 1950;* in: ZWG 20 (1976), S. 65-72.

WAGNER, H.-G., *Industrialisierung in Süditalien. Wachstumspolitik ohne Entwicklungsstrategie?;* in: Marburger Geogr. Schr. 73 (1977), S. 49-80.

WALLER, P., *Die Standortverlagerungen der nordamerikanischen Aluminium-Hüttenindustrie;* in: GR 19 (1967), S. 56-60.

WARD, D., *The industrial revolution and the emergence of Boston's central business district;* in: EG 42 (1966), S. 152-172.

WATTS, H. D., *The location of aluminium reduction plants in the United Kingdom;* in: TESG 61 (1970), S. 148-156.

WEINREUTER, E., *Stadtdörfer in Südwest-Deutschland. Ein Beitrag zur geographischen Siedlungstypisierung;* Tübinger Geogr. Studien H. 32; Tübingen 1969.

WIEBE, D., *Neue Industriestandorte in Limburg – Strukturwandlungen in einem belgischen Kohlengebiet;* in: IIR 19 (1969), S. 571-586.

WILHELMY, H., *Curaçao, Aruba, Maracaibo – eine ölwirtschaftliche Symbiose;* in: Veröffentl. der. Akad. f. Raumforschung u. Landesplanung, Abh. Bd. 28 (= Mortensen-Festschr.); Bremen-Horn 1954, S. 275-302.

WINDHORST, H.-W., *Zur kulturgeographischen Bedeutung von Mischkonzernen. Am Beispiel der Uddeholm AB in Schweden;* in: ZWG 19 (1975), S. 202-211.

Ders., *Geographie der Wald- und Forstwirtschaft;* Stuttgart 1978.

WOLKOWITSCH, M., *Les industries de biens d'équipement en France;* in: AG 73 (1964), S. 431-449.

WOLTER, H., *Probleme der Industrieansiedlung in Ballungsgebieten;* in: IIR 19 (1969), S. 563-570.

WOOD, C. M., u.a., *The geography of pollution. A study of Greater Manchester;* Manchester 1974.

WOOD, P. A., *Industrial location and linkage;* in: Area 2; London 1969, S. 32-39.

ZIMM, A., *Industriegeographie der Sowjetunion;* Berlin (Ost) 1963.

Register

Agglomerativfaktor 38, 187
Aluminiumindustrie 45, 102, 105 ff
Anerbengebiet 161
Angestellte 28, 169 f
Arbeiter 169 f
- angelernte 28
- Fach- 28 f, 169
- Hilfs- 28
Arbeiterbauer 165
Arbeitergartenstadt 160
Arbeitskämpfe 29, 50
Arbeitskräfte 120, 154
Arbeitskraftorientierung 46 f, 65, 121
Arbeitslosigkeit 168
Arbeitsteilung 9
Arbeitszeit 167 ff
ausländische Arbeitskräfte 170
autarke Betriebe 70, 114
Automation 24, 28 f, 68, 71, 167 f, 181
Automobilindustrie 71, 111 ff, 136, 154, 163, 178, 181

Ballungsräume 17, 51, 57, 80, 102, 120, 180, 187, 193 ff
- monozentrische 137 ff
- polyzentrische 137, 145 ff, 163
Baugewerbe 8
Bauxit 105 ff
Beschäftigte 24 f
Bekleidungsindustrie 50, 154, 168
Betriebe 29 f, 148
Betriebsgrößen 30
Betriebsindex 30
Betriebswirtschaftsspaltung 80
Bodenschätze 15
Branchen 23 ff

Braunkohle 102
Bruttoproduktionswert 32

chemische Industrie 50, 55, 93
City 138, 166
Computer 71, 86

Deglomerativfaktor 38, 187
Dezentralisierung, industrielle 63, 83, 115, 119, 131, 186 ff
Direktreduktion 124, 133
Druckindustrie 10, 57, 138
Dynamik der Standortfaktoren 39, 65 f, 69, 118 ff, 136, 195

Eigenheimbauförderung 147, 159
Einbetriebsunternehmen 68 ff, 82, 188
Eisenbahn 15, 19, 46 f, 158
Eisen- und Stahlindustrie 18 f, 37 f, 50, 55, 120 ff, 148 ff
Elektrizitätswirtschaft 45, 95
Elektrochemie 102
Elektrometallurgie 45, 102
Elektro- und Elektronikindustrie 71, 75, 136, 154, 167
Energieorientierung 42 ff
Energieverbund 174 f
Energiewirtschaft 10, 87, 174 f
Entwicklungsländer 12, 24, 30 f, 40, 47, 50 f, 56 f, 70, 73, 85, 110, 121, 172, 175 ff, 180, 185, 195
Entwicklungspläne 64
Entwicklungspol 130 f
Entwicklungsstrategien 179
Erfindungen 16 f, 19

Erwerbsintensität, industrielle 26
Erwerbsstruktur, industrielle 26

Fabrik 11, 13
Fernwärmenetz 174 f
Flächenbedarf 65 f, 103, 181
Flächenförderung 186 f, 191 ff
Flächennutzungskonkurrenz 180 ff, 195
Fließband 113 f, 181
footloose industry 58
Fördermaßnahmen 46, 55, 62, 83, 136, 141, 154, 180 ff
Freizeit 168
Freizeitlandwirt 165
Fremdenverkehr 169
Fühlungsvorteile 51 ff, 63, 80, 138, 148 f, 167
Fusion 74

Gebrauchsgüter 23
Gewerbering 142
Gewichtsverlustmaterial 38, 41
Gewinnmaximierung 35, 59 ff
Glasindustrie 148, 152
Grundstoff- u. Produktionsgüterindustrien 23, 29, 148
Grundstücke 40 f, 65 f, 138, 155, 183, 195
Gütereinsatzorientierung 40

Handwerk 8, 138, 143 f, 166, 169
Hauptverwaltung 28 f, 70, 78, 80, 170, 189
Heimarbeit 8
Herkunfts-Goodwill 58, 125
Hochofen 121 ff
Hüttenwerk 77, 95, 152

Importsubstitution 58, 131
Industrialisierungsgrad 20 ff
Industriebesatz 20, 26
Industriedichte 20, 26
Industrielandschaft 21
Industrielle Revolution 12 ff, 61, 158, 166 f, 175, 180
Industriepark 141, 157, 184 ff
Industriewüstung 149
Informatik 85, 167
Infrastruktur 51 ff, 62, 112, 138, 148, 168, 176 f, 182
Innovation 171, 175
International Standard Industrial Classification 23
Investitionsgüterindustrien 13, 23, 29, 148

Kapitalgüter 23
Kapitalintensität 48
Kernkraftwerk 100 ff, 171
Kohlechemie 148, 152
Konflikte 171 ff
Konkurrenz 50, 57
Konsumgüterindustrien 13, 23, 148
Konzentration der Unternehmen 69 ff
Konzern 71, 144, 148
– multinationaler 71, 83 ff, 110
Kraftwerk 96, 100, 152, 175
Küstenhüttenwerk 126 ff, 136, 166

ländliche Siedlungen 161 f
ländlicher Raum 137, 161 f, 191
Landmaschinenbau 118
Landwirtschaft 163 ff, 175 f
Lebensstandard 40, 47, 56, 112, 118 f, 162 ff, 170, 176
Lohnniveau 29, 49 f
Loka(lisa)tionsquotient 32

manufacturing 7
Markenartikel 56, 138
Marktorientierung 40, 121, 138, 155, 176
Marktwirtschaft 62 ff, 180 ff
Maschinenbauindustrie 17, 55, 71
Materialorientierung 42 ff, 95, 145 f
Mehrbetriebsunternehmen 68, 74 ff
mental maps 61

Meßkriterien des Industrialisierungsgrades 20 ff
metallverarbeitende Industrie 125
Mineralölwirtschaft 89 ff, 152
Mini-Stahlwerk 124, 133
Mittelgebirgsindustrie 70, 125
Molkerei 10
Monoindustrie 21, 24
Montanindustrie 29, 50, 120, 128, 134, 149

Nachfolgeindustrie 17, 70
Nahbedarfsindustrie 10, 56, 138
Nahrungs- und Genußmittelindustrien 23, 57
Nebenerwerbslandwirtschaft 160 f

optimiser 59
Organisationsformen 68 ff

Pendler 23, 49, 75, 158, 162, 167, 191 f
Petrochemie 89 ff
pharmazeutische Industrie 50
Pipeline 89, 166
Planung 157, 180 ff
Planwirtschaft, dirigistische 63 ff, 181
primärer Sektor 7
Produktionsfaktoren 31
Produktionsprozesse 87 ff, 172
– Aluminium 105 ff
– Automobilherstellung 114 f
– Eisen und Stahl 121 ff
– Elektrizität 95 ff
– Mineralölraffinierung 89 ff
Produktivität 28, 31, 49, 166 ff
Pro-Kopf-Einkommen 28

Raffinerie, Erdöl 71, 89 ff, 166
Rationalisierung 48, 74 f, 84, 120, 153 f, 167
Realteilungsgebiet 161, 164
Recycling 173
Regionalpolitik 186, 191
Reingewichtsmaterial 38

Reliktstandort 105, 125
Reutbergwirtschaft 125

satisficer 59
Schiffsbau 71
Schlüsselindustrie 112, 121 f, 131 ff, 178, 186
Schuhindustrie 21, 50
Schwerpunktförderung 191 ff
sekundärer Sektor 7
social costs 54
Sozialbrache 164
sozialistische Staaten 63 ff, 181
Stadtdorf 161 f
Stahlherstellungsverfahren 123, 133
Standort, optimaler 38, 61, 67
Standortbeharrung 55, 142
Standortfaktoren 36 ff
– physische 15, 41 f
Standortspaltung 68, 74 ff
Standortverlagerung 21, 55, 93, 134, 141 ff, 154, 171
Steine und Erden 50
Steinkohlenbergbau 18, 50, 55, 133, 150 f
Strombedarf, regionaler 100
strukturschwache Gebiete 29, 55, 62, 120, 130, 156, 180, 182, 187 ff

Tarifpolitik 46, 183
Tertialisierung der Industrie 80, 166
tertiärer Sektor 7, 28, 54, 134, 139, 149, 156 f, 164 ff, 169, 175, 186, 190
Textilindustrie 16 ff, 50, 55
Tonerde 105 ff
tonnenkilometrischer Minimalpunkt 38, 46
Transportkosten 37 ff, 47, 121, 195
Transportorientierung 46, 155
Transportprobleme 17, 56, 71 ff
Transportsysteme 13, 17 ff, 41 f, 47, 52, 56, 85, 166, 178

Ubiquität 38, 56, 59
Umstrukturierung 68, 148, 154, 181 f, 186
Umweltschäden 155, 171

Register

Umweltschutz 133, 155, 171 f
Unternehmen 29 f, 80, 148
- diagonales 75
- horizontales 75
- vertikales 75
Unternehmerverhalten 58 f, 63, 67, 69
Urbanisierung 156, 158

verarbeitende Industrie 8
Verbrauchsgüter 23
Verbundnetz, elektrisches 45, 96, 104, 166
Verbundwirtschaft 39, 77 ff
Veredelungsindustrie 144, 148
Verflechtungen 17, 33, 52 ff, 73 ff, 86
Verkehrsrevolution 15, 166
Verkokung 18 f, 124, 148
verlängerte Werkbank 72, 84, 190 ff
Verstaatlichung 135
Verwaltungseinheiten 21

Wachstumsindustrie 21, 24, 112, 193
Wachstumspol 186
Wärmekraftwerk 99 ff
Wasser 41
Wasserkraft 17, 97
Wasserkraftwerke 97, 102

weibliche Arbeitnehmer 29, 50
Werkssiedlungen 13, 147, 157 ff
Wertschöpfung 32
white-collar-worker 54

Zentralisierung 80, 190
zentralörtliche Attraktivität 51, 80, 144, 149, 157, 163
Zersiedlung 112, 160 ff
Zulieferbetriebe 68 ff, 78, 112 f, 186
Zwangsstandort 36
Zweigwerke 70, 74, 117 f
Zwischengüter 23

Das Geographische Seminar

Begründet von Prof. Dr. EDWIN FELS und Prof. Dr. ERNST WEIGT

Herausgegeben von Prof. Dr. ECKART EHLERS,
Prof. Dr. HARTMUT LESER
Prof. Dr. HERBERT WILHELMY

Bände

Prof. Dr. H. LESER	*Geographie*
Prof. Dr. E. WEIGT	*Die Geographie*
Prof. Dr. H. LESER und Prof. Dr. W. PANZER	*Geomorphologie*
Prof. Dr. D. und Prof. Dr. M. RICHTER	*Geologie*
	*Bodengeographie
Prof. Dr. G. DIETRICH	*Ozeanographie*
Prof. Dr. R. SCHERHAG und Prof. Dr. W. LAUER	*Klimatologie*
Prof. Dr. F. WILHELM	*Hydrologie und Glaziologie*
	*Vegetationsgeographie
Prof. Dr. J. ILLIES	*Tiergeographie*
	*Landschaftsökologie
Prof. Dr. H. JÄGER	*Historische Geographie*
Prof. Dr. J. MAIER, Dr. R. PAESLER, Prof. Dr. K. Ruppert, Prof. Dr. F. SCHAFFER	*Sozialgeographie*
	*Bevölkerungsgeographie
Prof. Dr. H.-G. WAGNER	*Wirtschaftsgeographie*
	*Agrargeographie
Prof. Dr. W. BRÜCHER	*Industriegeographie*
Prof. Dr. G. FOCHLER-HAUKE	*Verkehrsgeographie*
Prof. Dr. G. NIEMEIER	*Siedlungsgeographie*
Prof. Dr. B. HOFMEISTER	*Stadtgeographie*
	*Geographie der Freizeit
Dr. U. ANTE	*Politische Geographie*
Dr. R. GILDEMEISTER	*Landesplanung*
	*Kartographie

*1982 noch nicht erschienen

westermann